语言学论丛

RESEARCH ON THE ACQUISITION OF
NOUN-VERB COLLOCATIONS BY CHINESE
LEARNERS OF JAPANESE

# 中国日语学习者名动搭配习得研究

刘瑞利 / 著

北京大学出版社
PEKING UNIVERSITY PRESS

图书在版编目（CIP）数据

中国日语学习者名动搭配习得研究 / 刘瑞利著. 北京：北京大学出版社，2024.9. ——（语言学论丛）. ISBN 978-7-301-35460-5

Ⅰ. H369.3

中国国家版本馆 CIP 数据核字第 20240PG865 号

| 书　　　名 | 中国日语学习者名动搭配习得研究<br>ZHONGGUO RIYU XUEXIZHE MINGDONGDAPEI XIDE YANJIU |
|---|---|
| 著作责任者 | 刘瑞利　著 |
| 责任编辑 | 兰　婷 |
| 标准书号 | ISBN 978-7-301-35460-5 |
| 出版发行 | 北京大学出版社 |
| 地　　　址 | 北京市海淀区成府路 205 号　100871 |
| 网　　　址 | http://www.pup.cn　　新浪微博：@北京大学出版社 |
| 电子邮箱 | 编辑部 pupwaiwen@pup.cn　　总编室 zpup@pup.cn |
| 电　　　话 | 邮购部 010-62752015　发行部 010-62750672　编辑部 010-62759634 |
| 印　刷　者 | 北京圣夫亚美印刷有限公司 |
| 经　销　者 | 新华书店 |
|  | 720 毫米 ×1020 毫米　16 开本　18.25 印张　369 千字<br>2024 年 9 月第 1 版　2024 年 9 月第 1 次印刷 |
| 定　　　价 | 78.00 元 |

未经许可，不得以任何方式复制或抄袭本书之部分或全部内容。
**版权所有，侵权必究**
举报电话：010-62752024　电子邮箱：fd@pup.cn
图书如有印装质量问题，请与出版部联系，电话：010-62756370

# 前　言

搭配（collocation），如星辰般遍布语言的宇宙，是词汇习得中不可或缺的核心内容之一。英国著名语言学家J. R. Firth早在20世纪50年代就提出了洞察词义的金钥匙——"观其伴，知其意"[①]强调了词与词之间的搭配关系对于精准把握词义的重要性。

在二语（L2）习得中，能否准确而恰当地使用搭配是评估学习者外语熟练程度的重要指标之一。自20世纪90年代以来，L2搭配习得的相关研究热潮不减，孕育了数以千计的权威期刊论文和众多卓越的学术专著。已有研究成果表明，搭配对于L2学习者来说是一项严峻的挑战，即使高级学习者也不例外。在众多类型的搭配中，动词和名词所组成的搭配是最难习得的。遗憾的是，无论国内外，已有研究主要关注英语学习者的搭配习得问题，对其他语种搭配习得的探索相对较少。

汉语和日语同属汉字圈，相较于其他语言，中国学习者在学习日语时更容易受到母语的影响而产出不恰当的搭配。例如，汉语中的"打电话"在日语中不能直接译为「電話を打つ」，而应该是「電話をかける」。系统探讨

---

[①] Firth, J. R. (1957a). A synopsis of linguistic theory, 1930-1955, in *Studies in Linguistic Analysis* (p. 11). Oxford: Philological Society.

中国日语学习者的搭配习得问题，有助于为我国的日语词汇教学提出针对性建议。

近年来，关于日语搭配习得的研究不断涌现，其中不乏优秀之作。例如，日本语教育学会会刊『日本語教育』已经刊登了十多篇专门从教学以及习得的角度探讨日语搭配的论文。然而，无论国内外，至今尚未有系统性探讨中国日语学习者搭配习得问题的专著面世。

本书旨在系统探讨中国日语学习者的名动搭配习得问题，以丰富和完善该领域的研究。在本书中，笔者将中介语语料库分析与产出性、接受性搭配知识测试相结合，对中国日语学习者的名动搭配习得问题进行了细致的分析与深入的探讨。本研究的一大亮点在于，它不仅充分借鉴了已有的英语研究成果，而且在研究设计和分析方法等多个方面进行了显著的改进与创新。

本书由11章组成。第1章介绍了研究背景、研究目的，以及本书的章节构成。第2章对搭配的概念进行了系统梳理。首先梳理了英语中collocation的概念及其范围，总结了搭配界定的两种方法：短语学方法（phraseological approach）和基于频率的方法（frequency-based approach）；然后从日语语言学和日语教育学的角度对日语中搭配的概念及其范围进行了系统梳理；最后简述了本书中名动搭配的概念及其界定原则。第3章介绍了L2学习者搭配习得的先行研究。第4章至第9章为实证研究，依次采用中介语语料库分析和产出性、接受性搭配知识测试的研究方法，系统探讨了中国日语学习者的名动搭配习得问题。具体来讲，第4章至第6章，采用中介语语料库分析的方法，调查了金泽裕之教授团队所开发的「日本語教育のためのタスク別書き言葉コーパス」（简称：YNU書き言葉コーパス）中，中国日语学习者的名动搭配使用情况。重点考察了学习者与日语母语者在名动搭配使用上的差异，并对疑似受到母语影响的搭配偏误进行了验证。该部分研究的创新之处主要有两点：（1）所分析的语料具有高度可比性。YNU書き言葉コーパス包括在日本留学的中韩两国高级日语学习者以及日语母语者的作文语料，且学习者和母语者均是基于相同的题目撰写。由于词汇使用受到话题的影响极大，以往将学习者的搭配

使用情况与母语者进行比较的研究中所分析的语料虽然体裁相同（例如，都是议论文），但由于作文的题目不尽相同，因此其研究成果具有一定的局限性；（2）在分析搭配偏误时，本书中判断母语影响的依据不仅仅是依赖母语者的内省，还通过调查以其他语言为母语的日语学习者是否存在相同的偏误来进行了验证。奥野由纪子教授曾强调，在研究语言迁移时，必须"至少描述两种以上母语不同的学习者的中介语"[①]。与以往研究的单纯内省不同，本书很好地实践了这一点。第7章至第9章则是基于前三章的研究成果，通过调查中国日语学习者名动搭配的产出性和接受性知识，深入探讨了汉日同译性、搭配频率和共现强度对中国日语学习者名动搭配习得的影响。该部分研究的创新之处体现在对搭配进行了细致的分类（根据汉日同译性、搭配频率和共现强度将搭配分成了8组），并同时调查了学习者的产出性和接受性搭配知识。该部分的研究成果很好地补充和完善了已有英语相关研究结论中的不足。第10章对全书的内容进行了系统梳理和总结，并对研究成果进行了全面的综合讨论。基于这些讨论，本书的最终章节——第11章，对L2搭配教学提出了具体建议，并展望了未来研究的方向。

本书中的部分数据已以期刊论文的形式发表在中国的《日语学习与研究》以及日本的『日本語教育』等学术期刊上。书中采用的研究方法和分析过程均经过同领域专家审稿人的严格审查，确保了其科学性和严谨性。但是，本书的内容并不是已发表论文的简单整合，它是一个独立的整体，具有内在的逻辑性和完整性。由于论文篇幅的限制，许多细节在期刊论文中未能充分展开，而在本书中这些内容得到了全面阐释和深入探讨。笔者相信阅读已发表的期刊论文与阅读本书将带来不同的收获。

本书适合应用语言学、日语语言学、日语教育等领域的研究生和学者阅读，特别推荐给从事日语教学的一线教师以及对日语词汇习得研究感兴趣的学者，作为日语词汇教学与研究的参考资料。

---

① 奥野由紀子 (2003).「上級日本語学習者における言語転移の可能性—『の』の過剰使用に関する文法性判断テストに基づいて—」『日本語教育』116: 80.

本书得以付梓出版，首先要感谢我的恩师，日本御茶水女子大学的西川朋美副教授。在我于日本攻读硕士和博士学位的六年时间里，西川副教授不仅悉心培养了我的科研能力和学术写作技巧，她对学术的热情与严谨态度也深深影响并激励着我。本书中的研究构思以及具体的数据分析过程，也深受她的耐心指导，对此，我表示由衷的感谢。其次，要感谢我本科母校吉林大学的两位恩师，徐明真教授和宋欣副教授。若非两位恩师的倾力相助，我无法顺利完成产出性和接受性搭配知识测试。此外，我还要感谢西川研究室的学姐和学妹们，她们为本研究的数据整理与分析提供了巨大支持。同时，也感谢参与预备调查和正式调查的中日两国大学生们。若非他（她）们的积极配合，本书中的系列研究难以顺利完成。本书能够得以顺利出版还要特别感谢北京大学出版社。编辑兰婷女士以及负责排版的工作人员为本书的出版倾注了许多心血，尤其是对书中大量表格的排版花费了很多心思。最后，本书的出版得到了中山大学"百人计划"引进人才科研启动金以及中山大学2023年度重点学术规划经费的资助。在此，对学校和学院的鼎力支持表示深深的感谢！

　　由于个人能力所限，书中难免存在一些错误和疏漏。恳切希望各位专家学者和广大读者不吝赐教，批评指正。

刘瑞利<br>
2024年9月于广州康乐园

# 目　次

第1章　序　論 ……………………………………………………………1
　1.1　問題の所在 …………………………………………………………1
　1.2　本研究の目的 ………………………………………………………4
　1.3　本書の構成 …………………………………………………………4

第2章　コロケーションの定義と範囲 ………………………………6
　2.1　コロケーションとmultiword units ………………………………6
　2.2　文法的コロケーションと語彙的コロケーション ………………7
　2.3　先行研究におけるコロケーションの定義と範囲 ………………9
　　2.3.1　英語の研究における定義と範囲 ……………………………9
　　2.3.2　日本語の研究における定義と範囲 …………………………16
　2.4　本研究での定義と範囲 ……………………………………………21

第3章　L2学習者のコロケーション習得に関する先行研究 ……23
　3.1　L2習得におけるコロケーションの重要性 ………………………23
　3.2　本書におけるコロケーションの「使用」と「知識」 ……………25

3.3 英語学習者のコロケーション習得に関する研究 ……………… 26
　3.3.1 コーパスに基づいた研究 ………………………………… 27
　3.3.2 誘発テストを用いた研究 ………………………………… 41
　3.3.3 コロケーション習得の影響要因を検証した研究 ……… 47
3.4 日本語学習者のコロケーション習得に関する研究 …………… 57
　3.4.1 コーパスに基づいた研究 ………………………………… 58
　3.4.2 誘発テストを用いた研究 ………………………………… 62
　3.4.3 コロケーション習得の影響要因を検証した研究 ……… 64
3.5 先行研究で残された課題 ………………………………………… 69
3.6 本研究の目的と課題 ……………………………………………… 72

## 第4章 コーパス分析の研究方法【研究1と研究2】……………… 75
4.1 コーパス分析の目的 ……………………………………………… 75
4.2 YNU書き言葉コーパス …………………………………………… 76
4.3 研究方法 …………………………………………………………… 78
　4.3.1 コロケーションの範囲と抽出手順 ……………………… 78
　4.3.2 コロケーションの判断基準 ……………………………… 81
　4.3.3 コロケーションの許容度判定 …………………………… 83
　4.3.4 誤用における母語の影響の判断 ………………………… 86

## 第5章 研究1：母語話者との使用上の違い ……………………… 88
5.1 研究課題 …………………………………………………………… 88
5.2 研究方法 …………………………………………………………… 89
　5.2.1 分析データ ………………………………………………… 89
　5.2.2 分析方法 …………………………………………………… 89
5.3 結果 ………………………………………………………………… 90
　5.3.1 全体的な結果 ……………………………………………… 90

5.3.2　全体的な使用頻度における過少・過剰使用 …………93
　　　5.3.3　コロケーションの頻度と共起強度による使用上の違い …93
　　　5.3.4　具体的なコロケーション使用における違い …………101
　5.4　考察 ……………………………………………………………107
　5.5　結論 ……………………………………………………………110

**第6章　研究2：学習者の誤用及び母語の影響** ……………………111
　6.1　研究課題 …………………………………………………………111
　6.2　研究方法 …………………………………………………………112
　　　6.2.1　分析データ ……………………………………………112
　　　6.2.2　分析方法 ………………………………………………113
　6.3　結果 ……………………………………………………………113
　　　6.3.1　コロケーションの誤用タイプ …………………………113
　　　6.3.2　母語の影響と思われる誤用の割合 ……………………122
　　　6.3.3　母語の影響の検証 ……………………………………123
　6.4　考察 ……………………………………………………………128
　6.5　結論 ……………………………………………………………130

**第7章　誘発テスト調査の研究方法【研究3と研究4】** ……………132
　7.1　調査の目的と課題 ………………………………………………132
　7.2　調査の概要 ………………………………………………………133
　7.3　調査におけるコロケーションの範囲 …………………………133
　7.4　調査項目の選定 …………………………………………………134
　　　7.4.1　調査項目の選定手順 ……………………………………134
　　　7.4.2　産出調査項目の決定手順 ………………………………137
　　　7.4.3　受容調査項目の決定手順 ………………………………141
　　　7.4.4　本調査の項目 ……………………………………………144

7.5 本調査の調査票 ･････････････････････････････････････････････155
    7.5.1 産出調査票 ･････････････････････････････････････････････155
    7.5.2 受容調査票 ･････････････････････････････････････････････155
7.6 本調査の実施 ･････････････････････････････････････････････････156
    7.6.1 調査対象者 ･････････････････････････････････････････････156
    7.6.2 調査の実施手順 ･････････････････････････････････････････157
7.7 採点方法 ･････････････････････････････････････････････････････157
    7.7.1 産出調査の採点方法 ･････････････････････････････････････157
    7.7.2 受容調査の採点方法 ･････････････････････････････････････158

## 第8章 研究3：影響要因の検証 ･･････････････････････････････････････159
8.1 研究課題 ･････････････････････････････････････････････････････159
8.2 研究方法 ･････････････････････････････････････････････････････160
    8.2.1 分析データ ･････････････････････････････････････････････160
    8.2.2 分析方法 ･･･････････････････････････････････････････････160
8.3 結果 ･････････････････････････････････････････････････････････160
    8.3.1 産出調査の結果 ･････････････････････････････････････････162
    8.3.2 受容調査の結果 ･････････････････････････････････････････168
8.4 考察 ･････････････････････････････････････････････････････････175
8.5 結論 ･････････････････････････････････････････････････････････182

## 第9章 研究4：学習者が苦手とする項目の特徴 ･････････････････････････184
9.1 研究課題 ･････････････････････････････････････････････････････184
9.2 研究方法 ･････････････････････････････････････････････････････184
    9.2.1 分析データ ･････････････････････････････････････････････184
    9.2.2 分析方法 ･･･････････････････････････････････････････････185
9.3 結果 ･････････････････････････････････････････････････････････185

    9.3.1 学習者が産出において苦手とする項目 …………………185
    9.3.2 学習者が受容において苦手とする項目 …………………189
  9.4 考察 ……………………………………………………………193
  9.5 結論 ……………………………………………………………197

## 第10章　結果のまとめと総合的考察 ……………………………199
  10.1 各研究のまとめ ……………………………………………199
    10.1.1 研究1のまとめ ………………………………………199
    10.1.2 研究2のまとめ ………………………………………200
    10.1.3 研究3のまとめ ………………………………………201
    10.1.4 研究4のまとめ ………………………………………202
  10.2 総合的考察 …………………………………………………203
    10.2.1 中国語との語彙的一致性の影響 …………………………203
    10.2.2 コロケーションの頻度の影響 ……………………………205
    10.2.3 コロケーションの共起強度の影響 ………………………206

## 第11章　結　論 ………………………………………………………208
  11.1 本研究で得られた知見 ……………………………………208
  11.2 日本語教育への示唆 ………………………………………209
  11.3 本研究の意義と今後の課題 ………………………………210
    11.3.1 本研究の意義 ………………………………………210
    11.3.2 今後の課題 …………………………………………211

**参考文献**………………………………………………………………214
**稿末資料**………………………………………………………………226

# 第1章　序　論

　第1章では、問題の所在、本研究の目的及び本書の構成について述べる。1.1では問題の所在について論じ、なぜ本研究が必要なのかという研究の必要性を示したうえで、1.2では本研究の目的を提示する。最後の1.3では本書の構成を示す。

## 1.1　問題の所在

　言語能力の発達において、語彙知識は必要不可欠である。幼児の母語（第一言語、以下L1）[①]習得を見ても、その初期の段階から、語を聞いて反応したり、目に入る物を指さしてその名前を言ったりするように、語彙の習得から始まる。第二言語（以下L2）習得においても同様のことがいえ、語彙の知識がなければ、コミュニケーションが成り立たないのである。
　語彙知識を持っている、言い換えれば、語を知っているということは、単にその語の発音やスペリングといった形式と、その形式に合致する意味を知っているだけではなく、ほかのどの語とよく結びついて使用されるかと

---

① 本書では、母語を第一言語とし、その次に学ばれる言語のことを第二言語と呼ぶ。なお、「母語」と「第一言語」の用語は必要に応じ、併用することにする。

いうコロケーションを知っていることも含まれる（Nation, 2001）。コロケーションの定義については第2章で詳述するが、通常「傘をさす」「ぐっすり眠る」のような、語と語の習慣的な結びつきのことを指す。単に語の形式と意味を知っているだけでは、「読む・聞く」といった意味理解の活動においてはそれほど問題がないかもしれないが、「書く・話す」といった言語産出の活動においては、その語の使い方、特に類似の意味を持つ語をどのように使い分ければいいか分からないことが多い。例えば、日本語の「さす」と「かざす」の形式と意味を知っていても、「傘をさす」と「傘をかざす」のどちらが適切な表現なのかについては、コロケーションの知識がないと分からないだろう。このように、語の意味や使い方を正確に理解するうえでコロケーションに関する知識が非常に重要である。

　コロケーションは母語話者らしい流暢さや自然さにも強く関わっている。Pawley and Syder（1983）は、多くの可能な選択肢から最も適切な語を選ぶという母語話者並みの選択と、自然で滑らかに言語を話すという母語話者並みの流暢さにおいて、コロケーションが重要な役割を果たしていると指摘した。日本語を例にすると、「ビタミンを食べる」のような表現は、意味理解が可能であるものの、日本人なら使わないため、日本語らしい表現ではない。「ビタミンを食べる」ではなく、「ビタミンをとる」という適切な表現を産出するにはコロケーションの知識が欠かせない。

　しかし、コロケーションはL2能力のかなり高い上級学習者にとっても極めて難しいと言われている（Nesselhauf, 2003; Laufer & Waldman, 2011など）。日本語学習者の日本語使用を調査した研究でも、統語的な接続に問題がなく、意味理解もできないことはないが、日本語母語話者（Japanese Native Speakers、以下JNS）なら使わない「ビタミンを食べる」（大曽・滝沢，2003）、「重い問題」（曹・仁科，2006a）などの誤用がしばしば報告されている。特に、日本語の「名詞＋動詞」コロケーションは上級日本語学習者にとって難しいと指摘されている（劉，2017）。

# 第1章 序論

　日本語の語彙指導においてもコロケーションが注目されつつある（三好, 2007, 2011；姚・菅谷, 2017など）。しかし、コロケーションは数えきれないほどあるため、すべて授業で教えるには無理がある。どのようなコロケーションを授業に取り入れるべきか、また具体的にそれをどのように教えたらいいかということを明らかにしなければならない。それを解明するためには、まず日本語学習者のコロケーション習得の実態を把握し、学習者にとって習得しやすいコロケーションと習得しにくいコロケーションの特徴を明らかにする必要がある。これまで、英語学習者のコロケーション習得における問題点を指摘した研究は数多く行われてきたが、日本語学習者のコロケーション使用の実態を調査した研究は、L2英語に比べ、非常に限られており、日本語学習者のコロケーション習得について十分に検討されていない点が多々ある。

　コロケーションには、「名詞＋動詞」「形容詞＋名詞」「副詞＋動詞」など、様々なパターンがある。秋元（2002）は、『日本語表現文型 中級』のテキストを調べたところ、「名詞＋動詞」コロケーションが最も多く、コロケーション全体の80％を占めていると報告した。そこで、本研究では、上級日本語学習者の「名詞＋動詞」コロケーションの習得について検討することにする。

　また、国際交流基金（2018, pp. 14-15）の調査によると、世界の日本語学習者の中で、中国語を母語とする日本語学習者（Chinese Japanese Learners、以下CJL）が最も多く、日本語学習者全体の3分の1を占める。中国語と同じ共起語を用いない「名詞＋動詞」コロケーションは、旧日本語能力試験（Japanese Language Proficiency Test: JLPT）1級に合格した上級CJLにとっても、極めて困難であると指摘されている（小森ほか, 2012）。このように、上級CJLの「名詞＋動詞」コロケーションの習得に関する研究の重要性と必要性が示されている。

## 1.2　本研究の目的

　以上の理由から、本研究では、上級CJLの「名詞＋動詞」コロケーションの習得に焦点を当てることにする。

　まず、学習者コーパスの分析を通して、上級CJLの「名詞＋動詞」コロケーションの使用実態を明らかにする。使用するコーパスの詳細は第4章で述べる。

　次に、学習者コーパスの分析において観察された上級CJLのコロケーション習得に影響する要因を検証する。自由産出である学習者コーパスだと調査するコロケーションをコントロールすることができないため、影響要因を検証する際には、事前に条件を統制したうえでコロケーション項目の選定ができる誘発テスト（本研究ではペーパー式の産出テストと受容テスト）を用いることにする。

　つまり、本研究では、自由産出である学習者コーパスを分析し、上級CJLの「名詞＋動詞」コロケーションの使用実態を明らかにしたうえで、コロケーションの産出知識と受容知識を測定する誘発テストを実施し、上級CJLの「名詞＋動詞」コロケーションの習得に影響する要因を検証する。これらの一連の研究を行うことで、上級CJLにとって習得しやすいコロケーションと習得しにくいコロケーションの特徴を明らかにする。

## 1.3　本書の構成

　本書は11の章によって構成されている。第1章では、以上述べた通り、問題の所在と本研究の目的を示した。第2章では、コロケーションの定義と範囲について述べる。第3章では、L2学習者のコロケーション習得に関する先行研究を概観したうえで、本研究の課題を提示する。第4章から第6章までは上級CJLの「名詞＋動詞」コロケーションの使用実態を把握するためのコーパス研究（研究1と研究2）である。第4章では研究方法を述べ、第5章と第6

章では研究1と研究2の結果と考察について報告する。第7章から第9章までは上級CJLのコロケーション習得に影響する要因を検証するための誘発テスト調査（研究3と研究4）である。第7章では研究方法を説明し、第8章と第9章では研究3と研究4の結果と考察について述べる。第10章では研究結果のまとめと総合的な考察を行う。第11章では、結論として、本研究の教育的な示唆及び今後の課題を記す。本書の構成は図1-1に示す通りである。

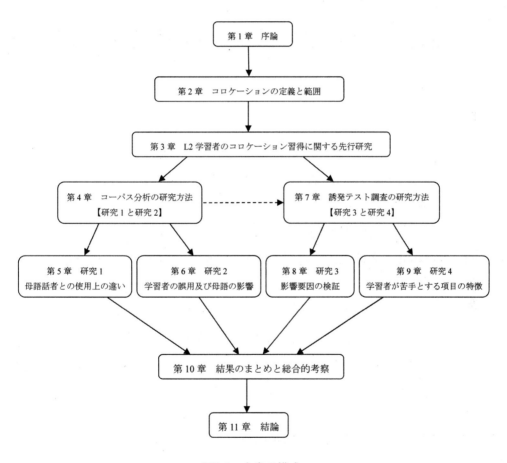

図1-1　本書の構成

# 第2章　コロケーションの定義と範囲

　コロケーションに関する研究は盛んに行われているものの、コロケーションの定義と範囲については統一した見解がなく、研究によって意見が分かれている。本章では、コロケーションの定義と範囲について先行研究の知見を紹介したうえで、本研究の立場を述べる。まず、2.1ではコロケーションとmultiword unitsとの関係について説明する。次に、2.2では文法的コロケーションと語彙的コロケーションについて紹介し、2.3では本研究の「名詞＋動詞」コロケーションが属する語彙的コロケーションを取り上げ、その定義と範囲について、英語の研究における定義と範囲、日本語の研究における定義と範囲の順で先行研究の知見をまとめる。最後の2.4では本研究における「名詞＋動詞」コロケーションの定義と範囲を提示する。

## 2.1　コロケーションとmultiword units

　英語の研究においては、コロケーションは語と語の結びつきであるmultiword unitsの下位分類の1つとされている（Yamashita & Jiang, 2010; Nation & Webb, 2011; Nation, 2013）。multiword unitsとは、2つ以上の語からなる語結合のことである。Nation and Webb（2011）は、multiword unitsを

コロケーション（collocations）、定型表現（formulaic sequences）、語彙束（lexical bundles）など、あらゆるタイプの語結合を含む用語として使用している。

一般に、コロケーションは*heavy traffic, strong tea*のように、名詞や動詞などの自立語で構成された表現を指すのに対し、定型表現は*at first, out of order*のように、主に付属語で構成され、一定の意味を表す固定的な表現を指す場合が多い（Yamashita & Jiang, 2010, p. 649）。一方、語彙束は語の集合であり、文章を一定の語数で区切った時に得られたものである（Biber et al., 2004）。例えば、英語の4語の語彙束だと*do you want to, I don't think so*のようなものがある。

## 2.2 文法的コロケーションと語彙的コロケーション

2.1で述べた考え方以外に、コロケーションを文法的コロケーション（grammatical collocations）と語彙的コロケーション（lexical collocations）に分けて考える研究もある（Benson et al., 1986, 2010; 野田, 2007）。Bensonらによると、文法的コロケーションは*by accident, angry at*のように、名詞、動詞、形容詞など自立語1つと前置詞または不定詞、節などを組み合わせたものと定義される。一方、語彙的コロケーションは*fly a kite*や*weak tea*のように、複数の自立語（名詞、形容詞、動詞や副詞）からなっており、通常前置詞や不定詞、節などを含まないものとされる。

日本語を例にした野田（2007）も、似たような見解である。「一万円札しか持っていない」のように、文法上限定しているものを「文法的なコロケーション」、「焼肉を食べた」のように、意味的なカテゴリーを限定するものを「意味的なコロケーション」としている。野田の「意味的なコロケーション」の例として挙げられている「焼肉を食べた」は、文法か意味かという考え方においては、Benson et al.（1986, 2010）の語彙的コロケーションと類似している。

L2学習者のコロケーション習得に関する研究では、コロケーションといえば、通常語彙的コロケーションのことを指す（e.g., Nesselhauf, 2003, 2005; Yamashita & Jiang, 2010; Laufer & Waldman, 2011）。本研究で調査する日本語の「名詞＋動詞」コロケーションも語彙的コロケーションに属するため、以下、語彙的コロケーションについて詳しく紹介する。

　Benson et al.（1986, 2010）は、英語の語彙的コロケーションをLex1～Lex7[①]の7タイプに分類した。以下、Benson et al.（2010）に基づき、Lex1～Lex7の各タイプについて紹介する。表2-1は筆者がBensonらの内容を表にまとめたものである。

表2-1　Benson et al.（2010）における語彙的コロケーションのタイプ

| タイプ | 構成 | 具体例 |
| --- | --- | --- |
| Lex1 | 【V-N】他動詞＋名詞 | *fly a kite, make an impression* |
| Lex2 | 【V-N】機能動詞＋名詞 | *reject an appeal, break a code* |
| Lex3 | 【Adj-N】形容詞＋名詞 | *strong tea, best regards* |
| Lex4 | 【N-V】名詞＋動詞 | *adjectives modify, blood circulates* |
| Lex5 | 【N-of-N】名詞＋名詞 | *a pack of dogs, a bouquet of flowers* |
| Lex6 | 【Adv-Adj】副詞＋形容詞 | *deeply absorbed, sound asleep* |
| Lex7 | 【V-Adv】動詞＋副詞 | *affect deeply, argue heatedly* |

　表2-1から、語彙的コロケーションは名詞や動詞などの自立語2つからなる語結合を指していることが分かる。また、英語では*fly a kite*（V-N）であるが、日本語ではその対応表現が「凧をあげる」（N-V）となるように、日本語と英語とでは名詞と動詞の語順が異なる。そのため、本研究の対象項目である日本語の「名詞＋動詞」コロケーションは、表2-1のLex4ではなく、Lex1とLex2に当たるものである。

　英語のコロケーションに関する研究では、語彙的コロケーションには表2-1に示されたタイプがあるという点について概ね一致した見解が得られて

---

[①] Bensonらは、語彙的コロケーションの7タイプをL1～L7と略称しているが、本書では、第二言語の略語であるL2と区別するために、Lex1～Lex7と略称する。

いる。しかし、同じタイプの語結合であっても、共起語の制限や意味の透明性によって語結合の性質がかなり違う場合もあるため、どこまでコロケーションとするかは意見が分かれている。例えば、英語のV-N語結合は、*want a car*（車がほしい）のように、個々の語の意味によって自由に組み合わされる自由結合（free combinations）もあれば、*kick the bucket*（死ぬ）のように、個々の語から全体の意味が予測できない固定結合（fixed combinations）もある。形式的にはどちらも動詞と名詞の結びつきであるが、意味の透明性などから考えると、この2つはかなり違うものだと容易に分かるだろう。Benson et al.（2010）は、Lex1とLex2には共起する語の数が非常に多い自由結合を含まない、Lex4には予測可能な語結合（e.g., *dancers dance*）を含まないと述べている。つまり、野田（2007）の「焼肉を食べた」は通常コロケーションではなく、自由結合と見なされるのである。

次節では、語彙的コロケーション（以下、単に「コロケーション」と呼ぶ）の定義と範囲について先行研究をまとめていく。

## 2.3　先行研究におけるコロケーションの定義と範囲

L2コロケーションの習得に関する研究は主に英語を中心になされてきたため、本節では先行研究におけるコロケーションの定義と範囲を紹介する際に、まず英語の研究における捉え方を紹介する。そのうえで日本語の研究における捉え方についてまとめる。

### 2.3.1　英語の研究における定義と範囲

英語の研究では、コロケーションの定義について、概ね伝統的な慣用連語アプローチ（phraseological approach）と統計優先の頻度アプローチ（frequency-based approach）の2つの考え方がある（Nesselhauf, 2005）。以下、先行研究を引用しながら、それぞれの詳細を紹介していく。

### (1) 慣用連語アプローチ (phraseological approach)

　慣用連語アプローチはA. P. Cowieの研究が代表的である。Cowie (1981) は、語の結合力 (collocability) と意味の透明性 (transparency) によって、語と語の結びつきを以下の4種類に分類した。コロケーションについては、「制限コロケーション (restricted collocations)」という用語を用いたが、後述するNesselhauf (2003, 2005) の「コロケーション」と同じものを指している。本書では、Cowieの研究を紹介する際にそのまま「制限コロケーション」という用語を使用する。

> 自由結合 (free word-combinations: e.g., *drink tea*)
>   ・語の共起は意味論的な理由で限定することができる。
>   ・構成語すべて文字通りの意味で使用されている。
> 
> 制限コロケーション (restricted collocations: e.g., *curry favour*)
>   ・構成要素が不変或いは共起可能性が限定されている。
>   ・構成要素が文字通りの意味で使用されているものもあれば、比喩的、派生的な意味で使用されているものもある。全体の意味は比較的透明であり、個々の語から推測できる。
> 
> 比喩的イディオム (figurative idioms: e.g., *open the bowling, catch fire*)
>   ・語の共起は固定的である。
>   ・語結合は比喩的な意味だけでなく、現在では文字通りの意味も解釈できる。
> 
> 純粋イディオム (pure idioms: e.g., *kick the bucket*)
>   ・語の共起は固定的である。
>   ・現在では、文字通りの意味が失われ、比喩的な意味のみを持っている。

　上級英語学習者のV-Nコロケーションの使用について調査したNesselhauf

(2003, 2005) も、自由結合とイディオムの中間に位置する制限結合をコロケーションとした。Cowie (1981) では比喩的イディオムの分類もあったが、Nesselhauf (2003, 2005) は比喩的な意味で使用されているかどうかによって、比喩的イディオムをイディオムまたはコロケーションに振り分け、英語のV-N語結合を以下の3種類に分類した。

> ➢ 自由結合（free combinations: e.g., *want a car, read the paper*）
> 　名詞と動詞の両方が制限を受けず、意味によって自由に組み合わされている。
> ➢ コロケーション（collocations: e.g., *take a picture*）
> 　名詞の使用は制限を受けないが、その意味で使用されている動詞と共起できる名詞は限られている。例えば、撮影の意味で使用される*take*は、*picture, photograph*と共起できるが、*film, movie*と共起できない。
> ➢ イディオム（idioms: e.g., *sweeten the pill, kick the bucket*）
> 　名詞と動詞の両方に使用制限があり、個々の語の意味から句全体の意味を予測することが困難である。

英語学習者と英語母語話者のV-Nコロケーションの使用を比較したLaufer and Waldman (2011) も、Nesselhauf (2003) と同じ捉え方である。自由結合からイディオムまですべてをコロケーションとする研究（e.g., Wang & Shaw, 2008）もあるが、非常に少ない。このように、慣用連語アプローチをとる研究では、自由結合と固定結合（イディオム）以外の制限結合をコロケーションとする場合が多い。また、これらの研究では、恣意的制限を受けない自由結合から語の入れ替えができない固定結合までが1つの連続体であり、きれいに一線を画して分かれるものではないという点において一致した見解が得られている。

### （2）頻度アプローチ（frequency-based approach）

　意味の透明性や語の結合力からコロケーションを定義する慣用連語アプローチと異なり、テキストにおいてお互いに短い距離にある語と語の共起であるといったように、語と語の関係を線状的に捉えようとする頻度アプローチ（frequency-based approach）もある。頻度アプローチは、Firthの研究に始まり、Sinclairによって発展されたと言われている（堀, 2012）。

　Firth（1957b）に再録されたFirthが1951年に発表した論文 *Modes of Meaning* では、"The collocability of lady is most frequently with young, but person with either old or young"（1957b, p.195）と述べられ、*young lady, old/young person* がコロケーションの例として挙げられた。なお、Firthは具体的な頻度について言及しておらず、"most frequently" という用語を用いた。

　Sinclair（1991, p. 170）は、コロケーションを "the occurrence of two or more words within a short space of each other in a text"（あるテキストにおける短いスペース内の2語以上の共起）と定義した。"a short space" は一般的に調査される中心語（node）前後4語を指す場合が多い。中心語と共起する語は共起語（collocate）と呼ぶ。

　Firth（1957b）とSinclair（1991）は実証研究ではないため、どちらも具体的な頻度基準に言及していないが、コーパスに基づいた学習者のコロケーション使用に関する研究では、参照する母語話者コーパスに応じて独自の頻度基準を定めている。ある母語話者コーパスにおけるコロケーションの出現頻度のほか、t-scoreもよく用いられる頻度指標の1つである。斎藤ほか（2005）によれば、t-scoreは「2つの語の共起関係の統計的有意性を測る指標」であり、「広く頻繁に用いられるコロケーション」を測定するのに適している。厳密に決まっているわけではないが、t-scoreが2以上である場合をコロケーションと見なすことが一般的である（Hunston, 2002; 斎藤ほか, 2005）。t-scoreは仮説検定である *t* 検定の方法を用いており、その計算式は以下の通りである。

$$\text{t-score} = \left(\text{共起頻度} - \frac{\text{中心語頻度} \times \text{共起語頻度}}{\text{コーパス総語数}}\right) \div \sqrt{\text{共起頻度}}$$

［計算式は石川（2006, p. 6）より引用］

　上記の計算式にある「共起頻度」とは、中心語と共起語の共起頻度であり、参照するコーパスにおいての当該コロケーションの出現頻度を指す。また、「中心語頻度」と「共起語頻度」とは、参照するコーパスにおける当該コロケーションを構成する語それぞれの出現頻度のことである。コロケーションをt-scoreの数値で並べると、その順番は当該コロケーションの出現頻度で並べるのと非常に似ている（石川, 2006）。つまり、共起頻度が高ければ、t-scoreも高くなり、共起頻度がある程度に達していなければ、t-scoreは高い値にならない。

　一方、参照コーパスでのコロケーションの出現頻度またはt-scoreのみを基準にコロケーションを認定すると、低頻度であるが共起強度の高いコロケーションが除外されてしまうことがある。この問題を避けるために、頻度情報に加え、共起強度を示す指標MI-score（Mutual Information score：相互情報量スコア）をコロケーションの認定基準に取り入れる研究が多い。MI-scoreとは、ある語が共起語の情報をどの程度持っているかという「2つの語の結びつきの強さ（共起関係の強さ）を示す指標」であり、「低頻度でも意味的に興味深いコロケーション」を特定するのに適している（斉藤ほか, 2005）。例えば、「お茶を入れる」は「お茶を飲む」より慣用的であり、MI-scoreも高いと予測される。国立国語研究所が構築した『現代日本語書き言葉均衡コーパス』のオンライン検索システムであるNLB（NINJAL-LWP for BCCWJ）[①]における検索結果では、「お茶を入れる」は74回しか出現していないものの、MI-scoreが16.31で高い。一方、「お茶を飲む」は320回もあるのに、MI-scoreが10.63である。このように、MI-scoreという指標を用

---

① https://nlb.ninjal.ac.jp/ よりアクセスできる。

いることで、頻度が低くても有意義なコロケーションを抽出することができる。厳密に決まっているわけではないが、MI-scoreが3以上である場合、通常有意義なコロケーションと見なされている（Hunston, 2002; 斎藤ほか, 2005）。

MI-scoreは、コーパスにおけるあるコロケーションの確率、すなわち中心語と共起語の共起確率と、そのコロケーションを構成する中心語と共起語それぞれの確率との比で計算されている（『応用言語学事典』, 2003）。データの正規化を行うために、実際の計算では、コーパス総語数をかけてから、2を底とする対数をとることになっている（『応用言語学事典』, 2003, p. 637, MI-scoreの部分は杉浦正利氏が執筆）。確率は、「頻度÷コーパス総語数」であり、すべての項に「コーパス総語数」があるため、最終的な計算式は次のようになる。

$$\text{MI-score} = \log_2 \frac{共起頻度 \times コーパス総語数}{中心語頻度 \times 共起語頻度}$$

［計算式は石川（2006, p. 7）より引用］

t-scoreとMI-scoreの計算式から分かるように、同じコロケーションであっても、コーパスサイズや中心語と共起語の頻度が変われば、t-scoreとMI-scoreの値も変わる。コロケーションに関する研究では、大規模な母語話者コーパスにおけるt-scoreとMI-scoreを用いることが一般的である。コロケーションの認定によく用いられる英語母語話者コーパスとして、1億語からなるイギリス現代英語コーパスBNC（the British National Corpus）と、4億語を超えるアメリカ現代英語コーパスCOCA（Corpus of Contemporary American English）がある。

頻度アプローチはコンピューターを用いたコーパス研究に多大な影響を与えている。特に、英語学習者向けにコロケーションのリストを作成した研究（Durrant, 2009; Ackermann & Chen, 2013; Lei & Liu, 2018）や、英語学習者

と英語母語話者とのコロケーション使用上の違いを頻度と共起強度の視点から比較した研究（Siyanova & Schmitt, 2008; Durrant & Schmitt, 2009; Yoon, 2016）、学習者グループ間でのコロケーション使用を比較した研究（Granger & Bestgen, 2014; Chen, 2019）などに広く取り入れられている。例えば、英語学習者のためにアカデミック英語のコロケーションリストを作成したDurrant（2009）は、アカデミック英語コーパス（2,500万語）において出現頻度が25回以上、MI-scoreが4以上のコロケーションをリストアップした。学習者のコロケーション使用を英語母語話者の使用と比較したDurrant and Schmitt（2009）は、BNCでの頻度が5回以上且つt-scoreが2以上、MI-scoreが3以上のAdj-N、N-N語結合をコロケーションとしている。Yoon（2016）も学習者のコロケーション使用を英語母語話者の使用と比較しているが、コロケーションの認定はBNCではなく、COCAを参照した。COCAにおける出現頻度が5回以上で、MI-scoreが3以上のV-N語結合をコロケーションとしている。中級と上級英語学習者のコロケーション使用を比較したGranger and Bestgen（2014）は、Durrant and Schmitt（2009）と同じ基準でコロケーションを認定した。また、Chen（2019）は、学習者が使用したコロケーションのうち、COCAにおける頻度が10回以上のコロケーションを分析の対象項目としている。

### （3）英語の研究のまとめ

以上、英語の研究におけるコロケーションの定義と範囲について、慣用連語アプローチ、頻度アプローチの順で紹介した。両アプローチにおいて、コロケーションの定義や具体的な範囲は異なるものの、どちらもBenson et al.（1986, 2010）のLex1〜Lex7の7タイプをコロケーションとしていることが分かる。次に、日本語の研究におけるコロケーションの定義と範囲について見る。

## 2.3.2　日本語の研究における定義と範囲

　本節では日本語の研究におけるコロケーションの定義と範囲について紹介する。日本語に関する研究において、直接「コロケーション」の用語を用いた研究は歴史が浅く、かなり限られているため、Bensonらが述べたLex1～Lex7に属するものについて議論した研究であれば、「コロケーション」の用語を用いていなくても紹介する。なお、日本語の各研究を紹介する際には、各研究が実際に用いた用語をそのまま使用することにする。

　日本語のコロケーションに関する研究は、言語としての日本語（文の構造や語彙の分類など）を研究する日本語学と、日本語を母語としない日本語学習者を主な対象に日本語の教え方や学習法などについて研究する日本語教育学の分野に見られる。日本語教育学の研究においては、コロケーションの定義と範囲に関する議論は非常に限られており、しかも日本語学の記述に基づいたものがほとんどである。以下、日本語の研究におけるコロケーションの定義と範囲について紹介する際には、日本語学の研究を概観した後、日本語教育学の研究についてまとめることにする。

### （1）日本語学における用語とその定義・範囲

　日本語学の研究ではコロケーションについて使用される用語とその範囲が統一されていない。ここではまず、直接「コロケーション」という用語が使われていないものの、日本語のコロケーション研究に多大な影響を与えた宮地（1985）、国広（1985）と村木（1991）について紹介する。宮地（1985）と国広（1985）は「名詞＋動詞」に限定していないが、村木（1991）は「名詞＋動詞」に特化した議論である。

　宮地（1985）は日本語の慣用句[①]について論じたものであり、慣用句の位置づけを図2-1のように示した。日本語の句全体を「一般連語句」と「成句」に分類し、慣用句を成句の一部とした。

---

[①]　宮地（1985）の慣用句には英語のコロケーションとイディオムの両方が含まれる。

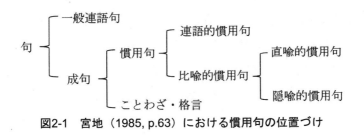
図2-1　宮地（1985, p.63）における慣用句の位置づけ

　「一般連語句」とは、「二語（以上）が意味関係のゆるすかぎり、自由に結合してできる句」のことで、「雲が流れる」「空が青い」などが例として挙げられていた。また、慣用句のうち、「連語的慣用句」とは、「その結合に制約があって、慣用が固定的であるうえ、比喩的慣用句ほどには全体として派生的な意味を持たない句」で、「汗をかく」「うそをつく」「風邪をひく」などのようなものを指すとされる。それに対し、「社長の地位にあぐらをかくようなことではいけない」の「あぐらをかく」は「比喩的慣用句」であると論じられている。宮地が言った「一般連語句」「連語的慣用句」「比喩的慣用句」の3つは、それぞれ前述したNesselhauf（2003）の自由結合、コロケーション、イディオムに当たるものだと考えられる。さらに、宮地は、「一般連語句と連語的慣用句とは、それぞれ独自の特徴を持っているが、境界線が明確なわけではない」「連語的慣用句と比喩的慣用句とのあいだも同様」であるとも指摘した。
　国広（1985）は、「二語（以上）の連結使用が固定しており、全体の意味は構成語の意味の総和からは出てこないもの」（p. 7）を慣用句とし、「油を売る」「道草を食う」など、様々な種類のものがあると述べた。それに対し、「傘をかざす」と「傘をさす」は意味的には同じ行為を表すが、「かざす」ではなく、「さす」を慣用的に使用するのは意味的に説明できない現象であり、「傘をさす」のように、「二語（以上）の連結使用が、構成語の意味ではなく、慣用により決まっているもので、全体の意味は構成語個々の意味から理解できるもの」（p. 7）を「連語」と定義し、慣用句と区別してい

る。国広の「連語」は、前述した宮地（1985）の「連語的慣用句」と用語が異なるが、ほぼ同じものを指していることが分かる。

村木（1991）は、「連絡を取る」「注目を集める」（下線は筆者が引いた）のような表現に含まれる「実質的な意味を名詞にあずけて、みずからはもっぱら文法的な機能をはたす」動詞を機能動詞とし、名詞と動詞の結びつきを「自由な語結合」「機能動詞結合」「慣用句」の3つに分類した。中間に位置する機能動詞結合は、宮地（1985）の「連語的慣用句」、国広（1985）の「連語」に含まれるものだと考えられる。

近年、日本語学の研究において、直接「コロケーション」という用語を使用する研究も現れるようになった。その代表例として、2007年に『日本語学』に掲載されたコロケーション特集が挙げられる。そのうち、村木（2007）は、コロケーションを「自立的な単語のくみあわせで、命名（名づけ、現実のさししめし）の側面のみをになった文法的単位」と定義し、「桜が咲く」「雨が降る」をコロケーションとしてよいと論じた。野田（2007）と山田（2007）も、「コロケーション」の用語を使用しているが、コロケーションの範囲について、異なる見解を出している。野田（2007）は、「焼肉を食べた」のように、本来の基本的な意味による限定もコロケーションとしており、かなり広範的な扱いをしている。一方、山田（2007）は、コロケーションを「名詞と動詞、形容（動）詞と名詞、副詞と動詞など、原則として異なる品詞に属する語が結びついた表現である」と記述し、その下位分類として、「普通の句」「連語」「慣用句」を挙げた。慣用句もコロケーションの一種類であると明記した点においては野田（2007）と異なる。また、「異なる品詞」という限定を加えたため、慣用句はその下位分類の1つであるものの、「雀の涙」、「猫の額」のような「名詞＋名詞」の慣用句は除外されている。

以上から分かるように、日本語学の研究においては、慣用連語アプローチをとっている。自由結合と固定結合の中間に位置する制限結合に当たるよう

なものは、「連語的慣用句」「連語」、名詞と動詞に特化した「機能動詞結合」などと呼ばれている。直接「コロケーション」という用語を用いた研究では、自由結合とイディオムがコロケーションに含まれるかどうかについては見解が分かれているが、中間に位置する制限結合がコロケーションであるということには統一した見解が得られている。

### (2) 日本語教育学における用語とその定義・範囲

日本語教育学においても、語と語の結びつきに関して、使用する用語とその範囲に関する意見が分かれている。以下、使用する用語が異なるものの、その範囲に関する記述のある研究について紹介する。なお、本節では、各論文での用語の定義と範囲についてのみ議論し、日本語学習者のコロケーション習得に関する研究の具体的な内容は第3章で述べる。

コロケーションの指導法を検討した秋元（1993, 2002）は、コロケーションの代わりに「連語」という用語を用いた。前述した日本語学の研究である宮地（1985）と国広（1985）を引用したうえで、連語を自由な語結合と慣用句の中間に位置するものとした。さらに、構成語の品詞によって、日本語の連語を以下の4種類に分類した。


① 名詞＋動詞
  ・名詞＋を＋動詞：電話をかける、経験を積む
  ・名詞＋が＋動詞：電話がかかる、影響が出る
  ・名詞＋に＋動詞：電話に出る、事故にあう
② 名詞＋形容詞：頭がいい、酒に強い
③ 形容詞・形容動詞＋名詞：濃いコーヒー、大きな効果
④ 副詞用言：ぐっすり寝る、しみじみ思う

（秋元, 1993, pp. 32-33; 秋元, 2002, pp. 238-239）

三好（2007，2011）も連語の指導法に関する研究であり、日本語の「名詞＋動詞」語結合に焦点を当てている。三好（2007）は、英語の"collocations"を日本語で「連語」と呼び、連語指導の効果を試みる際に自由結合も連語としているのに対し、三好（2011, p.101）は、「一文中において統語的関係にある語と語の結びつき」を共起表現と呼び、そのうち、「固定的だが、個々の語の意味から全体の意味が解釈できる」という習慣的なものがコロケーションであると論じ、コロケーションを共起表現の下位分類の1つとした。このように、同じ研究者であっても、異なる捉え方をとる場合もある。深田（2008）は、直接「コロケーション」という用語を用いた研究である。コロケーションの典型例として「お茶を入れる」を挙げ、自由結合の「お茶を飲む」と慣用句の「お茶を濁す」の中間に位置するものだと述べている。曹・仁科（2006a, 2006b）は、CJLの名詞と形容（動）詞の語結合に関する研究であり、三好（2011）と同じく「共起表現」という用語を使用している。李（2014）は、中国で使用されている日本語教科書における「名詞＋を＋動詞」コロケーションの取り扱いについて調査する際に、慣用句を除いた自由結合と制限結合を対象項目としている。李（2016）は、CJLの「名詞＋を＋動詞」コロケーションの使用実態について調査した研究であり、コロケーションを「学習者にとって習慣的にまとまって使われる語の連鎖」であると定義し、李（2014）と同様に、意味が不透明な慣用句を除いたものをコロケーションとしている。小野ほか（2009）は、学習者の語彙・表現力を増やすための上級日本語問題集であり、結びつきやすい表現に着目したコロケーションに関する教材であるが、自由結合から慣用句まで収録した。姚・菅谷（2017）は、自由結合、連語、慣用句の3つをすべてコロケーションとしているが、日本語の「名詞＋動詞」コロケーションを対象項目に、明示的帰納法と暗示的帰納法の指導効果を検証する際に、自由結合のみを取り上げた。

　このように、日本語教育学の研究においても、コロケーションについて使

用される用語とその範囲が統一されていない。日本語学の研究と同様に、直接「コロケーション」の用語を使用した研究では、自由結合と固定結合の中間に位置する制限結合がコロケーションに含まれているという統一された見解が得られている。

### (3) 日本語の研究のまとめ

以上述べたように、コロケーションの定義と範囲については、日本語の研究においても、統一した見解がない。日本語の研究における用語とその範囲に関する全体像を示すために、以上紹介した研究のうち、使用する用語とその範囲について明確に言及した研究を表2-2にまとめる。

表2-2　日本語の研究における語と語の結びつきの分類及びその用語

| | 先行研究 | 自由結合 | 制限結合 | 固定結合 |
|---|---|---|---|---|
| 日本語学 | 国広 1985 | 語連結 | 連語 | 慣用句 |
| | 宮地 1985 | 一般連語句 | 連語的慣用句 | 比喩的慣用句 |
| | 村木 1991 | 自由な語結合 | 機能動詞結合 | 慣用句 |
| | 村木 2007 | 自由なコロケーション | コロケーション | 慣用句 |
| | 山田 2007 | コロケーション | | |
| | | 普通の句 | 連語 | 慣用句 |
| 日本語教育学 | 深田 2008、三好 2011 | 自由結合 | コロケーション | 慣用句 |
| | 秋元 1993, 2002 | 自由な語結合 | 連語 | 慣用句 |
| | 李 2014, 2016 | コロケーション | | 慣用句 |
| | | 自由結合 | 制限結合 | |
| | 小野ほか 2009 | コロケーション | | |
| | 姚・菅谷 2017 | コロケーション | | |
| | | 自由結合 | 連語 | 慣用句 |

・直接「コロケーション」という用語を使用したところに網掛けをしている。

## 2.4　本研究での定義と範囲

本研究では、上級CJLの「名詞＋動詞」コロケーションの習得について検討する際に、必要に応じ、コロケーションの頻度や共起強度であるMI-score

に関する情報も分析に取り入れるが、コロケーションの認定は慣用連語アプローチに従うことにする。具体的には、「傘をさす」のように、二語以上の連結使用で、語の共起において恣意的制限を受けるが、句全体の意味が比較的透明であり、構成語から予測できるものをコロケーションとする。つまり、「本を買う」「焼肉を食べる」のような自由結合と、「道草を食う」のような慣用句は、検討の対象外とする。また、日本語の「名詞＋動詞」コロケーションを構成する動詞は、基本的な和語動詞が最も多い（秋元, 2002）と指摘されているため、本研究では、「名詞＋動詞」コロケーションの動詞を、複合動詞と漢語動詞を除いた和語動詞に限定することにする。なお、コーパスから「名詞＋動詞」コロケーションを抽出する際の具体的な認定方法は第4章、誘発テスト問題の作成におけるコロケーションの選定基準は第7章で記述する。

# 第3章　L2学習者のコロケーション習得に関する先行研究

　本章では、L2学習者のコロケーション習得の実態や習得上の問題点を明らかにした研究と、その習得に影響する要因を検証した研究を中心に、先行研究を概観していく。

　先行研究を整理する前に、まず、3.1ではL2学習者にとってなぜコロケーションの習得が不可欠なのかというL2習得におけるコロケーションの重要性、3.2では本書で使用するコロケーションの「使用」と「知識」という用語の使い分けについて述べる。次に、3.3では英語学習者のコロケーション習得に関する先行研究、3.4では日本語学習者のコロケーション習得に関する先行研究を述べ、3.5では先行研究で残された課題を提示する。そのうえで、最後の3.6では本研究の目的と具体的な研究課題を示す。

## 3.1　L2習得におけるコロケーションの重要性

　コロケーションを含むmultiword unitsの大きな特徴は遍在性（ubiquity）である。英語を例にすると、書き言葉と話し言葉の30%～60%はmultiword units

からなっていると報告されている。Biber et al.（1999）は、英語において、*in his bedroom, I don't think so*のような3語と4語の語彙束（lexical bundles）は、会話の28%、学術文章の20%を占めていると述べている。さらに、Erman and Warren（2000）は、英語の話し言葉の58.6%、書き言葉の52.3%がmultiword unitsであると報告している。このように、具体的な数値は分析されるデータの種類（話し言葉か書き言葉）や認定方法などによって異なるが、multiword unitsは繰り返し使用され、言語運用の重要な部分であることが確かである。日本語においては、multiword unitsが占める割合について具体的な数値はまだ報告されていないが、「傘をさす」「頭を下げる」など、コロケーションや慣用句がよく使用されていることは事実であろう。

　言語のこのような性質により、コロケーションを含むmultiword unitsの重要性が多くの研究において指摘されている（e.g., Fox, 1998; Wray, 2000; Wood, 2010）。特に、Foxは、L2習得におけるコロケーションの重要性について、以下のように語っている。

> When even very good learners of the language speak or write English, the effect is often slightly odd. There is nothing that is obviously wrong, but somehow native speakers know that they would not express themselves in quite that way. The problem is often one of collocation-The words which are frequently used together.
>
> 　非常に優れた英語学習者であっても、その言語を話すまたは書く際にやや奇妙な印象を与えることがある。別にどこか間違っているわけではなく、英語母語話者ならそのような表現を使わないだろうと感じることがある。この問題は、多くの場合、語の共起であるコロケーションによるものである。
>
> （Fox, 1998, p. 33; 日本語は筆者訳）

　このように、L2学習者にとって、母語話者らしい流暢さや自然さを実現

するためには、コロケーションを使いこなすことが不可欠である。

　産出だけでなく、理解においても、コロケーションなどのmultiword unitsは重要な役割を果たしている。Hunston and Francis（2000）は、心内辞書（mental lexicon）に大量のmultiword unitsを蓄積することで、学習者はすべての単語に注意を払わなくてもテキストの意味を理解することが可能になると述べている。

　以上の理由から、高度なL2能力に達するためには、コロケーションなどの語と語の習慣的な結びつきをマスターすることが極めて重要であるといえよう。一方、コロケーションの習得はL2能力のかなり高い上級学習者にとっても難しいと報告されている（詳しくは3.3と3.4で述べる）。このような背景の中、L2学習者のコロケーション習得に関する研究は盛んに行われている。

## 3.2　本書におけるコロケーションの「使用」と「知識」

　一般的な語の知識と同様に、コロケーションを知っているというのは、聞くまたは読むことにおいて適切な形を知覚し、その意味を理解できるという受容面と、話すまたは書く際に伝えたい意味を適切な発音や綴りで表現できるという産出面の両方を知っているということである（Nation, 2001）。

　L2学習者のコロケーション習得における問題点を指摘した研究では、産出と受容の両方に焦点を当てて調査されている。学習者の言語産出には、作文や会話などの実際の言語運用での自由産出と、穴埋めやL1からL2への翻訳といった誘発テストを通じて引き出された強制産出の2種類がある。これまで、学習者のコロケーション産出について調査した研究は、前者の自由産出のデータを分析した研究（e.g., Nesselhauf, 2003; Durrant & Schmitt, 2009; Laufer & Waldman, 2011）もあれば、後者の誘発テストを用いた研究（e.g., Biskup, 1992; Bahns & Eldaw, 1993）もある。学習者コーパスに基づいた研究は学習者の実際の言語運用において自由に産出されたコロケーション

を調査しており、通常コロケーションの「使用（use）」という用語を用いている。一方、穴埋めやL1からL2への翻訳といった誘発テストを用いた研究は、調査者が事前に用意した調査材料（コロケーション単位または1センテンスの文脈）で調査しており、実際の言語運用とは異なるため、自由産出での「使用（use）」と区別し、「産出知識（productive knowledge）」という用語を用いるのが一般的である。また、産出知識と対照的に、多肢選択や容認性判断などの誘発テストで調査される知識は「受容知識（receptive knowledge）」と呼ばれている。非常に少ないが、「使用（use）」と「知識（knowledge）」の用語を区別せずに使用する研究もある（Wang & Shaw, 2008）。

　本書では、L2学習者のコロケーション習得の実態や問題点について調査した先行研究を述べる際に、作文や会話などの自由産出（コーパス）に基づいた研究はコロケーションの「使用」に関する研究とし、穴埋めや多肢選択、容認性判断などの誘発テストを用いた研究はコロケーションの「知識」に関する研究と呼ぶことにする。また、誘発テストを用いた研究のうち、穴埋めやL1からL2への翻訳で測定される知識はコロケーションの産出知識、多肢選択や容認性判断テストなどで測定される知識はコロケーションの受容知識と、各研究で測定されるコロケーション知識の側面も明記するようにする。

## 3.3　英語学習者のコロケーション習得に関する研究

　本節では、英語学習者のコロケーション習得に関する先行研究をまとめる。まず、3.3.1では英語学習者のコロケーション使用の実態を調査したコーパス研究、3.3.2では誘発テストを用いて英語学習者のコロケーション知識を測定した研究について概観する。これらの研究を概観することで、コロケーションが上級学習者にとっても難しいという証拠を示すとともに、英語学習者のコロケーション習得の実態についてすでに明らかにされていることや、

第 3 章　L2 学習者のコロケーション習得に関する先行研究

学習者の言語データを分析することによって観察された L2 コロケーションの習得に影響する可能な要因をまとめる。最後の 3.3.3 では、英語学習者のコロケーション習得に影響する要因を検証した研究について論じる。

### 3.3.1　コーパスに基づいた研究

Sinclair（1991, p. 171）は、コーパスを「言語の状態または多様性を特徴づけるために選択された自然産出の言語テキストの収集」と定義した。つまり、コーパスは自然な言語を代表する標本であり、言語の特性を反映しているものである。

学習者コーパスは、作文のタイトルだけを与え、相手に自由に書いてもらう、或いはインタビューのトピックを与え、相手に自由に話してもらうことによって収集されている（Nesselhauf, 2005, p. 40）。時間の制限がある場合もあるが、学習者が書いた内容、話した内容は、自発的で自由である。このようなデータを分析することで、学習者の実際の言語運用の特徴を明らかにすることができる。また、誘発テストなどに比べ、大規模な言語データを分析することができる点も大きな魅力である（Nesselhauf, 2005, p. 41）。

学習者コーパスは学習者のコロケーション使用を見るうえで、最も理想的なデータであるとも指摘されている（Paquot & Granger, 2012, p. 131）。コンピューター技術の発達に伴い、1990 年代以降、学習者の作文や会話などの自由産出データを集めたコーパスを分析することで英語学習者のコロケーション使用の実態について調査する研究は、盛んに行われている。そのうち、公開されている学習者コーパスを分析する研究（Nesselhauf, 2003）もあれば、自ら集めた会話や作文データを使用する研究（Wang & Shaw, 2008）もある。また、これまでの研究は、研究目的によって、①規範となる母語話者コーパスでのコロケーション使用と比較し、学習者のコロケーション使用上の問題点を指摘した研究（e.g., Durrant & Schmitt, 2009; Laufer & Waldman, 2011）と、②学習者のデータのみを分析し、学習者のコロケーション使用に見られる誤用と誤用における母語の影響、学習者のコロケーション使用

の発達などについて詳しく調べた研究（e.g., Chi et al., 1994; Nesselhauf, 2003, 2005）の2種類に分けられる。以下、英語母語話者のコロケーション使用との比較、学習者のみを対象としたコロケーション使用の分析の順で先行研究を概観していく。

### 3.3.1.1　英語母語話者と比較した研究

　英語母語話者のコロケーション使用と比較することで、学習者のコロケーション使用が規範となる母語話者のコロケーション使用とどのような違いが見られるかについて調べた研究は数多くある。これらの研究は、母語話者と比較する際に、学習者の適切だと判断された正用コロケーションを用いて比較した研究（e.g., Laufer & Waldman, 2011）や、コロケーションの正誤判定を行わなかったものの、大規模な母語話者均衡コーパス（BNCまたはCOCA）において一定の頻度と共起強度の基準を満たしたコロケーションを比較した研究（e.g., Durrant & Schmitt, 2009）がほとんどである。学習者は母語話者に比べ、コロケーションの過剰・過少使用が見られるかはよく検討される課題の1つであるが、一般的には母語話者より正用コロケーションの使用頻度が有意に多いか少ないかが調べられている。また、上級より少し低いレベルの中上級学習者を対象とした研究（Yoon, 2016）も存在するが、英語母語話者と比較する際に、英語能力が英語母語話者に近い上級英語学習者を対象とするものが多い。母語話者との比較結果は、コロケーションの全体的な使用頻度と具体的な共起語の使用に見られる過剰・過少使用、そして大規模な母語話者コーパスにおける頻度と共起強度によって見られる過剰・過少使用の2つの側面から報告されている。以下、それぞれについて具体的な文献を概観する。

（1）全体的な使用頻度と具体的な共起語に見られる過剰・過少使用

　Granger（1998）は、フランス語を母語とする上級英語学習者の-*ly*で終わる増幅詞と形容詞からなるコロケーションの使用を英語母語話者と比較し

## 第3章 L2学習者のコロケーション習得に関する先行研究

た研究であり、-*ly*で終わるAdv-Adj語結合のすべてを分析の対象項目としている。分析した学習者データは国際英語学習者コーパスICLE（International Corpus of Learner English）[①]でのフランス語を母語とする上級英語学習者のデータである。比較用の母語話者データとして、Louvainエッセイコーパス、国際英語コーパスICE（International Corpus of English）での学生エッセイ、LOB（Lancaster-Oslo-Bergen）コーパスでの文学作品セクションの3種類を用いた。その結果、学習者は母語話者に比べ、-*ly*で終わる増幅詞の使用頻度が有意に低かった。また、学習者の-*ly*で終わる増幅詞の使用において、*completely*と*totally*の使用頻度は母語話者の2倍以上であり、有意に高かったのに対し、*highly*の使用頻度は母語話者の1/3しかなく、有意に低かった。*completely*と*totally*を過剰使用する理由として、フランス語においてその直訳となる*complètement*と*totalement*は高頻度の語であり、英語と同じく共起語の制限がほとんどないことが挙げられている。一方、*highly*の直訳に当たるフランス語の*hautement*は形式的な語であり、使用頻度もほかの2つに比べ遙かに低い。これがその過少使用の理由である可能性が指摘された。また、-*ly*で終わる増幅詞ではないが、母語話者に比べ、学習者は顕著な汎用型増幅詞*very*を有意に過剰使用していることも観察された。

学習者のコロケーション使用を母語話者と比較した研究のうち、V-Nコロケーションに焦点を当てた研究として、Howarth（1998）とLaufer and Waldman（2011）がある。Howarthは様々な言語背景を持つ上級英語学習者のV-Nコロケーションの使用について調査した。分析した学習者データは英語学習者が修士課程の期末に執筆した10本のアカデミック・エッセイ（計25,000語）である。比較用の母語話者データはGranger（1998）で使用されたLOBコーパスの社会科学分野の文章とLeeds大学の関係者が提供してくれた法律関係の論文や言語学関係の研究書の複数の章で、計18万語の書き言葉

---

① Grangerの主導の下で開発された200万語規模の英語学習者コーパスである。非英語圏大学の大学生（大学3、4年生）が書いた論述文から構成され、2009年に公開されたバージョン2では16カ国の学習者の作文データが含められている。

データである。自由結合を除いた制限コロケーション①とイディオムを慣用コロケーションとし、分析を行った結果、学習者が使用した制限コロケーションとイディオムの割合は母語話者の2/3程度であることが分かった。

　Laufer and Waldman（2011）は、初級から上級までの英語学習者のV-Nコロケーションの使用について調査した。自由結合とイディオムの中間に位置する制限結合をコロケーションとしている。使用したコーパスは、ヘブライ語かアラビア語を母語とする英語学習者（アラビア語を母語とする学習者はヘブライ語もできる）が高校や大学の授業で書いた759本のエッセイからなる書き言葉コーパスと、英語母語話者の大学生が書いた作文からなるコーパスLOCNESS（Louvain Corpus of Native English Essays）である。母語話者コーパスのLOCNESSは、アメリカ、イギリスの英語を母語とする大学生（一部高校生）が書いたエッセイコーパスであり、ICLEと同様に非技術的な論述文から構成されている。LOCNESSで使用頻度の最も高い名詞220個をリストアップし、その220個の名詞で構成されるV-Nコロケーションを学習者コーパスと母語話者コーパスの両方から抽出した。母語話者と比較したのは、学習者が使用したコロケーションのうち、許容度判定で適切だと判定された正用コロケーションのみである。分析した結果、英語母語話者に比べ、学習者の初級から上級まで、どのグループにおいても、V-Nコロケーションの使用頻度が有意に低かった。この研究で使用されている学習者コーパスと母語話者コーパスはどちらも非技術的な論述文から構成されているが、作文のテーマは必ずしも一致しているわけではない。コロケーションの使用頻度②はコーパスの内容（ジャンルなど）によって異なると指摘されている（Durrant, 2014）。そこで、英語母語話者よりコロケーションの使用頻度が有意に低いという結果はコーパスの具体的な内容に影響されている可能性もあるた

---

① Howarth（1998）は第2章で紹介したCowie（1981）と同様に「制限コロケーション」という用語を用いているが、Nesselhauf（2003）の「コロケーション」と同じものを指している。
② 特定のコロケーションの使用頻度はもちろん、全体的な使用頻度もコーパスのジャンルによって変わる。

## 第3章　L2学習者のコロケーション習得に関する先行研究

め、まだ検討の余地があると考える。これは、Granger（1998）とHowarth（1998）の研究でも指摘できる問題である。

　作文のテーマを統一したうえで母語話者と比較した研究として、Fan（2009）が挙げられる。Fanは、11年間の英語学習歴を有している香港の中学卒業生60名とイギリスの中学生60名に同じタスク（1枚の人物絵を描写する）で書かせた作文でのコロケーション使用を比較した。コロケーションのタイプは特に限定されていないが、両グループ間で比較されたコロケーションはAdj-Nタイプであった。学習者と母語話者の作文でともに使用頻度の最も高い10個の名詞で構成されるAdj-Nコロケーションを比較したところ、学習者は母語話者よりコロケーションの使用頻度が低いこと、同じ名詞と共起する形容詞の使用が限られていること、易しい共起語をより多く使用していることなどが観察された。例えば、名詞*man*と共起する形容詞として、母語話者は*fat*以外に、*chubby, plump, well built*など多様な共起語を用いたが、学習者の場合はほとんど*fat*であった。なお、Fanは母語話者と比較する際に、学習者のコロケーションのうち、英語として不適切な表現（*left face, circle eye*など）も含まれていた。

　ここまで概観した4本の文献は、学習者は母語話者に比べ、コロケーションを過少使用していると指摘したが、異なる結果を報告した研究もある。Siyanova and Schmitt（2008）はロシア語を母語とする上級英語学習者のAdj-Nコロケーションの使用を母語話者と比較した。コロケーションの範囲については特に明記していないが、*strong tea, fair complexion, petty crime*のような語結合であると述べた。分析した学習者データはICLEのロシア語を母語とする上級英語学習者のデータである。比較用の母語話者データはLauferらと同様に、LOCNESSコーパスを使用した。学習者が使用したコロケーションについては許容度判定を行わなかったが、1億語からなる英語母語話者均衡コーパスBNCを参照に、一定の基準を満たしたコロケーションを抽出し、比較した。その結果、学習者と母語話者が使用したコロケーションの

うち、BNCでの出現頻度が6回以上のものはどちらにおいてもコロケーション全体の半数程度を占めていた（学習者：51.5%；母語話者：53.2%）。共起強度の指標であるMI-score[①]が3以上という条件を加えても、両者間において違いがあまり見られなかった（学習者：44.6%；母語話者：48.1%）。この結果に基づき、Siyanovaらは、学習者のコロケーション使用には過少使用が見られず、従来の研究（Granger, 1998; Howarth, 1998）と異なる結果が得られたと結論づけている。しかし、Siyanovaらの研究は量的に見ているだけで、学習者の誤用の傾向や、具体的に学習者がどのようなコロケーションを使用したかについては分析していない。全体的な使用頻度に過少使用が見られなかったからといって、個別の項目において過少使用或いは過剰使用がないとは限らない。また、すでに指摘したように、比較する学習者コーパスと母語話者コーパスは同じテーマで書かれた作文であるわけではないため、研究方法にはまだ改善の余地があるといえよう。

### （2）コロケーションの頻度・共起強度によって見られる過剰・過少使用

次に、コロケーションの頻度・共起強度の視点から学習者のコロケーション使用を母語話者と比較した研究について紹介する。ここでいうコロケーションの頻度と共起強度は大規模な母語話者コーパスでの頻度と共起強度を指す。

Durrant and Schmitt（2009）は、多様な言語背景を持つ上級英語学習者のAdj-NとN-Nコロケーションの使用を英語母語話者と比較した。分析した学習者データと母語話者データはそれぞれ長い文章（24本、1本につき3,000語前後）と短い文章（24本、1本につき600語前後）の2種類である。学習者のデータはアカデミック英語のコースで書かれた論述文や、国際英語学習者コーパスICLEの一部である。母語話者のデータは、雑誌での意見記事やLOCNESSコーパスの一部である。イギリス英語コーパスBNCにおける頻度が5回以上、共起強度のMI-scoreが3以上のAdj-NとN-N語結合をコロケー

---

[①] MI-score に関する詳しい説明は第2章（2.3.1）を参照されたい。

## 第3章　L2学習者のコロケーション習得に関する先行研究

ションとしている。学習者と母語話者が使用したコロケーションを、BNCでの出現頻度を示す指標（t-score）[①]と共起強度を示す指標（MI-score）によって、グループ分けをした（t-score：2-3.99、4-5.99、6-7.99、8-9.99、10-14.99、15-19.99、≧20の7グループ；MI-score：3-3.99、4-4.99、5-5.99、6-6.99、7-7.99、8-8.99、9-9.99、≧10の8グループ）。指標別各グループのコロケーションが学習者と母語話者それぞれのコロケーション全体に占める割合を算出し、比較した。その結果、文章の長短に関わらず、上級英語学習者は母語話者に比べ、高頻度コロケーション（t-score≧10）を有意に多く使用するが、共起強度の高いコロケーション（MI-score≧8）の使用が有意に少なかった。学習者が共起強度の高いコロケーションを過少使用する理由として、**Durrant and Schmitt**は、共起強度の高いコロケーションは頻度の低いものが多いということを挙げた。また、この結果は、頻度の高いコロケーションは早く習得され、あまり使用されない共起強度の高いコロケーションの習得には時間がかかることを示唆しているとも論じた。

　**Yoon（2016）** は、中上級英語学習者のV-Nコロケーションの使用について調査した研究である。中国語、アラビア語、日本語などを母語とする51名の中上級英語学習者が書いた作文（論述文と物語文）と46名の英語母語話者が書いた作文（論述文と物語文）でのコロケーション使用を比較した。使用したデータは学習者と母語話者を比較するために収集したものであり、特に論述文が同じテーマで書かれている。アメリカ英語コーパスCOCAでの出現頻度が5回以上のV-N語結合に対してMI-scoreを算出し、学習者と母語話者が使用したV-N語結合のMI-scoreの平均に有意な差が見られるかを調査した。その結果、物語文においては両グループ間に有意な差が見られなかったが、論述文においては学習者が使用したV-N語結合のMI-scoreが母語話者より有意に低いことが分かった。つまり、論述文において、学習者は母語話者に比べ、共起強度の低い語結合を多く使用する傾向が見られた。さらに、V-N語

---

[①]　t-scoreに関する詳しい説明は第2章（2.3.1）を参照されたい。

結合のうち、MI-scoreが3以上という条件を満たしたものをコロケーションとし、母語話者に比べ、過剰・過少使用が見られるかをDurrant and Schmitt（2009）と似た方法で分析した。母語話者と比較する際に、頻度指標はCOCAにおける実際の出現頻度を用いた。具体的には学習者が使用したコロケーションを、COCAにおける出現頻度が5-99、100-399、400-1,999、2,000-9,999、10,000-moreの5グループに分け、各グループのコロケーションが学習者と母語話者それぞれのコロケーション全体に占める割合について、特に、5-99の低頻度コロケーションと10,000の高頻度コロケーションを中心に比較した。その結果、高頻度コロケーション（10,000-more）の使用において有意な差が見られなかったが、作文のジャンル（論述文または物語文）に関わらず、学習者は母語話者に比べ、低頻度コロケーション（5-99）の使用が有意に少ないことが分かった。

このように、コロケーションの頻度と共起強度の視点から母語話者と比較した研究では、学習者は母語話者に比べ、高頻度コロケーションを有意に多く使用するが、低頻度や共起強度の高いコロケーションを過少使用することが指摘されている。Durrant and Schmitt（2009）は、学習者が共起強度の高いコロケーションを過少使用する理由として、共起強度の高いコロケーションはあまり使用されない、頻度の低いコロケーションであるということを挙げたが、共起強度の高いコロケーションは必ずしも低頻度のものだとは限らない。頻度が同じ程度で、共起強度の高いコロケーションと共起強度の低いコロケーションを比較した場合、共起強度の高いコロケーションも習得しにくいのかというところは興味深い点であるが、まだ研究されていない。

### 3.3.1.2　学習者コーパスのみに注目したコロケーション使用の分析

本項では、英語学習者のデータのみを分析することで、学習者のコロケーション使用上の問題点を報告した研究について述べる。コロケーションの誤用と母語の影響について報告した研究を述べた後、英語習熟度の異なる学習者間で比較することで、コロケーションの頻度と共起強度が学習者のコロケ

## 第 3 章　L2 学習者のコロケーション習得に関する先行研究

ーション使用の発達に与える影響について報告した研究を概観する。

### (1) コロケーションの誤用と母語の影響

　前述のGranger (1998) とLaufer and Waldman (2011) は、学習者コーパスのみを分析した研究ではないが、コロケーションの誤用や母語の影響の側面から、学習者のデータについて詳しい分析もしている。Grangerは学習者が使用した-*ly*で終わる増幅詞のコロケーションの大半はフランス語と語彙的に一致する表現であると指摘し、学習者の母語がL2コロケーションの使用に影響している可能性を示した。Lauferらは、英語能力の初級から上級の3つのグループにおいて誤用数の偏りが見られず、誤用率はどのグループにおいても約1/3であり、上級になっても低下しなかったと報告した。また、学習者の母語の影響については、ヘブライ語を母語とする英語教師2名に直感的に判断してもらった結果、初級から上級のどのグループにおいても、誤用の半分程度が母語の影響を受けていると指摘した。つまり、学習者の総合的な言語能力（初級〜上級）が上がっても、コロケーションの習得は進まなかった（誤用率は上級になっても減らなかった）。この結果から、Lauferらは、コロケーションは上級学習者にとっても難しい項目であり、その運用能力の発達には時間がかかり、総合的な言語能力より遅れていると指摘した。また、コロケーションの誤用には母語の影響によるものが半分も見られたことから、学習者の母語がコロケーションの習得に影響する大きな要因であるとも論じた。

　完全に学習者コーパスのみを分析し、上級英語学習者のV-Nコロケーションの誤用と母語の影響に焦点を当てた研究として、Chi et al. (1994)、Nesselhauf (2003, 2005)、Wang and Shaw (2008) が挙げられる。

　Chi et al. (1994) は、広東語を母語とする大学一年生を対象に、機能動詞 (*have, make, take, do, get*) からなるV-Nコロケーションの誤用について調査した。使用したコーパスは香港科技大学学習者英語コーパスHKUST (Hong Kong University of Science and Technology Corpus of Learner English) である。

このコーパスは、入試試験や定期試験で収集された作文データから構成されている。コーパスからコロケーションを抽出し、辞書を用いて許容度判定を行った結果、動詞*get, take, make*の誤用はどれも40例以上で、*have*と*do*の15例前後よりは遥かに多かった。また、学習者の誤用には、5つの機能動詞間の混用による誤用と、ほかの動詞を使用すべき誤用の2類が観察された。コロケーションの誤用の原因として、具体的な意味を失った機能動詞そのものが難しいことのほか、母語の影響も指摘された。なお、母語の影響については、判断基準が言及されておらず、筆者の内省による判断だと考えられる。この研究は、誤用の数以外に、コロケーションの使用頻度や各動詞の誤用率について報告していない。誤用数の多い動詞である*get, take, make*は使用頻度も高い可能性があるため、誤用数だけで誤用の多少を判断するのは妥当ではないと思われる。

　Nesselhauf（2003, 2005）はドイツ語を母語とする上級英語学習者のV-Nコロケーションの使用実態について調査した。分析したデータの規模は異なるが、研究方法と得られた結果はほぼ同じであるため、本書では、Nesselhauf（2003）に基づき、研究の詳細を述べることにする。Nesselhauf（2003）は、英語のV-N語結合を自由結合、コロケーションとイディオムの3種類に分類し、国際英語学習者コーパスICLEのドイツ語を母語とする上級英語学習者の作文データ（32本の論述文）よりコロケーションを抽出し、分析を行った。英語の辞書での掲載の有無、英語母語話者コーパスBNCにおける用例の有無と英語母語話者による判定という3段階によって、コロケーションの許容度について判定した。その結果、学習者が使用したV-Nコロケーションの1/4が誤用であり、動詞による誤用は誤用全体の37%で最も多かった。また、Nesselhauf自身の内省で学習者の母語であるドイツ語の影響について判断した結果、コロケーションの誤用にはドイツ語の影響を受けている可能性のあるものは56%もあった。さらに、学習者が使用したV-Nコロケーショ

## 第3章　L2学習者のコロケーション習得に関する先行研究

ン（正用と誤用のすべて）[1]をドイツ語との語彙的一致性によって、語彙的に一致するコロケーションと語彙的に一致しないコロケーションに分類し、それぞれの誤用の割合を算出したところ、ドイツ語と語彙的に一致しないコロケーションの誤用率が遥かに高かった。この結果から、Nesselhaufは学習者の母語と語彙的に一致しないコロケーションは語彙的に一致するコロケーションより習得が難しいと指摘した。この研究は、コロケーションの誤用タイプや誤用における母語の影響、特に学習者の母語との語彙的一致性の役割について得られた知見は非常に参考になるが、学習者の誤用における母語の影響や母語との語彙的一致性の判断は、筆者自身の内省によるものであるため、研究方法の妥当性に検討の余地があるといえよう。

　Chi et al.（1994）とNesselhauf（2003, 2005）はどちらも同じ言語を母語とする学習者を対象にしたが、次に紹介するWang and Shaw（2008）は異なる言語を母語とする学習者のコロケーション使用を比較している。Wangらは、中国語またはスウェーデン語を母語とする上級英語学習者を対象に、彼らが"Is it true that only rich countries can afford to worry about the environment?"（富裕国だけが環境を心配する余裕があるのか）というテーマで書いたエッセイをそれぞれ100本集め、常用動詞*have, do, take, make*と名詞のコロケーションを抽出し、分析を行った。自由結合から固定結合のすべてをコロケーションとし、自由なコロケーション（free collocations）[2]、制限コロケーション（restricted collocations）とイディオム（idioms）の3つに下位分類している。抽出されたコロケーションのうち、イディオムは1つしかなかったため、実際に分析したのは自由なコロケーションと制限コロケーションである。調査の結果、中国語を母語とする学習者とスウェーデン語を母語とする学習者の両グループにおいてV-Nコロケーションの使用

---

[1] 誤用の場合は、産出しようとする正しいものを推測し、それに基づいて語彙的一致性の判断をしている。
[2] 自由結合のことである。Wang and Shaw（2008）では、free collocations（自由なコロケーション）と呼んでいる。

頻度がほぼ同程度であり、各動詞とよく共起する名詞も非常に類似していた。誤用の数はスウェーデン語を母語とする学習者のほうがより多かった。Nesselhauf（2003）を参考に、誤用を分類したところ、どちらにおいても動詞による誤用が最も多かった。作文のスタイルにおいては、中国語を母語とする学習者の導入部分の表現は間接的であるのに対し、スウェーデン語を母語とする学習者の導入は直接的であるという学習者の母語や母語の文化による違いが見られたが、語彙選択においては、母語の影響を受けているものもあれば、母語と関係なく見られる共通点もあった。例えば、*do a great effort, make damage*のような誤用は母語にその表現があるか否かに関係なく、どちらにも見られた。この結果から、Wangらはコロケーションが上級学習者にとっても難しいということについて、母語の影響のほか、L2言語内（intralingual）の問題も指摘した。この研究は、比較するグループ間で作文のテーマを統一している点や、母語の影響を見るために異なる言語を母語とする学習者を比較する点においてはこれまで述べた研究より改善されている。一方、対象動詞が限られており、学習者のV-Nコロケーション使用の全体像が見られないという課題も残されている。また、母語の影響の判断基準は述べられておらず、誤用のうち、母語の影響を受けているものはどのくらいあったかも示されていない。

　ここまで概観した研究はすべて学習者が書いた作文データを分析しているが、わずかながら、話し言葉コーパスを扱った研究もある。Zheng and Xiao（2015）は中国語を母語とする英語学習者の話し言葉コーパスを分析した研究である。調査したコロケーションのタイプはBenson et al.（1986, 2010）で示された7タイプのすべてである（第2章の表2-1を参照）。分析したデータは、中国語を母語とする英語学習者の話し言葉と書き言葉コーパスSWECCL（Spoken and Written English Corpus of Chinese Learners）の話し言葉の部分であり、中国の大学で英語を専攻する大学2年生と4年生向けの全国統一英語試験TEM（Test for English Majors）の口述試験から構成されている。コロケーションを抽出した後、英語母語話者コーパスBNCと辞書を参考に

許容度判定を行った。調査の結果、コロケーションの各タイプの使用頻度においては、Adj-NとV-Nコロケーションの使用頻度が最も高かった。誤用率はV-Nコロケーションが20.6%で最も高かったため、V-Nコロケーションの誤用を取り上げ、さらに詳しく分析した。Nesselhauf（2003）の分類方法を参考に、V-Nコロケーションの誤用を、動詞による誤用（*_ate medicine_）、名詞による誤用（*_make a hope_）などの7タイプに分類したところ、動詞による誤用が最も多く、全体の45.29%も占めていた。V-Nコロケーションの誤用の原因については、母語の影響のほか、過剰一般化や同義語の使用など目標言語内の要因も指摘した。なお、コロケーションの許容度判定から母語の影響までコロケーションの誤用分析は筆者自身の主観的な判断に頼っている。

　以上、学習者のコロケーションの誤用及び誤用における母語の影響について報告した研究を概観した。コロケーションが上級学習者にとっても難しいことや、学習者の母語がコロケーション誤用の要因の1つであることが指摘されている。ただし、母語の影響の判断は筆者自身の内省や母語話者の直感による判断に頼っていることが多くの研究で共通する問題点として挙げられる。

### （2）コロケーションの頻度・共起強度とL2コロケーション使用の発達

　次に、英語習熟度の異なる学習者間でのコロケーション使用を比較し、コロケーションの頻度・共起強度と学習者のコロケーション使用の発達の関係について報告した研究を論じる。ここでいうコロケーションの頻度と共起強度は大規模な母語話者コーパスでの頻度と共起強度を指す。

　Granger and Bestgen（2014）は、コロケーションの頻度と共起強度の視点から中級と上級英語学習者のコロケーション使用を比較した研究である。使用したデータはICLEの一部であり、フランス語、ドイツ語またはスペイン語を母語とする学習者223名が書いた223本の作文である。作文の評価結果によって学習者を中級と上級に分け、英語のN-N、Adj-N、Adv-Adjコロケーションの使用についてグループ間で比較した。英語母語話者コーパスBNCにおける出現頻度が5回以上の語結合に対してMI-scoreとt-scoreを算出し、MIscoreが3以上且つt-scoreが2以上のものをコロケーションとして抽出した。その結果、頻度上位1,000語あたりのコロケーションの使用頻度は、中級と上級の間に有意な差が見られなかった。さらに、母語話者と比較したDurrant and Schmitt（2009）と類似の方法で、BNCでのMI-scoreとt-scoreによって学習者が使用したコロケーションを分類したところ、中級学習者は上級学習者より高頻度コロケーション（t≧10）を有意に多く使用し、共起強度の高いコロケーション（MI≧7）の使用が有意に少ないことが観察された。このことから、Grangerらは、共起強度の高いコロケーションは高頻度コロケーションより習得に時間がかかると指摘した。

　Chen（2019）も、英語習熟度の異なる学習者間でのコロケーション使用を比較した研究である。中国語を母語とする大学1年生、2年生と3年生計194名の英語学習者が同じテーマで書いた論述文でのV-N、Adj-N、N-Nコロケーションの使用について、異なる学年の学習者間で比較した。頻度アプローチと慣用連語アプローチの両方を参考に、コロケーションを「一定の距離範囲内（word span）で頻繁に共起し、しかもある程度形式的に固定であり、意味的にも比較的透明な2語の連鎖」であると定義した。学習者が使用したコロケーションを英語母語話者コーパスCOCAにおける出現頻度と共起強度で比較した結果、習熟度が上がるにつれ、学習者は低頻度コロケーションを使用できるようになることが分かった。また、COCAにおける頻度が10回以上のコロケーションをMI-score＜3、3＜MI-score＜5、MI-score＞5の3つのグループに分け、異なる学年の学習者間で比較した結果、MI-scoreが3未満のものは、コロケーションのタイプ（V-N、Adj-N、N-N）に関わらず、どの学年においてもコロケーション全体の80%程度であった。通常MI-scoreが3以上であることがコロケーションの判定基準とされるため、Chenは、学習者が使用したコロケーションの80%は誤用またはコロケーションと呼ばれるほどの語結合ではないと指摘した。この結果からも、L2学習者にとって共起強度の高いコロケーションの習得が難しいことが窺える。

このように、学習者レベル間の比較をしたGranger and Bestgen（2014）とChen（2019）からも、共起強度の高いコロケーションや頻度の低いコロケーションは学習者にとって難しく、習得に時間がかかることが観察できる。

### 3.3.1.3　まとめ

以上、コーパスに基づいた英語学習者のコロケーション使用に関する研究を概観した。

規範となる母語話者コーパスでのコロケーション使用と比較した研究では、調査されるコロケーションのタイプや学習者の言語背景などが異なるものの、概して、上級学習者であっても、①母語話者に比べ、コロケーションの全体的な使用頻度が有意に低く、汎用性の高く間違いにくい共起語や学習者の母語と語彙的に一致するコロケーションを過剰使用する。②高頻度コロケーションを有意に多く使用するが、低頻度や共起強度の高いコロケーションの使用が有意に少ないという結果が得られている。しかしながら、本章で概観した母語話者と比較した研究のほとんどにおいては、比較する学習者コーパスと母語話者コーパスの作文テーマが統一されていないという研究方法上共通の問題点も残されている。

学習者コーパスのみを分析した研究では、コロケーションは上級学習者にとっても難しい、コロケーションの誤用には母語の影響によるものが多いということが指摘されている。また、英語習熟度の異なる学習者間の比較から、低頻度や共起強度の高いコロケーションは学習者にとって難しく、習得に時間がかかることも窺える。ただし、母語の影響については、学習者の誤用の多くは母語からの直訳ではないかという推測に留まり、他言語話者に同じ誤用がないかを調べた研究は、非常に少ない。

### 3.3.2　誘発テストを用いた研究

3.3.1では、コーパス分析を通して、英語学習者のコロケーション使用を調査した研究について概観した。コーパスは自然な言語使用を見ることができ

るため、学習者のコロケーション使用の実態を明らかにするうえで理想的なデータであるが、コロケーションの受容知識を見ることができない、大規模なコーパスであってもあまり使用されない低頻度コロケーションが現れない可能性がある、といった欠点もある。コロケーションの受容知識を調査したい、または特定のコロケーションについて調査したい場合は、誘発テストを用いることが望ましいだろう。本節では、誘発テストを用い、英語学習者のコロケーション知識を測定することで、学習者のコロケーション習得上の問題点を指摘した研究について述べる。具体的には、コロケーションの産出知識を測定したBiskup（1992）、Bahns and Eldaw（1993）とFarghal and Obiedat（1995）について述べた後、コロケーションの受容知識を測定したHussein（1990）、Granger（1998）、さらに産出と受容の両方から調査を行ったJaén（2007）、Brashi（2009）とBegagić（2014）について概観する。

　Biskup（1992）は、上級英語学習者のコロケーション誤用の原因、特に母語の影響について調査した。ポーランド語（英語との距離が遠い言語）を母語とする英語学習者（P学習者）34名と、ドイツ語（英語との距離が近い言語）を母語とする英語学習者（D学習者）28名を対象に、L1からL2への翻訳テストを用いて、学習者のコロケーションの産出知識を測定した。学習者は全員平均10年以上の英語学習歴を持つ上級英語学習者である。調査したコロケーションの項目数については報告していないが、両グループそれぞれの回答数や誤答数を報告した。P学習者の回答のうち、制限コロケーションはD学習者より多かった（P学習者：5.21例/人；D学習者：3.82例/人）。また、P学習者は自信のないコロケーションを使用せず無回答が多い一方、D学習者は自信のないコロケーションを使用する代わりにほかの表現を用いる傾向が見られた。Biskupは、母語の影響に関する具体的な判断基準について述べていないが、P学習者の106例の誤答の中で、48例（46%）がポーランド語の影響によるものであるのに対し、D学習者の156例の誤答のうち33例（21%）がドイツ語の影響によるものであると報告している。この結果

について、Biskupは、P学習者は全体の誤用数（無回答は含まれない）が少なく、母語に頼っているのに対し、D学習者は創造的なストラテジーを使用し、誤用、特に母語の影響を受けない誤用が多いと論じた。この結果は、英語と母語がどの程度類似性があるかによるものであるとBiskupは指摘している。

　Bahns and Eldaw（1993）は、ドイツ語を母語とする上級英語学習者のコロケーションの産出知識を調査するために、翻訳テストのほか、文中におけるV-Nコロケーションの動詞の部分を空欄にし、動詞を記入してもらう穴埋めテストも用いた。58名の対象者のうち、34名に翻訳テスト、24名に穴埋めテストを実施した。調査したコロケーションは15個のV-Nコロケーションである。学習者の回答に対して、3名の英語母語話者に許容度判定をしてもらった結果に基づき、分析を行った。翻訳テストにおいては、共起語の誤用率（35.1%）は一般的な語彙項目の誤用率（16.8%）の2倍であり、コロケーション知識の発達が一般的な語彙知識より遅れていると指摘した。穴埋めテストにおいては、共起語の誤答率は51.9%に達している。コロケーションの誤答の原因として、言語教育においてコロケーション教育が軽視されていることを指摘した。

　Farghal and Obiedat（1995）は、アラビア語を母語とする上級英語学習者57名を対象に、穴埋めテストとL1からL2への翻訳テストを用いて、食物、色と天気に関する22個の常用コロケーションの産出知識を調査した。コロケーションのタイプは特に限定されていないが、ほとんどがAdj-Nコロケーションである。対象者は、英語を専攻とする大学3、4年生34名（グループA）と、5〜10年の教授経験があり、教員免許のために大学で英語を勉強している英語教師23名（グループB）の2グループである。グループAでは穴埋めテスト、グループBでは1センテンス単位の翻訳テストを実施した。その結果、コロケーションの正答率はグループAが18.3%で、グループBが5.5%しかないと低かった。どちらのグループにおいても正答率がかなり低かったこ

とから、学習者がコロケーションに気づいていないことを指摘した。また、誤答の原因には母語からの転移のほか、類義語の使用、回避、言い換えなどのストラテジーも観察された。この結果から、Farghalらは、語彙教育は個々の語の指導ばかりに集中し、コロケーションの指導が軽視されていることを指摘するとともに、コロケーション指導の重要性を明示し、L1とL2のコロケーションの違いに注目することが重要であるとも主張した。

　以上、コロケーションの産出知識を調査した研究について概観した。どれも1990年代の研究であり、コーパス研究がまだ十分に発展していない時代に行われた研究である。次に、学習者のコロケーションの受容知識について調査した研究であるHussein（1990）とGranger（1998）について概観する。

　Hussein（1990）は、アラビア語を母語とする上級英語学習者のコロケーションの受容知識を測定した。調査の対象者は英語を専攻とする大学3、4年生で、計200名である。コロケーションの定義と調査したコロケーションのタイプについては特に明記していないが、V-N、Adj-N、N-Nなどほぼすべてのタイプを調査の対象項目としている。四肢択一の選択問題40問を用い、上級英語学習者のコロケーションの受容知識を測定した結果、全体の正答率は48.4%しかなかった。また、誤答のうち、アラビア語の表現をそのまま英語に訳したものは49.4%もあった。これらの誤答はアラビア語の負の転移によるものであると述べた。

　3.3.1.1で紹介したGranger（1998）はコーパス分析に加え、学習者のコロケーションの受容知識についても調査を行った。コロケーションに関する内省的データを引き出すことを目的に、フランス語を母語とする英語学習者と英語母語話者それぞれ56名に対し、-lyで終わる11個の増幅詞について、それぞれ15個の形容詞のリストから容認可能だと思われる共起語をすべて選ぶように求めるマッチングテストを実施した。特にほかの形容詞に比べ、当該増幅詞と高頻度に共起すると思っている形容詞にはアステリスクをつけるように指示した。その結果、学習者が共起可能だと思っている

## 第3章　L2学習者のコロケーション習得に関する先行研究

形容詞は母語話者より多かったが、アステリスクをつけた形容詞の延べ数は母語話者より少なかった（学習者280対母語話者384）。この結果に基づき、Grangerは「コロケーションの顕著性（salience）[①]に対する学習者の理解は不十分であるのみならず、部分的に間違ってもいる」（南出・石川監訳，2009，p.195）と指摘した。

ここまで概観した誘発テストを用いた研究は、英語学習者のコロケーションの産出知識と受容知識のどちらか一方のみを調査している。2000年以降、産出と受容の両方から学習者のコロケーション知識を測定する研究も増えている。その代表として、Jaén（2007）、Brashi（2009）とBegagić（2014）が挙げられる。

Jaén（2007）は、穴埋めテストと多肢選択テストを用い、スペイン語を母語とする英語学習者のコロケーション能力を測定した。調査対象者は英語を専攻とする大学2年生62名である。英語のAdj-Nコロケーション（制限結合のみ）を対象とし、産出調査40項目、受容調査40項目を調査した。その結果、産出と受容をあわせた全体の正答率は38.3%しかなかった。産出と受容を別々で見ても、産出正答率は30.52%で、受容正答率は46.08%で、どちらも半分に達していなかった。この結果から、Jaénは学習者のコロケーション能力が非常に弱く、特に産出知識は受容知識に遅れていると指摘したが、産出調査と受容調査では、対象とするAdj-Nコロケーションが異なるため、産出と受容の結果を直接比較することには慎重であるべきだと思われる。

Brashi（2009）は、アラビア語を母語とする英語学習者のコロケーションの産出知識と受容知識を調査した。対象者はサウジアラビアの英語を専攻とする大学4年生20名である。対象項目は20個のV-Nコロケーションである。産出知識は名詞と共起する適切な動詞を記入してもらう穴埋めテスト、受容知識は四肢択一の選択テストを用いて調査した。その結果、産出正答率は38%しかなく、受容正答率の79%よりかなり低かった。Brashiは、誤答の原

---

[①] その言語の母語話者の使用において、共起頻度が高いほど顕著性が高い。

因として、学習者のコロケーション知識の欠如や、アラビア語と英語の違いによる影響を指摘したが、誤答における母語の影響については特に分析していない。

　Begagić（2014）は、BCS言語（Bosnian/Croatian/Serbian language）を母語とする中上級と上級英語学習者のコロケーションの産出と受容知識を測定した。調査対象者は、ボスニア・ヘルツェゴビナのゼニツァ大学の英語を専攻とする大学1年生と4年生で、それぞれ20名である。調査したコロケーションはV-N、Adj-N、V-Advの3つのタイプで、それぞれ20項目、計60項目である。穴埋めテストと適切性判断テストを用いて調査した結果、全体的に4年生は1年生より正答率が高かった（産出と受容全体の正答率：4年生54.62%；1年生38.62%）。産出と受容に分けて分析したところ、1年生と4年生のどちらにおいても受容の正答率は産出より高かった。1年生の受容正答率は69.5%に対し、産出正答率はわずか7.75%であった。4年生の受容正答率は88.25%で1年生に比べても、産出に比べても高かったが、産出正答率は21%しかなかった。つまり、学習者の習熟度に関わらず、コロケーションの産出知識は受容知識よりかなり遅れている。さらに、コロケーションのタイプ別の正答率を確認したところ、V-Advタイプの正答率は1年生1.25%、4年生9.75%でほかのタイプより低かった。V-Advコロケーションが最も難しい原因として、BCS言語の副詞は英語の副詞とかなり異なるものであるという学習者の母語の影響が指摘されたが、具体的に英語の副詞と何が異なるかについては述べられていない。V-Nコロケーションのほうが最もできているものの、その正答率は1年生14.25%、4年生32.5%で、半分にも達していなかった。つまり、全体的にBCS言語を母語とする英語学習者はコロケーションの産出知識が非常に弱いといえる。学習者のコロケーション知識の欠如は、学習者の母語の影響のほか、コロケーションの教育が無視されていることとも関係していると指摘された。

　以上、誘発テストを用いて英語学習者のコロケーション知識を測定した

研究について概観した。コロケーションの受容知識も弱いと報告した研究 (Hussein, 1990) もあるが、受容に比べ、産出のほうが極めて難しいことが分かる。また、コーパスに基づいた研究と同様に、コロケーションは上級学習者にとっても難しいこと、学習者の母語が誤答の主な原因の1つであることが指摘されている。このように、誘発テストを用いることでコロケーションの受容知識を見ることができるが、調査できる項目の数が限られており、調査者が事前に用意した材料（コロケーション単位または1センテンスの文脈）で調査されているため、実際の言語運用とは異なるという問題点も残されている。

### 3.3.3　コロケーション習得の影響要因を検証した研究

3.3.1と3.3.2では、自由産出であるコーパスにおける英語学習者のコロケーション使用を調査した研究と、誘発テストを用いて英語学習者のコロケーション知識を測定した研究について概観した。コロケーションはL2学習者にとって難しく、上級学習者であってもまだ十分に習得できていないことが分かった。また、これらの研究を通して、コロケーションの難易度は、学習者の母語との対応関係（語彙的一致性）や、コロケーションの頻度・共起強度などに関係していることも窺える。

本節では、条件を統制したうえで調査項目を選定し、英語学習者のコロケーション習得に影響する要因を検証した研究についてまとめる。コロケーションの習得に影響する要因として、学習環境や動機付け、学習者の母語などいろいろ考えられるが、本書では、コロケーション側の要因、特に前述したコーパス研究や誘発テストを用いた研究ですでに観察された学習者の母語との対応関係、コロケーションの頻度と共起強度の影響を検証した研究に注目する。コロケーションの知識を測定することで、コロケーションの習得に影響する要因を検証した研究について述べた後、コロケーションのOn-line処理における反応時間を測定することで、コロケーションの習得に影響する要

因を検証した研究も概観する。コロケーションのOn-line処理に関する研究は、直接学習者のコロケーションの使用や産出・受容知識を調査しているわけではないが、学習者の母語との語彙的一致性や、コロケーションの頻度などがコロケーションのOn-line処理に与える影響について検証しており、本研究の目的である上級CJLのコロケーション習得に影響する要因を解明することに多大な示唆を与える研究であると思われる。

### 3.3.3.1　学習者のコロケーション知識とその影響要因

　Murao（2004）は、日本語を母語とする英語学習者を対象に、英語のV-Nコロケーションの習得におけるL1の意味転移（semantic transfer）について検証した。対象者は日本の大学に在籍している英語を専攻とする大学3、4年生33名で、国際コミュニケーション英語能力テストTOEIC（Test of English for International Communication）の成績によって、均等にA（>860）、B（730-850）、C（600-720）の3つのグループに分けられた。調査材料は、V-Nコロケーションが含まれる50のセンテンスである。調査項目は、①日本語に逐語訳の表現が存在する英語のコロケーションL1-L2（*pay attention*⇒注意を払う）、②日本語に逐語訳の表現が存在しない英語のコロケーションL2-only（*take pride in*⇒*プライドをとる）、③英語に逐語訳の表現が存在しない日本語のコロケーションを英語に訳したものL1-only（*give damage to*⇒ダメージを与える）④日本語にも英語にも不適切な表現である存在無（*take an experiment*⇒*実験を取る）の4種類である。統制群として、11名の英語母語話者のデータも集めた。「許容できる（accept）」と「変である（strange）」の二者択一の容認性判断テストを行った結果、グループAの得点の平均はグループB、Cより有意に高かったが、英語母語話者より有意に低かった。つまり、最もできる上級学習者のAグループであっても、コロケーションの受容知識において母語話者とはまだ差があることが確認された。コロケーション条件別で学習者の得点の平均を見ると、条件①のL1-L2は条件②のL2-onlyより有意に高かった。条件③のL1-onlyは得点の平均が最も低

## 第 3 章　L2 学習者のコロケーション習得に関する先行研究

く、条件④の存在無よりも有意に低かった。つまり、*give damage to*の逐語訳である「ダメージを与える」は、日本語において適切な表現であるため、学習者は母語の影響を受けて、*give damage to*のような表現が英語として許容できると判断する傾向が見られた。Muraoは、母語の意味転移について、L1-L2はL2-onlyより得点の平均が有意に高いことから母語の正の転移が見られ、L1-onlyは存在無より得点の平均が有意に低いことから母語の負の転移が観察されたと述べている。

　Peters（2016）は、41名のオランダ語を母語とする英語学習者を対象に、オランダ語との語彙的一致性、コロケーションのタイプ（V-N、Adj-N）などがコロケーションの意識的な学習の効果に与える影響を検証した。調査したコロケーションは、対象者全員未知のコロケーション18項目で、オランダ語と語彙的に一致するコロケーションL1-L2、語彙的に一致しないコロケーションL2-onlyそれぞれ9項目である。一連の意識的な学習活動を行った後、コロケーションの翻訳テストとマッチングテスト（中心語と共起語を適切に組み合わせるテスト）を実施した。その結果、L1-L2はL2-onlyより正答率が有意に高かった。また、Adj-NコロケーションはV-Nコロケーションより正答率が有意に高かった。オランダ語との語彙的一致性とコロケーションのタイプをあわせて分析した結果、オランダ語と語彙的に一致するAdj-Nコロケーションが最も習得しやすく、オランダ語と語彙的に一致しないV-Nコロケーションの習得が最も困難であることが分かった。学習者の母語との語彙的一致性、コロケーションのタイプのほか、語の長さや学習者が知っている語の量（語彙サイズ）も、コロケーションの意識的な学習の効果に影響していると指摘した。

　以上紹介した2本の論文はどちらも学習者の母語との語彙的一致性に焦点を当てているが、次に紹介するFernández and Schmitt（2015）とNguyen and Webb（2017）はコロケーションの頻度と共起強度の影響について検証した研究である。

Fernández and Schmitt（2015）は、コロケーションの頻度・共起強度と実際のL2接触量がコロケーションの産出知識に与える影響について調査した。調査対象者は108名のスペイン語を母語とする初級から上級の英語学習者である。英語母語話者コーパスCOCAにおける出現頻度、t-scoreとMI-scoreを考慮し、スペイン語と語彙的に一致しないコロケーションL2-onlyを50項目選定した。スペイン語の説明文付きの穴埋めテストで調査した結果、学習者の平均正答率は56.6%であった。コロケーションの頻度、t-score、MI-scoreの3つとコロケーションの正答率との相関を調べた結果、コロケーションの頻度、t-scoreはそれぞれ正答率と正の相関にあることが確認された。一方、MI-scoreと正答率の間に有意な相関が見られなかった。英語の学習年数や英語のインプット量（映画、テレビ、ビデオなど）についてアンケート調査で調べた結果、英語の学習年数と数値化したインプット量も正答率と正の相関が見られた。つまり、学習者のコロケーションの産出知識はコロケーションの頻度、学習年数やL2インプット量と関係していることが確認された。この研究は初級から上級まで習熟度の幅広い学習者を対象にしており、得点のばらつきも非常に大きかった。調査した項目は一部の対象者にとって未習のものである可能性がある。

　学習者のコロケーションの受容知識を測定したNguyen and Webb（2017）は、Fernández and Schmitt（2015）と異なる結果を報告している。Nguyenらは、学習者の母語との語彙的一致性、コロケーションの頻度と共起強度が学習者のコロケーションの受容知識に与える影響について調査した。対象者はベトナム語を母語とし、英語を専攻とする大学一年生100名で、全員7年間の英語学習歴がある中級学習者である。調査したコロケーションは頻度上位3,000語以内の語からなるV-NとAdj-Nコロケーションである。名詞の各頻度レベル（上位1,000語、上位2,000語、上位3,000語）からV-N、Adj-Nコロケーションそれぞれ30項目ずつ選定し、計180項目を調査した。ベトナム語との語彙的一致度によって、対象コロケーションを、完全に不一致（0）、部分

第3章 L2学習者のコロケーション習得に関する先行研究

的に一致（1）、完全に一致（2）の3種類に分けた。また、対象コロケーションはすべてCOCAにおける頻度が50回以上且つMI-scoreが3以上のものである。中心語である名詞を提示し、それと共起できる動詞、形容詞を4つの選択肢から1つ選んでもらうという四肢択一の選択問題を用いて調査した。その結果、ベトナム語との語彙的一致度が高いほど学習者の正答率が高いのに対し、共起強度が高いほど学習者の正答率が低かった。コロケーション構成語の頻度が正答率を予測するうえで最も有力な因子であり、構成語の頻度が高いほど正答率が高かった。一方、コロケーションの頻度とテスト結果との関連性が薄かった。共起強度が高いほど習得が難しい理由として、共起強度の高いコロケーションは低頻度で限られた語としか共起できない語から構成されているためであると述べていた。Nguyenらは、中心語である名詞の頻度レベルでコロケーションを選定しており、コロケーションの頻度については特にコントロールしなかった。コロケーションの頻度と学習者の正答率の間に相関があるかどうかについてはまだ検討の余地があるとNguyenらも述べている。

### 3.3.3.2 コロケーションのOn-line処理とその影響要因

英語学習者のコロケーションのOn-line処理に関する研究は、主にコロケーションの受容知識を測定するテストに類似した語彙性または容認性判断タスクを用いて調査を行っているが、どれほど速く正確に判断できるかに注目している。

Yamashita and Jiang（2010）は、フレーズ容認性判断タスク（phrase-acceptability judgment task）を用い、日本語を母語とする英語学習者のコロケーション処理における母語の影響について検証した。調査対象者はアメリカの大学に在籍している日本人学生や研究者などESL（English as a Second Language）学習者24名と、日本の大学に在籍しているEFL（English as a Foreign Language）学習者23名である。調査項目は日本語に逐語訳の表現が存在する英語のコロケーションL1-L2（e.g., *high salary*）と日本語に逐語訳の

表現が存在しない英語のコロケーションL2-only（e.g., *large salary*）で、それぞれ24項目である。コロケーションのタイプはV-NとAdj-Nの2種類である。その結果、英語母語話者はL1-L2とL2-onlyの反応時間にも誤答率にも有意差が見られなかったが、EFL学習者はL2-onlyの反応時間が有意に長く、誤答率も有意に高かった。ESL学習者はL2-onlyとL1-L2の反応時間に有意な差が見られなかったが、誤答率においてはL2-onlyのほうが有意に高かった。このことから、Yamashitaらは、学習者の母語と語彙的に一致しないL2-onlyの習得が難しく、大量のインプットがあっても容易に習得できないと指摘した。

　Wolter and Gyllstad（2011）は、母語の語彙知識がL2のV-Nコロケーションの処理に与える影響について検証するために、スウェーデン語を母語とする上級英語学習者30名を対象に、On-line語彙性判断タスク（lexical decision task）を実施した。語彙性判断タスクとは刺激語を提示してからターゲット語を提示し、提示されたターゲット語が実在の語であるか否かを速やかに判断してもらうタスクである。統制群として35名の英語母語話者のデータも収集した。調査項目は、スウェーデン語に逐語訳の表現が存在する英語のコロケーションL1-L2、スウェーデン語に逐語訳の表現が存在しない英語のコロケーションL2-onlyと、両言語において不適切な表現であるBaselineからなり、それぞれ33項目である。その結果、母語話者はL1-L2とL2-onlyの反応時間に有意差が見られなかったが、学習者はL1-L2に対する反応が有意に正確で反応時間も短かった。この結果から、WolterらはL2学習者にとって母語と語彙的に一致するコロケーションは語彙的に一致しないコロケーションより習得しやすいと指摘した。

　Wolter and Gyllstad（2013）は、スウェーデン語との語彙的一致性とコロケーションの頻度がコロケーションのOn-line処理に与える影響について調査した。スウェーデン語を母語とする上級英語学習者25名を対象に、Adj-Nコロケーションをスウェーデン語と英語とで語彙的に一致するL1-L2、英語のみにあるL2-onlyそれぞれ40項目、両言語のどちらにおいても不適切な表

## 第3章 L2学習者のコロケーション習得に関する先行研究

現であるBaselineを80項目選定し、容認性判断タスクを実施した。統制群として25名の英語母語話者のデータも収集した。L1-L2とL2-only項目はすべてアメリカ英語コーパスCOCAでの頻度が10回以上のコロケーションであり、対数変換後の頻度によって8グループに分けられ、各グループ5項目ずつである。容認性判断タスクでは、従来の実験のように容認できるかどうかの判断ではなく、当該語結合は英語でよく使用されるかどうかについて判断してもらった。正答のみの反応時間を分析した結果、母語話者はL1-L2とL2-onlyの反応時間に有意差が見られなかったが、学習者の場合はL1-L2の反応時間が有意に短かった。つまり、学習者の母語と語彙的に一致するコロケーションのOn-line処理において母語の正の転移が見られた。L1-L2とL2-only項目を対象にコロケーションの頻度の影響を調べた結果、母語話者と学習者のどちらにおいてもコロケーションの頻度と反応時間の間に負の相関があることが確認され、コロケーションの頻度が高いほど反応が速かった。一方、構成語である名詞と形容詞の頻度は反応時間と有意な相関が見られなかった。この結果から、Wolter and Gyllstadは、学習者の母語との語彙的一致性とコロケーションの頻度がコロケーションのOn-line処理に影響を与えていると指摘した。

張ほか（2017）は、中国語との語彙的一致性が英語コロケーションのOn-line処理に与える影響について調査した。調査項目は、V-N、N-NとAdj-Nの3つのタイプである。各タイプは英語と中国語の両方にあるコロケーションE-C、英語のみにあるコロケーションE-onlyと、中国語のみにあるコロケーションを英語に直訳した表現のC-onlyからなり、30項目ずつである。また、Baselineとして、両言語において不適切な表現を90項目も調査に入れた。中国の大学で英語を専攻とする大学3年生20名と、中国で留学している、或いは中国の大学で英語を教えている英語母語話者10名を対象に、前述のWolter and Gyllstad（2011）と同じOn-line語彙性判断タスクを実施した結果、コロケーションのタイプや中国語との語彙的一致性に関係なく、

学習者は母語話者に比べ、反応時間が長かった。また、英語母語話者は全体的にE-C、E-only、C-onlyの順で反応が速い傾向にあり、E-CとE-onlyの反応時間と誤答率においてほぼ差がなく、C-onlyの反応時間が最も長く、誤答率も高かった。それに対し、中国語を母語とする英語学習者は全体的にE-C、C-only、E-onlyの順で反応が速い傾向にあり、E-Cの反応時間が最も短く誤答率も低かったが、E-onlyの反応時間が最も長く誤答率も高かった。つまり、母語話者も学習者も、自分の母語と語彙的に一致した、中英両言語にあるE-Cにおいて速い反応を見せた。

　張（2017）は、中国語との語彙的一致性に加え、コロケーションのタイプの影響も調査した。対象項目は前述の張ほか（2017）と同様、V-N、N-NとAdj-Nの3つのタイプである。各タイプは、英語と中国語の両方にあるコロケーションE-C、英語のみにあるコロケーションE-only、中国語のみにあるコロケーションを英語に直訳した表現C-onlyからなり、30項目ずつである。また、Baselineとして両言語のどちらにもない表現を30項目入れた。調査対象者と実験方法は張ほか（2017）と同様である。その結果、全体的にコロケーションのタイプ、中国語との語彙的一致性に関係なく、学習者は英語母語話者より反応時間が長かった。また、英語母語話者はE-only、E-C、C-onlyの順で反応が速かったのに対し、学習者の場合はコロケーションのタイプによって異なる結果が得られた。具体的にはN-Nの場合はC-only、E-C、E-onlyの順、V-Nの場合はE-C、E-only、C-onlyの順、Adj-Nの場合はE-C、C-only、E-onlyの順で反応が速かった。つまり、張ほか（2017）と同様に、母語話者も学習者も自分の母語と語彙的に一致した表現において短い反応時間、自分の母語にない表現において長い反応時間を見せた。このことから、学習者の母語との語彙的一致性、コロケーションのタイプの両方がL2学習者のコロケーションのOn-line処理に影響を与えていることが分かる。

　Wolter and Yamashita（2018）は、構成語の頻度、コロケーションの頻度、L1との語彙的一致性と学習者のL2習熟度がL2コロケーション

のOn-line処理に与える影響について調査を行った。調査対象者は日本の大学に在籍している日本語を母語とする中級（大学生24名）と上級（大学院生23名）の英語学習者である。統制群はアメリカの大学に通っている27名の英語母語話者である。対象項目は英語と日本語の両方に存在するコロケーションL1-L2、英語のみに存在するコロケーションL2-onlyと、日本語のみに存在するコロケーションL1-onlyそれぞれ24項目である。また、Baselineとして両言語のどちらにも存在しない項目を72項目用意した。語の頻度とコロケーションの頻度はアメリカ英語コーパスCOCAを参照にしたが、頻度の高低はコントロールしなかった。Wolter and Gyllstad (2013) と同様に、提示された語結合が英語でよく使用されると思う場合にYES、そう思わない場合にNOを押してもらうというOn-line容認性判断タスクを用いて調査を行った。反応の正確さに関わらず、Yesと反応した場合をすべて分析した。その結果、母語話者はL1-L2とL2-onlyの反応時間において差が見られなかったが、中級学習者と上級学習者のどちらにおいてもL2-onlyの反応時間が有意に長かった。つまり、L1-L2の処理においては母語である日本語の正の転移が見られた。一方、学習者のどちらのグループにおいても英語に存在しないL1-onlyとBaselineの反応時間に有意差がなく、L1-onlyのOn-line処理に母語の転移が見られなかった。頻度の影響に関しては、L1-L2とL2-only項目を対象に、項目別の平均反応時間を用いて分析した結果、母語話者と学習者のどちらの反応時間も構成語の頻度、コロケーションの頻度と負の関係にあることが分かった。つまり、母語話者も学習者も構成語とコロケーションの頻度が高いほど反応時間が短かった。この結果から、Wolterらは、L1との語彙的一致性と頻度の両方が学習者のコロケーションのOn-line処理に影響を与えていると指摘した。

張・方（2020）もWolter and Yamashita (2018) と同じ、On-line容認性判断タスクを用い、語彙的一致性、頻度（構成語とコロケーションの頻度）、L2言語能力が英語学習者のコロケーションのOn-line処理に与える影響を調

査した。実際に分析したデータは中国人英語学習者（大学1年生から大学院1年生まで）60名のデータである。そのうち、上位群と下位群それぞれ30名である。調査項目には、L1-L2、L2-only、Baseline（存在無）の3グループがあり、L1-L2とL2-onlyの中心語が対になっている。例えば、中心語*break*の場合、*break a record*（L1-L2）、*break a law*（L2-only）の2つの項目がある。On-line容認性判断タスクを行った結果、母語話者の場合、L2-onlyの処理においてのみコロケーションの頻度効果が見られた。学習者の場合は、L2習熟度に関わらず頻度効果が見られたが、下位群には構成語とコロケーション両方の頻度効果が見られ、上位群にはコロケーションの頻度効果しか見られなかった。つまり、学習者の習熟度が上がるにつれ、構成語の頻度の影響がなくなったということである。

### 3.3.3.3　コロケーション習得の影響要因を検証した研究のまとめ

英語学習者のコロケーション習得に影響する要因を検証した研究では、例外もあるものの、概して学習者の母語と語彙的に一致するコロケーションは語彙的に一致しないコロケーションより習得しやすい、高頻度コロケーションは低頻度コロケーションより習得しやすいという結果が得られている。一方、コロケーションの共起強度の影響について検証した研究は非常に少なく、結果も分かれている。コロケーションのタイプを限定しなかったFernández and Schmitt（2015）では、コロケーションの共起強度とその産出知識の間に有意な相関が見られなかったのに対し、V-NとAdj-Nコロケーションの受容知識を調査したNguyen and Webb（2017）では、コロケーションの共起強度と学習者の受容知識の間に有意な負の相関が見られた。このように、コロケーションの共起強度の影響について検証した研究は非常に限られているため、一般化できる結果を得るためにはさらなる研究が必要であろう。

また、3.3.1で述べたコーパスに基づいた研究では、学習者は母語話者に比べ、共起強度の高いコロケーションを過少使用する結果が得られている。そ

の理由として、Durrant and Schmitt（2009）は共起強度の高いコロケーションはあまり使用されない頻度の低いコロケーションであることを挙げたが、共起強度の高いコロケーションは必ずしも頻度の低いものであるとは限らない。共起強度が同程度の低頻度と高頻度コロケーションを比較した場合、または頻度が同程度で共起強度の異なるコロケーションを比較した場合、どちらが習得しやすいかは興味深い点であるが、まだ検証されていない。

## 3.4 日本語学習者のコロケーション習得に関する研究

3.3では、英語学習者のコロケーション習得に関する先行研究を、コーパスに基づいた学習者のコロケーション使用を調査した研究、誘発テストを用いて学習者のコロケーション知識を測定した研究、学習者のコロケーション習得に影響する要因を検証した研究、の順で概観した。これらの研究を通して、コロケーションは上級学習者にとっても難しいことや、コロケーションの難易度は学習者の母語との対応関係、コロケーションの頻度と共起強度によって変わることが分かるだろう。本節では、日本語学習者のコロケーション習得に関する先行研究を概観する。英語学習者のコロケーション習得に関する先行研究の概観と同様に、日本語学習者のコロケーション習得における問題点を指摘した研究とその習得に影響する要因を検証した研究を取り上げ、まとめることにする。日本語学習者のコロケーション習得における問題点を指摘した研究を、3.4.1コーパスに基づいた研究、3.4.2誘発テストを用いた研究、の順で概観する。最後の3.4.3では、コロケーション習得の影響要因を検証した研究についてまとめる。

第2章で説明したように、日本語の研究においては「コロケーション」という用語のほか、「連語」「共起表現」などの用語も使用されている。また、自由結合と慣用句がコロケーションに含まれるかどうかについては統一した見解がないが、制限結合がコロケーションであるということには異議が見られない。そのため、本節では日本語学習者を対象とした研究を概観する

際に、「コロケーション」の用語を使用していなくても、制限結合が調査対象に含まれている研究であれば、その研究を概観に含める。なお、「連語」「共起表現」などの用語を使用した研究に関しては各研究で使用した用語も明記するようにする。

### 3.4.1 コーパスに基づいた研究

　学習者コーパスを分析することで、日本語学習者のコロケーション使用の実態について調査した研究はL2英語の研究に比べ、非常に少ない。そのうち、「コロケーション」という用語を使用しているものの、「かとうさんの」「アメリカでは」などのような6文字の語彙束（lexical bundles）を対象項目とした研究（杉浦, 2001）もあれば、「留学する」などのサ変動詞を対象項目とした研究（鈴木, 2012, 2014）もある。本節では、秋元（1993, 2002）で述べられた「名詞＋動詞」「名詞＋形容詞」「形容詞・形容動詞＋名詞」「副詞＋用言」の4つのタイプに焦点を当てた研究について概観する。

　大曽・滝沢（2003）は、学習者コーパスを紹介し、そのコーパスで見られるコロケーションの誤用例を提示することで、コロケーションの誤用分析におけるコーパスの有用性を示した。コロケーションを「習慣によってまとまって使われる語の連鎖」であると定義したが、具体的な範囲については述べていない。大曽が代表を務める科研費プロジェクトで構築された学習者作文コーパス（当時未公開）には誤用のタグも付いている。「コロケーション」というキーワードで検索することによってコロケーションの誤用例を抽出した結果、主語と述語のコロケーションの誤用（*気分が嫌だった→気分が悪かった）と、動詞とそれがとるヲ格名詞句のコロケーションの誤用（*ビタミンを食べる→ビタミンをとる）などの誤用が見られた。前述の通り、大曽・滝沢は日本語教育研究におけるコーパスの重要性及び学習者コーパスの紹介が主な目的であったため、コロケーションの誤用例をいくつか紹介すること

第3章　L2学習者のコロケーション習得に関する先行研究

にとどまっている。

　Komori（2003）は、前述した大曽が構築した学習者作文コーパスを利用し、英語を母語とする日本語学習者が書いた120本の作文からコロケーションの誤用を、大曽・滝沢（2003）と同様の方法で検索し、抽出した。その結果、計20例の誤用が抽出された。そのうち、85%（20例の17例）が学習者の母語である英語の影響を受けていると報告したが、母語の影響に関する判断基準は不明である。この研究は、コロケーションの定義・範囲について説明しておらず、誤用の数も20個のみで、具体例として「*いい健康」の1つしか挙げていない。学習者のコロケーション使用の全体像が見えないという点においては、大曽・滝沢（2003）と同じ問題である。

　大曽・滝沢（2003）とKomori（2003）は、どちらも学習者コーパスからコロケーションの誤用例を抽出し、それを紹介することにとどまっている。次に述べる曹・仁科（2006a）、李（2016）と劉（2017）は、日本語学習者のコロケーション使用について詳しく調べた研究である。

　曹・仁科（2006a）は中級以上のCJLの名詞と形容（動）詞からなる共起表現の使用について調査を行った。中国の日本語学科の作文から506文、神田外国語大学誤用データベースから中級以上のCJLが書いた267文、及び国立国語研究所作文対訳データベースから1,704文を抽出し、計2,477文での名詞と形容（動）詞からなる語結合を分析した。自然な表現を「正用」とし、不自然な表現を「誤用」とし、JNS 3名に共起表現の誤用について判定してもらった結果、共起表現延べ934例のうち、誤用が156例で、全体の16.7%であることが分かった。また、学習者が使用した形容詞は旧JLPT 3、4級のものが極めて多いことも観察された。さらに、誤用のタイプを共起、語の選択、語の選択＋共起の3種類に分け、詳しく分析したところ、「能力が強い」のように、統語的な接続に問題がなく、意味理解もできないことはないが、2語の共起が不自然であるという共起による誤用が最も多く、形容詞の誤用の70%、形容動詞の誤用の40%がそれに当たると指摘した。この結果か

ら、曹らは語彙研究や対照研究において、個々の語を個別にではなく、コロケーションの形で用例を提示し、分析することが効果的であると提案した。また、誤用のうち中国語の直訳によるものが多いとも指摘したが、母語の影響の判断は中国語母語話者の内省に基づいていた。

　ここまで述べた日本語学習者のコロケーション使用に関する研究は、いずれも「名詞＋動詞」コロケーションに焦点を当てたものではない。次に紹介する李（2016）と劉（2017）は、「名詞＋動詞」コロケーションを調査の対象項目とした研究である。

　李（2016）は、CJLの「名詞＋を＋動詞」コロケーションの使用と彼らの日本語能力・語彙力・文法力との関係、コロケーションの誤用及び母語の影響について調査を行った。使用したデータは、筑波大学が公開した『日本語学習者作文コーパス』のうち、CJLと韓国語を母語とする日本語学習者（以下KJL）が「外国語が上手になる方法」というテーマで母語と日本語の両言語で書いた作文データである。KJLのデータは母語の影響を検証するために用いられた。学習者の日本語能力・語彙力・文法力は作文執筆後に実施された語彙テストと文法テストによって、測定されている。調査した結果、まず学習者の日本語能力・語彙力・文法力によって、コロケーションの誤用率に有意な差が見られず、コロケーションの運用能力の発達はその他の言語能力に遅れていることが確認された。コロケーションの誤用を共起、造語、文法関係、その他に分類した結果、誤用のうち約半分が語の共起による誤用であることが分かった。さらに共起による誤用（78例）について、対訳作文において中国語と日本語が直訳関係にあるかを判断した結果、誤用の60%（47例）が中国語の影響を受けている可能性が高いと報告された。この47例の誤用がKJLにも見られるかを確認した結果、KJLにも見られたのは「熱情を持つ」の1例のみであった。KJLが使用した「熱情を持つ」も韓国語の影響を受けていると韓国語母語話者に判断されたため、CJLとKJLが共通している「熱情を持つ」はともに母語の影響を受けていると判断した。残りの46例は

## 第3章　L2学習者のコロケーション習得に関する先行研究

韓国語の直訳ではないと韓国語母語話者に確認された。このことから、CJLの共起による誤用において、中国語の直訳であると判定された47項目はすべて中国語の負の転移によるものであると結論づけた。李は母語の影響について、母語からの直訳ではないかという判断にとどまらず、KJLのデータを用いて検証した点においてはこれまでの研究と異なる点であり、参考になる方法だと思われる。一方、李は「名詞＋動詞」コロケーションのうち、「名詞＋を＋動詞」しか調査しなかった。しかも、「例を挙げる」のように名詞と動詞が隣接しているパターンのみを対象にしており、「例を2つ挙げる」のように名詞と動詞の間に修飾語が入っているパターンを抽出しなかった。また、扱うデータは比較するグループ間で作文のテーマが統一されているものの、「外国語が上手になる方法」という1つのテーマで書かれた作文であったため、観察できる「名詞＋を＋動詞」コロケーションはかなり限られていると思われる。

　劉（2017）は本研究と同様に、「名詞＋動詞」コロケーションに焦点を当てているが、学習者のコロケーション使用と日本語能力との関係を明らかにすることを目的としている。使用するコーパスは横浜国立大学に在籍しているJNS 30名と、同じ大学に留学している日本語学習者60名（CJL 30名、KJL 30名）を対象にした12種類のタスクによる書き言葉コーパスである。タスクの詳細については、第4章で説明するが、学習者全員が同じタスク（12種類）で書いた作文コーパスである。日本語学習者の60名は、作文の総合評価によって、下位群（20名）、中位群（20名）、上位群（20名）の3つのグループに分けられている。劉は、日本語学習者の下位群から上位群まで使用されたコロケーションの正用数と誤用数の偏りについて量的に調査した。その結果、コロケーションの使用頻度は、学習者の日本語能力が上がるにつれ高くなることと、コロケーションの誤用数は、中位群が有意に多く、上位群が有意に少ないことが確認された。劉の研究は、日本語能力の異なるグループ間の比較に焦点を当てており、母語話者との使用上の違いや母語の影響については調査していない。

以上、コーパスに基づいた日本語学習者のコロケーション使用に関する研究を概観した。まず英語学習者を対象とした研究に比べ、日本語学習者のコロケーション使用に関する研究は量的にも質的にも不十分であることが分かる。学習者の「名詞＋動詞」コロケーションの使用について調査した研究（李, 2016; 劉, 2017）もあるが、その実態が十分に検討されているとはいえない。上級日本語学習者は母語話者に比べ、「名詞＋動詞」コロケーションの使用においてどのような特徴が見られるか、英語学習者と同じ結果であるかについてはまだ明らかにされていない。

### 3.4.2　誘発テストを用いた研究

本節では、誘発テストを用いて日本語学習者のコロケーション知識について調査した研究を概観する。外国にルーツを持つJSL（Japanese as a second language）の子どもを対象に、多義動詞の意味の習得や日本語の基本的な和語動詞の産出力についてコロケーションの形で調査した研究（e.g., 西川ほか, 2016; 池田（三浦）, 2017; Nishikawa, 2019）もあるが、本書では母語能力が定着してから日本語を勉強し始める成人学習者を対象とした研究に注目する。

Komori（2003）は英語を母語とする日本語学習者（以下EJL）の副詞と形容詞からなるコロケーションの受容知識について調査した。EJLとJNSの日本語の副詞と形容詞のコロケーション能力における相違を調べるために、ハワイ大学で日本語を勉強している上級EJL 13名とJNS 13名を対象に、Granger（1998）の調査方法を参考に、14個の副詞について、それぞれ12個の形容詞から容認可能だと思う共起語をすべて選ぶように求めるマッチングテストを実施した[①]。ほかの形容詞に比べ、当該副詞と特に高頻度で共起すると思う形容詞にはアステリスクをつけるように指示した。その結果、

---

[①] 副詞14個を調査したが、上級EJLが分からないものが6個あったため、実際に分析したのは8個の副詞である。

# 第3章 L2学習者のコロケーション習得に関する先行研究

上級EJLがアスタリスクをつけた形容詞の数は母語話者より少なかった（上級EJL 33対JNS 74）。上級EJLはJNSに比べコロケーションの顕著性[①]に対する理解が不十分だと指摘された。また、「ずっと若い」については、すべてのJNSはアスタリスクをつけたが、上級EJLのうち、アスタリスクをつけた人は6名しかいなかった。そして、副詞「ちょうど」については、JNSは「ちょうどいい」しか許容できないのに対し、上級EJLは「ちょうどいい」のほか、「ちょうど遅い」「ちょうど楽だ」「ちょうど狭い」など、いろいろな形容詞と共起できると判断した。なお、調査した副詞のうち、形態的に類似している「ちょうど」と「ちょっと」の両方があったため、「ちょうど」に関する結果は「ちょっと」の影響を受けている可能性があるとKomoriは考察している。

曹・仁科（2006b）はCJLの日本語の名詞と形容（動）詞からなる共起表現の産出知識について調査した。名詞を提示し、それと共起する形容（動）詞をできるだけ多く書いてもらうという自由連想形式のテストを用いた。調査項目は70個の名詞である。調査に参加した学習者は、日本の大学や日本語学校で日本語を勉強している67名のCJLで、全員旧JLPT 3級以上の日本語能力を有している。比較の対象として、69名のJNSのデータも収集した。学習者の回答に対し、JNS 4名に正誤判定を行ってもらった。その結果、共起語の数においては、延べ数と異なり数のどちらにおいてもCJLはJNSより少なかった。また、CJLとJNSの回答に共通する語は（旧）JLPT 3、4級の易しいものがほとんどであった。学習者の誤答を共起、造語、漢字の転移、文化・文学、品詞の誤り、語の使用制限、「的」語の誤りの7パターンに分類した結果、学習者の誤答には日本語の特性に影響されているものもあるが、中国語の負の転移によるものが多かったとということが分かった。

大神（2017）は多義動詞の「とる」で形成される「名詞＋を＋とる」コロケーションの意味習得に焦点を当てた研究である。意味の不透明な慣用句以

---

[①] その言語の母語話者の使用において、共起頻度が高いほど顕著性が高い。

外の自由結合と制限結合をコロケーションとしている。①把握、②獲得、③離脱など「とる」の9つの語義について、上級CJL 23名と上級KJL 20名を対象に、認知言語学の観点から「とる」のプロトタイプへの認識、「とる」に関するコロケーションの産出と受容知識について調査を行った。使用したテストは、各語義をプロトタイプ的だと思われるものから順に並べてもらうテスト、文産出テスト、容認性判断テストの3つであった。その結果、学習者が構築した「とる」の意味体系はJNSとずれがあること、理解度の高い用法であっても、使用できる共起語の範囲が限られていることが分かった。上級日本語学習者は、「とる」の用法について十分に理解できても、どの名詞と共起できるかという具体的な使い方においては十分に習得できていないと示唆する結果が得られた。

以上、誘発テストを用いて成人日本語学習者のコロケーション知識について調査した研究を概観した。研究の数は英語に比べ、非常に少ないが、上級日本語学習者であっても、コロケーションの知識が不十分で、JNSとまだ差があることは十分に窺えよう。

### 3.4.3 コロケーション習得の影響要因を検証した研究

日本語学習者のコロケーション習得に影響する要因を検証した研究もL2英語に関する研究に比べ、非常に限られている。そのうち、学習者のコロケーション知識を測定し、コロケーションの習得に影響する要因を検証した研究は小森ほか（2012）がある。以下、小森ほか（2012）を紹介した後、日本語のコロケーション習得に影響する要因に示唆を与える日本語学習者のコロケーションのOn-line処理に関する研究について概観する。

#### 3.4.3.1 学習者のコロケーション知識とその影響要因

小森ほか（2012）は、「コロケーション」ではなく、「連語」という用語を用いている。CJLを対象に、漢語連語と和語連語の習得について、正誤判断テストを用い、中国語と同じ共起語を用いる場合と同じ共起語を用いない

場合を比較した。調査対象者は中国北京の大学で日本語を勉強している大学（院）生92名（うち、33名が旧JLPT1級に合格）である。別途で行われた日本語習熟度テストの結果に基づき、対象者を下位群（29名）、中位群（33名）、上位群（30名）の3つのグループに分けている。調査対象項目は中国語と同形同義の語（S語）の漢語動詞（整理する）の連語と、その漢語動詞と意味的に対応する和語動詞（整える）の連語で、計86項目である。対象となる連語は、対応する中国語がすべて2字漢語動詞と名詞からなっており、適切な中国語の表現であるが、日本語において漢語と和語の共起が可能か否かによって、表3-1のA、B、C、Dの4グループに分けられている。

表3-1　小森ほか（2012）で調査した項目の例

| グループ | 項目数 | 中国語（適否） | 日本語（適否） | |
|---|---|---|---|---|
| | | | 漢語動詞 | 和語動詞 |
| A | 19 | 整理头发（○） | 髪の毛を整理する（×） | 髪の毛を整える（○） |
| B | 21 | 建设家庭（○） | 家庭を建設する（×） | 家庭を建てる（×） |
| C | 23 | 保持传统（○） | 伝統を保持する（○） | 伝統を保つ（○） |
| D | 23 | 规模缩小（○） | 規模が縮小する（○） | 規模が縮む（×） |

・小森ほか（2012, p. 53）の表1をもとに筆者が作成した。

　小森ほかによると、グループABは両言語で同じ共起語を取らない漢語連語で、グループCDは両言語で同じ共起語を取る漢語連語である。また、グループBDは両言語で同じ共起語を取らない和語連語で、グループACは両言語で同じ共起語を取る和語連語とされている。上記の調査項目を1センテンス単位の正誤判断テストを実施した結果、まずどのグループにおいても、中国語と同じ共起語を取る漢語連語CDグループは、中国語と同じ共起語を取らないABグループより得点の平均が有意に高かった。CDグループにおいては下位群から上位群で得点に有意差がなく、同じ程度にできているのに対し、ABグループにおいては日本語能力が上がるにつれ、得点が有意に高くなり、正しく判断できるようになることも確認された。和語連語のBDグル

ープとACグループも同様の結果である。同じ共起語を取るグループは習熟度に関わらず、漢語連語CDの得点が和語連語ACより有意に高かった。つまり、CJLにとっては、漢語連語CDは和語連語ACより習得しやすい。同じ共起語を取らない漢語連語ABグループと和語連語BDグループは習熟度が上がるにつれ、両方とも得点が高くなるが、下位群においては、和語BDの得点が漢語ABより有意に高く、上位群においては、漢語ABの得点が和語BDより有意に高かった。つまり、上位群の場合は、中国語と同じ共起語を取るか否かに関わらず、漢語より和語のほうが得点が有意に低かった。小森ほかで調査した項目は中国語と日本語の両言語において適切な表現であるL1-L2と、中国語においては適切な表現であるが日本語において不適切なL1-onlyの2種類であり、コロケーションを構成する和語動詞と漢語動詞も中心義または中心義に近い意味で使用されている。下位群において、和語BDの正答率が有意に高かった理由として、初級レベルでは汎用的な和語動詞を使用する機会が多いということが述べられた。一方、日本語において、「反発を買う」「けんかを売る」などのように中国語と同じ共起語を取らないL2-onlyコロケーションは数多く存在する。これらのコロケーションは基本的な和語動詞の派生義を用いているものが多く、中上級の日本語学習者は特に注意する必要があると指摘されている（大曽・滝沢，2003）。そのため、これらの項目についても調査する必要があると思われる。

### 3.4.3.2　コロケーションのOn-line処理とその影響要因

李（2012）は、日本語の「名詞＋を＋動詞」コロケーションを対象に、容認性判断課題を用いてコロケーションの頻度と共起強度がコロケーションの処理に与える影響について調査した。実験材料は日本語の「名詞＋を＋動詞」コロケーション104個と、日本語において不適切な表現であるが、同じ「名詞＋を＋動詞」の形式になっている表現104個である。コロケーションの範囲については明記しなかった。コロケーションの頻度情報は大規模な母語話者均衡コーパスではなく、中日新聞データ集（1999-2003年分）を参考

にした。その結果、学習者の反応時間はコロケーションの頻度と負の相関を示した。つまり、コロケーションの頻度が高いほど学習者の反応が速いという結果が得られた。共起強度と反応時間の間には有意な相関が見られなかったが、共起強度の低いコロケーションは反応時間が短い傾向があった。

　Zhao et al.（2018）は、学習者の母語との語彙的一致性の影響を検証するために、CJLを対象に、中国語と日本語の両方にあるコロケーションL1-L2（例：責任を負う）、日本語のみにあるコロケーションL2-only（例：注意を払う）と、両言語のどちらにもない表現である存在無（例：事故を売る）の3種類それぞれ10項目について、容認性判断タスクを用いて調査した。対象者はJLPT N2に合格した中上級日本語学習者12名である。その結果、L2-onlyの誤答率はL1-L2より有意に高かった。容認性判断タスクが終わった後に実施された翻訳テストの結果に基づき、12名のCJLを下位群と上位群に分け、容認性判断タスクの処理時間を比較した結果、下位群においては、L2-onlyの処理時間（平均522.5ms）がL1-L2（平均493.96ms）より長かったのに対し、上位群においてはL1-L2（平均552.82ms）がL2-only（平均492.32ms）より長かった。この研究では上位群と下位群はそれぞれ6名しかいなかったため、処理時間について得られた結果は再検討する余地があると考えられる。しかし、誤答率からは中国語と語彙的に一致しないL2-onlyは語彙的に一致するL1-L2より習得しにくいことが少しでも窺えよう。

　蘇・畑佐（2018）は、日本語のコロケーションと慣用句をあわせて定式表現と呼び、意味的透明性によって日本語の定式表現の処理過程が異なるかを2つの実験を通して調査を行った。調査対象者は各実験においてJNSと上級CJLそれぞれ20名である。調査項目は、意味が比較的透明であるコロケーションと意味が不透明な慣用句それぞれ9項目と、統制項目の自由結合18項目、計36項目である。実験1では、センテンスで提示する読み上げ課題を用い、コロケーションと慣用句の読み時間における差を調べた。実験2では、実験1と同じ材料を使用したが、センテンスで提示するのではなく、センテ

ンスをいくつかの句に区切り、句ごとに提示した。その結果、実験1と実験2の両方において、JNSはコロケーションと慣用句の処理時間に有意差が見られなかったが、CJLはコロケーションの処理時間が慣用句より有意に短かった。つまり、母語話者の場合は定式表現を処理する際に意味の透明性の影響を受けないが、学習者は意味の比較的透明なコロケーションを意味の不透明な慣用句より有意に速く処理した。蘇らは意味の透明性の影響に着目しコロケーションと慣用句の処理を比較したが、コロケーションの処理に影響する要因については調査していない。

　費・宋（2021）は日本語専攻の大学院生17名（上級学習者）を対象に、中国語との語彙的一致性、語結合の意味の透明性[①]が日本語のN-V語結合（自由結合から慣用句まで含まれる）の処理に与える影響について、NIRSによる脳機能測定と容認性判断タスクを用いて調査した。対象項目は、L1-L2高透明、L1-L2中透明、L1-L2低透明、L2-only低透明の4グループである。その結果、意味が最も透明である自由結合の反応時間が一番長く、コロケーションと慣用句の間に有意差がなかった。一致性による反応時間の差は見られなかった。費らは、一致性の効果が見られなかったのは、意味的透明性の低い語結合のみを対象にしていたためであろうと推察している。

　宋・費（2022）は中国語との語彙的一致性と意味の透明性に加え、文脈の有無の影響も調査した。実験では、聴覚提示のOn-line翻訳タスクを用いた。対象者は中国の大学で日本語を専攻とする55名の上級日本語学習者である。対象項目のグループの設定は、費・宋（2021）と同様である。その結果、3つの要因とも日本語の語結合の処理に影響を与えていることが分かった。文脈有は文脈無より、また中・高透明は低透明より反応が有意に速く、文脈と透明度の促進効果が見られた。一致性に関しては、文脈無の場合に一致性の抑制効果が見られたが、文脈有の場合に一致性によって反応時間に差が見られなかった。

---

① 自由結合を高透明、コロケーションを中透明、慣用句を低透明と判断した。

第3章　L2学習者のコロケーション習得に関する先行研究

このように、日本語学習者のコロケーション習得に影響する要因を検証した研究は、中国語との語彙的一致性、コロケーションの頻度と共起強度の影響に目を向けた研究もあるが、コロケーションのOn-line処理の研究がほとんどである。また、学習者の母語との語彙的一致性、コロケーションの頻度と共起強度の3つの要因をあわせて検証した研究はまだない。

## 3.5　先行研究で残された課題

3.3と3.4では、L2学習者のコロケーション習得に関する先行研究について、英語学習者を対象とした研究、日本語学習者を対象とした研究、の順で概観した。まず、英語学習者を対象とした研究では調査されたコロケーションのタイプや学習者の言語背景は異なるものの、概して、以下のことが明らかになっている。

英語母語話者に比べ、上級英語学習者は：①コロケーションを過少使用する傾向がある。②高頻度コロケーションを有意に多く使用し、共起強度の高いコロケーションの使用が有意に少ない。③使用範囲が広く、間違いにくい共起語を多く使用する傾向がある。

英語学習者のコロケーションの誤用においては：①L1のみにあるコロケーションL1-onlyをL2に直訳することによる誤用が多い。②L1と語彙的に一致しないコロケーションL2-onlyの誤用がL1と語彙的に一致するコロケーションL1-L2より圧倒的に多い。

日本語学習者を対象とした研究はL2英語に比べ、非常に限られているが、以下のことが明らかになっている。①学習者のコロケーションの誤用には母語の影響によるものが多い。②コロケーションの習得が難しく、総合的な言語能力に遅れている。③上級日本語学習者であっても、コロケーションの知識がまだ不十分である。

このように、L2学習者のコロケーション習得の実態や習得上の問題点はある程度明らかになってはいるが、十分に検討されているとはいえない。以

下、3.3と3.4で概観した先行研究を踏まえ、L2学習者のコロケーション習得に関する研究で残された課題についてまとめる。

　まず、学習者コーパスを分析した研究の研究方法に改善の余地があると考えられる。学習者のコロケーション使用について調査した研究では、コロケーションの使用を学習者と母語話者の間で比較した研究、L2能力の異なる学習者間または異なる言語を母語とする学習者間で比較した研究は多く見られるが、比較するグループ間でコーパスの内容（作文のテーマ）が統一されていない研究がほとんどである。例えば、Laufer and Waldman（2011）は、学習者レベル間の比較も学習者と母語話者の比較もしたが、学習者コーパスは高校や大学での授業の一環として学習者に書かせた作文であるのに対し、母語話者コーパスは英語母語話者の大学生が書いた作文である。コロケーションの使用頻度はコーパスの具体的な内容によって異なる（Durrant, 2014）と指摘されているため、同じテーマの作文データを用いて比較すべきだと考える。異なる言語を母語とする英語学習者間で比較したWang and Shaw（2008）、日本語習熟度の異なるCJLグループ間でのコロケーション使用を比較した李（2016）は、同じテーマで書かれた作文データを分析したが、各グループにおいて作文のテーマが1つしかなかったため、限られた特定のコロケーションしか調査できない。劉（2017）は学習者全員12種類のタスクで書いた作文コーパスを用い、学習者のレベル間で比較したが、量的な分析にとどまっている。

　次に、上級学習者は母語話者に比べ、コロケーションの過少使用や高頻度コロケーションの過剰使用、低頻度と共起強度の高いコロケーションの過少使用などが指摘されているが、言語背景が多様な英語学習者を対象とした研究がほとんどである。同じ言語を母語とする学習者の場合、英語ではなくほかの言語をL2とする場合でも同様の結果であるかは興味深いことであるが、まだ調査されていない[1]。

---

[1] 劉（2018）は上級CJLとJNSとのコロケーション使用上の違いに関する論文であるが、本書の研究1と研究2の一部をまとめたものであり、先行研究ではない。

第 3 章　L2 学習者のコロケーション習得に関する先行研究

　また、母語の影響の判断方法においても課題が残されている。コーパスに基づいた研究でも、誘発テストを用いた研究でも、学習者の母語がコロケーションを誤る要因の1つとして挙げられているが、母語の影響は筆者の内省による判断や複数の母語話者の直感による判断に頼っている。奥野（2003）は、言語転移を調査する際に、異なる言語を母語とする学習者の目標言語運用上（中間言語）の記述の必要性を指摘している。一方、異なる言語を母語とする学習者に同じ誤用がないかを検証したうえで、母語の影響を指摘する研究はWang and Shaw（2008）と李（2016）のみである。このように、コロケーションの誤用における母語の影響についてはさらなる検討が必要だと考える。

　それから、コーパス分析以外に、実際に実験的な手法を用いて、学習者の母語との語彙的一致性、コロケーションの頻度と共起強度の影響について調査した研究もあるが、十分とはいえない。まず、これまでの実験的な手法を用いた研究は、コロケーションのOn-line処理やコロケーションの受容知識を調査したものがほとんどであり、受容と産出の両方からそれらの影響を検証した研究はまだ見当たらない。また、学習者の母語との語彙的一致性、コロケーションの頻度と共起強度の3つを個別に分析しており、この3つをあわせて検証した場合、どれが最も学習者のコロケーション習得に影響しているのか、どのような場合において最も習得しにくいのかについてはまだ研究されていない。例えば、頻度が同程度のL1-L2とL2-onlyコロケーションを比較した場合、L1-L2がL2-onlyより習得しやすいのか、または共起強度が同程度の低頻度と高頻度コロケーションを比較した場合、高頻度コロケーションは低頻度コロケーションより習得しやすいのかなどは、非常に興味深い課題であるが、まだ検討されていない。これらのことを明らかにすることは、学習者にとって習得しにくいコロケーションと習得しやすいコロケーションの特徴を解明することに貢献できると考える。

## 3.6 本研究の目的と課題

　3.5で述べた先行研究で残された課題を踏まえ、本研究では、①上級日本語学習者の「名詞＋動詞」コロケーションの使用実態を明らかにすることと、②上級日本語学習者の「名詞＋動詞」コロケーションの習得に影響する要因を検証することを通して、上級日本語学習者にとって習得しやすいコロケーションと習得しにくいコロケーションの特徴を明らかにすることを目的とする。

　第1章の序論で述べたように、日本語学習者の中でCJLが最も多い。また、3.4.3で紹介した小森ほか（2012）では中国語と同じ共起語を取らない「名詞＋動詞」コロケーションは、JLPT N1に合格した上級CJLにとっても難しいと指摘されている。そのため、本研究では、上級CJLを対象に、研究を進めていく。

　研究目的①に関しては、学習者コーパスの分析を通して明らかにする。具体的には、まず上級CJLがJNSとの間で「名詞＋動詞」コロケーションの使用上の違いを検討する。特に英語の研究で指摘されている過少または過剰使用の問題が上級CJLにも見られるかを調査する。その次に、上級CJLのコロケーションの誤用及び母語の影響について分析する。コロケーションの誤用タイプについて分析し、母語の影響だと思われる誤用について、ほかの言語を母語とする学習者に同じ誤用がないかを検証する。

　コーパス分析においては、先行研究の問題点を踏まえ、上級CJLとJNSを比較する際に、同世代の人を対象にした、同じタスクに基づいたコーパスを選ぶようにする。また、母語の影響については、中国語以外の言語を母語とする学習者のデータも必要である。そのため、本書では、上級CJLのほか、JNS、韓国人日本語学習者のKJLが同じタスクで書いた作文データも含まれる金澤（2014）「日本語教育のためのタスク別書き言葉コーパス」（略称：YNU書き言葉コーパス）を用いて調査することにする。YNUとは、当該コーパスの開発、作成に関わる関係者が所属していた横浜国立大

## 第3章　L2学習者のコロケーション習得に関する先行研究

学（Yokohama National University）の略称である。コーパスの詳細に関しては、第4章で述べるが、対象者全員が同じテーマ、同じ条件のもとで書いた作文のデータである。

第1章で述べたように、コーパス分析のみだと学習者が自信のないコロケーションや知らないコロケーションを使用しないという回避問題が避けられない。そのため、研究目的②に関しては、本章で概観したL2学習者のコロケーション習得に関する研究で得られた知見及び、研究目的①の学習者コーパスの分析結果を踏まえ、具体的な調査項目を選定し、産出と受容の両方から上級CJLのコロケーション知識を測定する。これにより、中国語との語彙的一致性、コロケーションの頻度と共起強度が上級CJLのコロケーション習得に与える影響を検証し、L2学習者にとって、習得しやすいコロケーションと習得しにくいコロケーションの特徴を精査する。

学習者コーパスの分析は研究1と研究2、コロケーション知識の測定は研究3と研究4から構成される。各研究の課題は以下に示す通りである。

### 【研究1】母語話者との使用上の違い

課題1：上級CJLはJNSに比べ、「名詞＋動詞」コロケーションの全体的な使用頻度において過少使用が見られるか。

課題2：上級CJLはJNSに比べ、高頻度コロケーションの過剰使用と共起強度の高いコロケーションの過少使用が見られるか。

課題3：上級CJLは、具体的な「名詞＋動詞」コロケーションの使用においてJNSと違いが見られるか。

### 【研究2】学習者の誤用及び母語の影響

課題1：上級CJLの「名詞＋動詞」コロケーションの誤用にどのようなタイプがあるか。

課題2：上級CJLの誤用のうち、母語である中国語の影響を受けていると思われる誤用はどのくらいあるか。

課題3：課題2で中国語の影響を受けていると思われる誤用はKJLにおいて見られるか。

## 【研究3】影響要因の検証
課題1：上級CJLの「名詞＋動詞」コロケーションの産出知識は、
      1-1：中国語との語彙的一致性によって差が見られるか。
      1-2：コロケーションの頻度によって差が見られるか。
      1-3：コロケーションの共起強度によって差が見られるか。
課題2：上級CJLの「名詞＋動詞」コロケーションの受容知識は、
      2-1：中国語との語彙的一致性によって差が見られるか。
      2-2：コロケーションの頻度によって差が見られるか。
      2-3：コロケーションの共起強度によって差が見られるか。

## 【研究4】学習者が苦手とする項目の特徴
課題1：上級CJLが産出調査において苦手な項目の特徴は何か。
課題2：上級CJLが受容調査において苦手な項目の特徴は何か。

# 第4章　コーパス分析の研究方法【研究1と研究2】

　本章ではコーパス分析である研究1と研究2の具体的な研究方法について述べる。まず、4.1では研究1と研究2の目的を改めて提示する。4.2ではYNU書き言葉コーパスについて紹介する。4.3では「名詞＋動詞」コロケーションの具体的な範囲を述べる。4.4ではコーパスから「名詞＋動詞」コロケーションを抽出する際のコロケーションの判断基準、学習者コーパスから抽出されたコロケーションの許容度判定の手順、それから誤用における母語（中国語）の影響の判断方法という順で、コーパスデータの具体的な処理について説明する。

## 4.1　コーパス分析の目的

　研究1と研究2のコーパス分析は上級CJLの「名詞＋動詞」コロケーションの使用実態を明らかにすることを目的としている。研究1では上級CJLが使用したコロケーションのうち、日本語として適切だと判定されたものを母語話者のJNSと比較することで、上級CJLとJNSとのコロケーション使用上の違いを明らかにする。研究2では上級CJLの誤用に焦点を当てる。上級CJLの

コロケーションの誤用には具体的にどのような誤用があるか、母語である中国語の影響を受けていると思われる誤用はどのくらいあるかについて調査する。また、母語の影響だと思われる誤用は他言語話者（本研究ではYNU書き言葉コーパスでの韓国人日本語学習者KJL）に同じものがないかもあわせて検証する。

## 4.2 YNU書き言葉コーパス

第3章の3.6で少し触れたが、研究1と研究2のコーパス分析で使用するコーパスはYNU書き言葉コーパスである。本節では、YNU書き言葉コーパスの詳細について説明する。

YNU書き言葉コーパスは、横浜国立大学に在籍している日本語母語話者のJNS 30名と、同じ大学に留学している日本語学習者60名（CJL 30名、KJL 30名）を対象とした12種類の作文タスクによる書き言葉コーパスである。YNU書き言葉コーパスにおける各作文タスクのタイトルは、表4-1に示す。

表4-1　YNU書き言葉コーパスにおける各作文タスクのタイトル

| Task 番号 | 作文タスクの概要 |
|---|---|
| Task01 | 面識のない先生に図書を借りる |
| Task02 | 友人に図書を借りる |
| Task03 | デジタルの販売台数に関するグラフを説明する |
| Task04 | 学長に奨学金増額の必要性を訴える |
| Task05 | 入院中の後輩に励ましの手紙を書く |
| Task06 | 市民病院の閉鎖について投書する |
| Task07 | ゼミの先生に観光スポット・名物を紹介する |
| Task08 | 先輩に起こった出来事を友人に教える |
| Task09 | 広報紙で国の料理を紹介する |
| Task10 | 先生に早期英語教育についての意見を述べる |
| Task11 | 友人に早期英語教育についての意見を述べる |
| Task12 | 小学生新聞で七夕の物語を紹介する |

各タスクの指示文は対象者の母語で提示されており、作文を書く時間に

## 第 4 章　コーパス分析の研究方法【研究 1 と研究 2】

は制限を設けず、書く際の辞書使用は禁じられていた。留学生は全員「大学の講義を受けることができるレベルであり、一般的には上級と称されるレベルであると考えられる」（金澤, 2014, p. 11）。そのうち、旧JLPT 1級或いは新JLPT N1に合格した人はCJLに26名、KJLに19名いる（金澤, 2014, pp. 12-13）。留学生のCJLとKJLは、12タスクの達成度によって、それぞれ下位群、中位群、上位群の3つのグループに分けられている。タスク達成度の判断は、①タスクの達成、②タスクの詳細さ・正確さ、③読み手配慮、④体裁・文体という4つの基準で評価してから、①から④の評価結果をあわせ、総合的に行われた（金澤, 2014, p. 17）。作文データにはオリジナルデータと補正データの2種類がある。オリジナルデータは調査対象者が書いた内容をできるだけそのまま再現したものであり、補正データは不要な改行、空欄の削除、誤漢字と送り仮名の適宜修正、ひらがな書きで読みにくいものの漢字変換などの補正を行ったものである（金澤, 2014, pp. 15-16）。本研究では、検索するうえで利便性の高い補正データを利用した。CJL、KJLとJNS各グループにおける作文データの延べ語数と異なり語数は、表4-2に示す。延べ語数とは単語が用いられた回数の総和であるのに対し、異なり語数とは使用された異なる語の数である。

表4-2　各グループの作文データのサイズ

|  | CJL | JNS | KJL |
|---|---|---|---|
| 延べ語数 | 88,235 | 78,583 | 81,121 |
| 異なり語数 | 4,023 | 3,631 | 3,357 |

・延べ語数と異なり語数はどちらも形態素解析直後のデータのうち、空白を除いた後の語彙素数である。

このコーパスは、同じ基準、同じタスクで、学習者と母語話者のデータを集めているため、学習者と母語話者のコロケーション使用を比較するうえで理想的なデータだといえる。また、異なる言語を母語とする学習者のデータも揃っており、母語の影響の検証にも適している。

本研究では、CJL 30名全員を上級学習者（以下、上級CJLと呼ぶ）とし、研究1と研究2の検討対象とする。研究1では、上級CJL 30名とJNS 30名のコロケーション使用を比較し、上級CJLとJNSのコロケーション使用上の違いを明らかにする。比較する際に、L2英語の先行研究（e.g., Laufer & Waldman, 2011）と同様に、正用コロケーションのみを比較の対象項目とする。研究2では、上級CJLの「名詞＋動詞」コロケーションの誤用を分析し、誤用における母語の影響について、KJL 30名に同じ誤用がないかもあわせて検証する。

## 4.3　研究方法

### 4.3.1　コロケーションの範囲と抽出手順

コロケーションの具体的な抽出手順を説明する前に、まず日本語における「名詞＋動詞」コロケーションのパターン及び動詞の範囲について述べる。第2章ですでに述べた通り、本研究では、「名詞＋動詞」語結合のうち、自由結合と慣用句の中間に位置する制限結合をコロケーションとする。具体的には「傘をさす」のように、二語以上の連結使用で、語の共起において恣意的制限を受けるが、句全体の意味が比較的透明であり、構成語から予測できるもののことを指す。「傘をさす」のように、名詞と動詞の間に修飾語がないコロケーションのほか、「約束をきっちり守る」や「例を2つ挙げる」などのように、名詞と動詞の間に修飾語がある場合も存在する。李（2016）は、修飾語のない連続している「名詞＋を＋動詞」コロケーションのみを分析したが、本研究では、「約束をきっちり守る」のような修飾語があるものも抽出する。なお、抽出する際に修飾語を除いた形で抽出する。例えば、「約束をきっちり守る」の場合は「約束を守る」という形で抽出する。

日本語において、「名詞＋動詞」語結合は基本的に「名詞ガ動詞」「名詞ヲ動詞」「名詞ニ動詞」「名詞ト動詞」の4つのパターンがあるとされてい

## 第4章　コーパス分析の研究方法【研究1と研究2】

る（村木, 1991）[①]。そのうち、「名詞ト動詞」はあまり使われないため、日本語教育におけるコロケーションの研究では考慮に入れないことが多い（e.g., 秋元, 1993, 2002）。秋元（2002）は、日本語の「名詞＋動詞」コロケーションには、「名詞ヲ動詞（約束を守る）」「名詞ガ動詞（事件が起きる）」「名詞ニ動詞（電話に出る）」の3つのパターンがあると述べている。よって、本研究では、「名詞ヲ動詞」「名詞ガ動詞」「名詞ニ動詞」の3つのパターンに限定し、調査を行う。ただし、助詞が省略された場合（レポート書く）、元の助詞の代わりに取り立て助詞が用いられている場合（食事も取らない）、または動詞が名詞を修飾する場合（かかった時間）には抽出しない。

「する」という動詞は、本来、実質的な意味がなく、機能動詞として文法的な機能のみを持つ（村木, 1991；秋元, 1993）ため、「名詞＋する」は本書の検討外とする。同様に、動詞「なる」と、「説明（が）できる」のように、よく助動詞として使われる「できる」も抽出の対象外とする。人や動物などの存在を表す「いる」と、「本がある」「病院がある」のように具体的な物の存在を表す「ある」も検討外とする。ただし、「会議がある」「時間がある」など出来事や抽象的な物事の存在を表す場合は抽出する。また、名詞には「傘」のような普通名詞もあれば、「中国、北京」のような固有名詞もあるが、本研究では普通名詞のみに焦点を当てる。コーパスから「名詞＋動詞」コロケーションを抽出する際の具体的な処理ケースは稿末資料1を参照されたい。

本研究では、以下の手順で「名詞＋動詞」コロケーションを抽出した。

---

[①]　「箸で食べる」「公園で遊ぶ」のように、「名詞＋で＋動詞」もあるが、日本語のコロケーションに関する研究では、デ格を研究対象にしないのが通例である。秋元（1993, 2002）、村木（1991）は、デ格を検討外としている。その理由は、「箸で食べる」は、「箸で（～を）食べる」の略であり、動詞「食べる」と共起しているのは省略されているヲ格の名詞であることや、「公園で遊ぶ」の場合は、助詞「で」は後の動詞と関係があまりなく、ただ動作の場所を表しているためだと考えられる。

1) 形態素解析器である茶まめ（Ver.2.0 for Windows & unidic-mecab 2.1.2）を用いて、形態素解析を行い、作文データをExcelに出力した（図4-1）。

2) Excelデータから手作業で「名詞＋動詞」コロケーションを1つずつ抽出した。

3) 「名詞＋動詞」コロケーションとそれが使用されている産出文を別のExcelファイルに図4-2に示すように整理した。

| 出典 | 文境界 | 書字形 | 発音形 | 語彙素読み | 語彙素 | 品詞 | 活用型 | 活用形 | 語形 | 書字形基本形 | 語種 |
|---|---|---|---|---|---|---|---|---|---|---|---|
| R_task_01_C001.txt | B | 件名 | ケンメー | ケンメイ | 件名 | 名詞-普通名詞-一般 | | | ケンメー | 件名 | 漢 |
| R_task_01_C001.txt | I | : | | | : | 補助記号-一般 | | | | : | 記号 |
| R_task_01_C001.txt | I | [ | | | [ | 補助記号-括弧閉 | | | | [ | 記号 |
| R_task_01_C001.txt | I | お | オ | オ | 御 | 接頭辞 | | | オ | お | 和 |
| R_task_01_C001.txt | I | 願い | ネガイ | ネガウ | 願う | 動詞-非自 五段-ワア行 | 連用形- | ネガイ | 願う | 和 |
| R_task_01_C001.txt | I | ] | | | ] | 補助記号-括弧閉 | | | | ] | 記号 |
| R_task_01_C001.txt | I | 本 | ホン | ホン | 本 | 名詞-普通名詞-一般 | | | ホン | 本 | 漢 |
| R_task_01_C001.txt | I | の | ノ | ノ | の | 助詞-格助詞 | | | ノ | の | 和 |
| R_task_01_C001.txt | I | 貸し出し | カシダシ | カシダシ | 貸し出し | 名詞-普通名詞-一般 | | | カシダシ | 貸し出し | 和 |
| R_task_01_C001.txt | I | に | ニ | ニ | に | 助詞-格助詞 | | | ニ | に | 和 |
| R_task_01_C001.txt | I | つい | ツイ | ツク | つく | 動詞-一般 五段-カ行 | 連用形- | ツク | つく | 和 |
| R_task_01_C001.txt | I | て | テ | テ | て | 助詞-接続助詞 | | | テ | て | 和 |
| R_task_01_C001.txt | B | 本文 | ホンブン | ホンブン | 本文 | 名詞-普通名詞-一般 | | | ホンブン | 本文 | 漢 |
| R_task_01_C001.txt | I | : | | | : | 補助記号-一般 | | | | : | 記号 |
| R_task_01_C001.txt | B | 田中 | タナカ | タナカ | タナカ | 名詞-固有名詞-人名-姓 | | | タナカ | 田中 | 固 |
| R_task_01_C001.txt | I | 先生 | センセー | センセイ | 先生 | 名詞-普通名詞-一般 | | | センセー | 先生 | 漢 |

図4-1　形態素解析直後のExcelデータ

| タスク | 対象者 | 総合レベル | 日本語能力 | 名詞 | 助詞 | 動詞 | コロケーション | 産出文 |
|---|---|---|---|---|---|---|---|---|
| Task12 | C005 | 中位 | 1級 | 恋 | に | 落ちる | 恋に落ちる | 牛郎と織女は一目惚れで、すぐ恋に落ちました。 |
| Task12 | C005 | 中位 | 1級 | 生活 | を | 送る | 生活を送る | そのあと結婚しました。すごく幸せな生活を送っていました。 |
| Task12 | C005 | 中位 | 1級 | 文句 | を | 言う | 文句を言う | 神様たちは織女のお父さんにいろいろ文句を言いました。 |
| Task12 | C005 | 中位 | 1級 | 橋 | を | 作る | 橋を作る | 多くの鳥が飛んできて、橋を作ってあげました。 |
| Task01 | C006 | 中位 | 1級 | 論文 | を | 書く | 論文を書く | 論文を書くために、『環境学入門』という本を参考したいです。 |
| Task02 | C006 | 中位 | 1級 | お願い | が | ある | お願いがある | 実は、お願いがあるの。 |
| Task02 | C006 | 中位 | 1級 | 論文 | を | 書く | 論文を書く | 論文を書くため、『環境学入門』という本を参考したいの。 |
| Task02 | C006 | 中位 | 1級 | 本 | を | 持つ | 本を持つ | 鈴木さんはその本を持っていると聞いたとき、よかったとほっとした。 |
| Task03 | C006 | 中位 | 1級 | 実績 | が | 見せる | 実績が見せる | 2004年の売り上げに近い100千台弱の実績が見せた。 |
| Task05 | C006 | 中位 | 1級 | 卒論 | を | 書く | 卒論を書く | 卒論を書くために、毎日深夜まで働かなければなりませんでした。 |
| Task05 | C006 | 中位 | 1級 | アドバイス | を | もらう | アドバイスをもらう | 医生からしばらく休んだほうがいいというアドバイスをもらいました。 |
| Task05 | C006 | 中位 | 1級 | 目標 | を | 持つ | 目標を持つ | はっきりした目標を持って前へ進むことがとても重要です。 |
| Task06 | C006 | 中位 | 1級 | 迷惑 | を | かける | 迷惑をかける | 住民たちに大変迷惑をかけると思います。 |

図4-2　抽出されたコロケーションの整理表

# 第4章 コーパス分析の研究方法【研究1と研究2】

「名詞＋動詞」コロケーションを抽出する際のコロケーションの判断は辞書を用いて行った。4.3.2では、コロケーションを自由結合、慣用句と区別する具体的な基準について述べる。

## 4.3.2 コロケーションの判断基準

第2章ではすでに述べた通り、恣意的制限を受けない自由結合から語の入れ替えのできない慣用句までは1つの連続体であり、きれいに一線を画して分かれるものではない。特に恣意的制限について、共起語がいくつまでであれば制限があるといえるかは、具体的な基準を設けても、容易に判断できるものではない。一方、コーパスからコロケーションを抽出する際に、どこまでコロケーションと見なすかはきちんと線を引かなければならない。これまでの先行研究では、辞書を用いて判断しているケースが多い（e.g., Nesselhauf, 2005; Laufer & Waldman, 2011; 劉, 2017）。本研究でも、「名詞＋動詞」語結合がコロケーションであるかを判断する際に、辞書を使用することにした。具体的にはYNU書き言葉コーパスでの産出文において、動詞が最も基本的な意味（以下、本義）で使われている場合は自由結合とした。本義の判断は、現代日本語の用例が豊富な『スーパー大辞林3.0』（2006）及び『新明解国語辞典 第六版』（2004）を用いることにした。

表4-3は「名詞＋動詞」語結合を分類する際の具体例である。動詞の本義は通常辞書の最初に挙げられるため、「本を貸す」の「貸す」のように、2つの辞書でともに1番目の意味として挙げられている場合、その意味が動詞の本義であると判断した。なお、「命令を下す」の「下す」のように、1つの辞書では1番目の意味であり、もう1つの辞書では1番目の意味ではない場合は、2つの辞書で判断できないため、『大辞泉』（CD-ROM版、第1版）（1997）を参考にした。『大辞泉』では1番目の意味でなければ、コロケーションと判断した。また、「名詞＋動詞」語結合が『日本語慣用句辞典』（2005）に掲載されており、且つ『スーパー大辞林3.0』では「句」として

挙げられている場合のみ慣用句とした。ただし、表4-3の「力を入れる」のように、両方に載っているものの、産出文における意味は比喩的な意味ではなく、個々の語から予測できる場合は、コロケーションとした。

　表4-3に挙げた例はいずれも日本語として適切な表現であり、辞書にも載っている。一方、学習者の産出のうち、表4-3のような適切な表現のほか、「記憶が下がる」のようなJNSなら使わない表現もある。このような場合は、動詞の意味が本義でなければ抽出するようにした。具体的には前述の「本を貸す」や「命令を下す」と同じ手順で行った。つまり、本研究では、コロケーションであるか否かの判断はYNU書き言葉コーパスでの実際の産出に基づいており、「記憶が下がる」のような間違った表現もコロケーションとして抽出した。

表4-3　「名詞＋動詞」語結合の分類例

| 語結合 | YNU書き言葉コーパスにおける産出例 | スーパー | 新明解 | 大辞泉 | 慣用 | 分類結果 |
|---|---|---|---|---|---|---|
| 本を貸す | その本を貸していただけませんでしょうか。 | ① | ① | — | なし | 自由結合 |
| 命令を下す | 一生二人を会わせないという命令を下した。 | ① | ② | ③ | なし | コロケーション |
| 力を入れる | 中学校の英語教育にもっと力を入れる必要があると思うけどね。 | ④、句 | ① | ⑥ | あり | 慣用句 |
| 力を入れる | あんが出ないため、口を封するとき、力を入れることに気をつけるべきである。 | ④、句 | ① | ⑥ | あり 産出文における意味は比喩的な意味ではなく、個々の語の意味から分かる。 | コロケーション |
| 足を運ぶ | 遠方に足を運んで通院するのは気の毒である。 | ②、句 | ① | ② | あり | 慣用句 |
| 風邪を引く | 寒くなってきたけど、風邪を引かないように気を付けてね。 | ⑤、句 | ① | ④ | なし | コロケーション |
| 服を作る | その手できれいな服を作ります。 | ① | ④ | ① | なし | 自由結合 |

### 4.3.3 コロケーションの許容度判定

本研究の研究1では正用コロケーション、研究2ではコロケーションの誤用について検討するため、まず学習者が使用したコロケーションは日本語として適切な表現であるかを判定する必要がある。そこで、Nesselhauf（2005）の判定手順に倣い、学習者が使用したコロケーションは日本語として許容できるかを、①日本語の辞書における掲載の有無、②大規模な母語話者コーパスにおける用例の有無、③JNSによる判定という3段階によって判定した。表4-4は、許容度判定の①から③までの詳細をまとめたものである。

表4-4 「名詞＋動詞」コロケーションの許容度判定手順

| 判定手順 | 判定基準 |
| --- | --- |
| ①辞書 | 『スーパー大辞林3.0』、『新明解国語辞典 第六版』、『研究社 日本語コロケーション辞典』：どれかの辞書に載っており、且つ産出文での使用が辞書での意味と合っていれば○ |
| ②コーパス | 辞書で判定できない場合：大規模な母語話者コーパスNLBでの出現状況によって判断する：MI≧3且つ類似の文脈での使用頻度≧5回であれば○ |
| ③母語話者 | 辞書、コーパスで○と判定できる以外のすべて：2人のJNSによる3尺度（○、△、×）判定（判定結果が異なる場合、もう1人に再判定してもらう） |

①日本語の辞書における掲載の有無を確認する際に、コロケーションの認定で使用した『スーパー大辞林3.0』（2006）と『新明解国語辞典 第六版』（2004）の2つの辞書に加え、コロケーションの用例が最も多く挙げられている『研究社 日本語コロケーション辞典』（2012）も参考にした。『研究社 日本語コロケーション辞典』では「コロケーション」という用語を用いているが、自由結合から慣用句まで検索語と共起できる語が数多く収録されている。4.3.2のコロケーションの認定には向いていないが、『スーパー大辞林3.0』、『新明解国語辞典 第六版』に比べ、コロケーションの用例が非常に多いため、学習者が使用したコロケーションは正しい日本語であるかを判断するのに役に立つ。まず、学習者が使用したコロケーションは3つの辞書

のいずれかに例として挙げられているかどうかを確認した。1つ以上の辞書において例として挙げられている場合、学習者が産出した文における意味は辞書での意味と合っているかを確認し、意味も合っていれば○と判定した。例えば、「一生二人を会わせないという命令を下した。」という文にある「命令を下す」については、辞書で検索した結果、『新明解国語辞典 第六版』の2番に「命令を下す」という例があり、意味も上記の産出文での意味と同じである。「命令を下す」は正しいコロケーションであり、産出文での使用が辞書での意味とも合っているため、○と判定する。

　①の辞書で適切な表現だと確実に判定できないものは、②大規模な母語話者コーパスでの用例の有無を確認することにした。本研究では、大規模な母語話者コーパスで判定をする際に、「現代日本語書き言葉均衡コーパス」のオンライン検索システムNLBを用いることにした。その理由は、NLBで検索する場合、用例のほか、頻度情報と共起強度（MI-score）の情報も付いているためである。学習者が使用したコロケーションには不適切なものも多いため、コーパスで許容度判定を行う際に、まず学習者が使用したコロケーションは有意義なコロケーションであるかをMI-scoreで判断してから、使用頻度が5回以上であれば、NLBでの具体的な使用例を見ることにした。通常MI-scoreが3以上であることは有意義なコロケーションの判断基準とされている（第2章参照）。○と判定する基準は、そのコロケーションがNLBにおいて学習者の産出文と類似した文脈での使用頻度が5回以上であることにした。例えば、「奨学金を増やす必要があるという声が出てくるんです。」という産出文にある「声が出る」は、①の辞書で適切な表現だと確実に判断できなかったため、NLBで検索した。その結果、NLBにおいて「声が出る」は365回もあったが、「あっ、思わず声が出た」という文脈で使用されており、「意見が上がる」の意味ではない。つまり、学習者の産出文での使用はNLBでの文脈と異なり、学習者が使用した「声が出る」は①の辞書と②のコーパスで○と判定できない表現である。

# 第 4 章　コーパス分析の研究方法【研究 1 と研究 2】

　①と②は筆者が判定を行い、確実に正用（○）だと判定できない「声が出る」のようなものは、すべて③の手順でJNSに判定してもらうことにした。コロケーションの許容度判定に協力してくれたJNSは、全員日本語教育を専攻とする20代の大学院生で、日本語教育の経験者である。JNSに判定してもらう際には、Nesselhauf（2005）と同様に、学習者が使用したコロケーションだけでなく、そのコロケーションが使用されているYNU書き言葉コーパスでの産出文も提示した。産出文は基本的には1センテンス単位で提示するようにしたが、使用されるコロケーションの意味が前後の文脈がなければ分かりにくい場合、前後の文脈が分かる範囲で提示した。また、YNU書き言葉コーパスでの産出文における使用は、「適切であり、完全に許容できる（○）」、「少々問題がある、或いはもっと適切な表現があるが許容できる（△）」、「完全に許容できない（×）」という3つの基準を事前に設け、それに従い、判定してもらうようにした。△や×と判定されたものに関しては、その訂正案も書いてもらうようにした。まずJNS2人に判定してもらった。2人の判定結果が一致しない場合は、もう1人に再判定してもらい、3人の判定結果で総合的に最終の結果を出した。JNSによる許容度判定の具体例は表4-5に示す。

　4.3.2で述べたように、本研究では学習者の産出をもとにコロケーションを認定している。そのため、△や×と判定されたものに対する母語話者の訂正案が必ずしもコロケーションであるとは限らない（例えば、表4-5にある「牛を放牧する」）。また、母語話者に許容度判定をしてもらう際に、産出文における使用（語尾変化や助詞、補助動詞なども含め）も見るように依頼したため、名詞と動詞が合っていても、「船を乗る」のように、助詞が間違っている場合も誤用とした。

表4-5　JNSによる許容度判定の具体例[①]

| コロケーション | YNU 書き言葉コーパスでの産出文の例 | 判定者 A | 判定者 B | 判定者 C | 最終結果 | 訂正案 |
|---|---|---|---|---|---|---|
| 成績を取る | 自分にはとても満足した成績を取れたし、大学にも行けたけど、やはり留学の道を選んだ。 | ○ | ○ | ― | ○ | ― |
| 記憶が下がる | 人はどんどん年を取るようになって記憶が下がる一方で勉強したくても…（略） | × | × | ― | × | 記憶力が下がる |
| 興味を育てる | 興味を育てるのは一番重要なことだと思います。 | ○ | × | ○ | ○ | ― |
| 牛を放す | その男の人は「彦星」と言って、牛を放す人です。 | × | ○ | × | × | 牛を放牧する |
| 声が出る | 奨学金を増やす必要があるという声が出てくるんです。 | △ | ○ | △ | △ | 声が上がる |
| 船を乗る | 船を乗って湖の景色を楽しんでもいいと思います。 | × | △ | × | × | 船に乗る |
| 疑問を抱く | 女性が子供を生む時、また体に疑問を抱いている時、遠くまで行かなければならない。 | × | ○ | △ | △ | 不安を抱く |

### 4.3.4　誤用における母語の影響の判断

　上級CJLが使用したコロケーションのうち、許容度判定で△や×と判定されたものは母語である中国語の影響を受けているかを見るために、Laufer and Waldman（2011）の判断方法に倣い、日本の大学院に在籍し、日本語教育を専攻とする中国語母語話者2人に判断してもらった。中国語母語話者に判断してもらう際に、コロケーションの許容度判定と同様に、学習者が使用したコロケーションとその産出文の両方を提示した。産出文における使用が中国語の影響を受けているかを直感的に判断してもらい、コロケーションの

---

[①] 「牛を放す」は、Googleで検索すれば、用例もたくさん出るが、「牛を放牧する」より頻度がずっと低い。また、Googleでの用例はすべてJNSの発話であるとは限らない。NLBで検索できるのは様々なジャンルのデータをサンプリングした現代日本語の書き言葉コーパスでの用例であり、当然Googleより用例数は少なくなる。本書では、辞書やNLBに出ておらず、しかもJNSに不適切だと判断されたものを誤用としている。「牛を放す」はNLBに出ておらず、JNSの2人に×と判断されているため、本書の基準では誤用である。

# 第 4 章　コーパス分析の研究方法【研究 1 と研究 2】

中国語訳も書いてもらった。2人の判断が一致しない場合、4.3.3の許容度判定と同じように、もう1人に再判断してもらい、3人の判断で総合的に結果を出した。なお、ここでの判断はあくまでも中国語母語話者の直感によるものであり、母語の影響を受けていると判断された誤用はKJLに同じものがないかも1つの課題として研究2において検討する。

# 第5章　研究1：母語話者との使用上の違い

　第5章では、研究1の結果と考察について報告する。研究1では上級CJLとJNSとのコロケーション使用上の違いを明らかにすることを目的としている。上級CJLが使用したコロケーションのうち、研究1の分析対象となるのは、許容度判定で〇と判定された正用コロケーションである。

## 5.1　研究課題

研究1の課題は以下の通りである。
課題1：上級CJLはJNSに比べ、「名詞＋動詞」コロケーションの全体的な使用頻度において過少使用が見られるか。
課題2：上級CJLはJNSに比べ、高頻度コロケーションの過剰使用と共起強度の高いコロケーションの過少使用が見られるか。
課題3：上級CJLは、具体的な「名詞＋動詞」コロケーションの使用においてJNSと違いが見られるか。

## 5.2 研究方法

### 5.2.1 分析データ

研究1では、YNU書き言葉コーパスにおける上級CJL 30名とJNS 30名のデータを分析する。上級CJLのコロケーション使用には誤用も多く存在するが、母語話者であるJNSのコロケーション使用は基本的に適切なものである。そのため、上級CJLの誤用を含めたデータを用いて、規範となるJNSのコロケーション使用と比較するのは妥当ではないと考える。そこで、英語学習者のコロケーション使用を調査したLaufer and Waldman（2011）と同様に、上級CJLの正用コロケーションのみを比較の対象項目とする。

### 5.2.2 分析方法

課題1では、L2英語のコロケーション使用を調査した研究で指摘された、上級英語学習者が英語母語話者に比べコロケーションを過少使用するという現象が上級CJLにも見られるかを調査する。前章の4.2の表4-2に示したように、上級CJL 30名とJNS 30名の作文データのサイズは異なる。YNU書き言葉コーパスでの実際の使用頻度を用いて比較することはあまり意味を持たないため、Laufer and Waldman（2011）と同様に、作文データの語数を同じ総語数と仮定した際の使用頻度、すなわち相対頻度を用いて比較することにする。本研究では、コーパスサイズを延べ語数10万語、異なり語数5,000語当たりの相対頻度を用いて比較する。また、全体的な使用頻度に有意な差が見られるかを調べる際に、推測統計であるカイ二乗検定を用いる。

課題2では、Durrant and Schmitt（2009）に指摘された、上級学習者が母語話者に比べ高頻度コロケーションの過剰使用と共起強度の高いコロケーションの過少使用が見られるという問題が上級CJLにも見られるかについて調査する。まず、上級CJLとJNSが使用したコロケーションをNLBで検索にかけ、NLBにおける頻度と共起強度の情報を取り出す。次に、Durrant and

Schmitt（2009）に倣い、上級CJLとJNSが使用したコロケーションをそれぞれNLBにおける頻度と共起強度によってグループ分けをし、各グループにおけるコロケーションの使用割合に違いが見られるかを調査する。課題2は、課題1と同様にカイ二乗検定を用いて分析する。

課題3では、YNU書き言葉コーパスにおいて、上級CJLとJNSのそれぞれ使用頻度上位30位のコロケーションを取り上げ、上級CJLとJNSとの使用上の違いについて検討する。

## 5.3 結果

本節では研究1の結果について報告する。各課題の結果を報告する前に、まず5.3.1では上級CJLとJNSが使用した「名詞＋動詞」コロケーションの全体像について述べる。

### 5.3.1 全体的な結果

表5-1は上級CJLが使用した「名詞＋動詞」コロケーションに対する許容度判定の結果である。上級CJL 30名が使用した「名詞＋動詞」コロケーションは、延べ頻度910回、異なり頻度552回であった。「延べ頻度」とはコロケーションを何回使用したかという使用の回数（トークン）を数えた数であり、「異なり頻度」とは使用した異なるコロケーションの数（タイプ）である。例えば、上級CJLが「時間がある」を9回、「時間がかかる」を6回使用した場合、コロケーションの延べ頻度は15回で、異なり頻度は2回になる。

4.3.3で述べた許容度判定の手順に従い、許容度判定を行った結果、上級CJLにおける「名詞＋動詞」コロケーションの誤用（△＋×）頻度は、延べ頻度、異なり頻度においてそれぞれ140回（15.38%）、128回（23.19%）であった。誤用の割合は、Laufer and Waldman（2011）、Nesselhauf（2003, 2005）で報告された1/3より低いが、上級CJLの「名詞＋動詞」コロケーションの誤用は2割前後もあり、無視できない割合だといえよう。

第5章　研究1：母語話者との使用上の違い

表5-1　上級CJLが使用したコロケーションの許容度判定の結果

|  | 延べ頻度 | | | | 異なり頻度 | | | |
| --- | --- | --- | --- | --- | --- | --- | --- | --- |
|  | ○ | △ | × | 合計 | ○ | △ | × | 合計 |
| コロケーション | 770 | 67 | 73 | 910 | 424 | 58 | 70 | 552 |
| 割合 | 84.62% | 7.36% | 8.02% | 100% | 76.81% | 10.51% | 12.68% | 100% |

　JNSが使用した「名詞＋動詞」コロケーションについては、許容度判定を行わなかったが、上級CJLに△や×と判定されたものと同じ表現[①]を除外した。JNS 30名から抽出された「名詞＋動詞」コロケーションは延べ頻度605回、異なり頻度398回であった[②]。

　次に、NLBにおける出現頻度と共起強度（MI-score）によって、上級CJLとJNSが使用したコロケーションを3つのグループに分けた。第2章の2.3.1で説明したように、一般的にはMI-score≧3の場合は有意義なコロケーションであるとされている。ただし、大規模な母語話者コーパスにおける出現頻度があまりにも低い場合はMI-scoreの信頼性も低い（Li & Schmitt, 2010）ため、本書では、NLBでのMI-scoreが3以上であることと、NLBでの出現頻度が5回以上であることをグループ分けの基準とした。出現頻度の基準を5回にしたのは、先行研究のNesselhauf（2005）とDurrant and Schmitt（2009）を参考にしたためである。その結果、上級CJLとJNSが使用したコロケーションは、①NLBにおける出現頻度が5回未満、②NLBにおける出現頻度が5回以上且つMI-scoreが3以上、③NLBにおける出現頻度が5回以上且つMI-scoreが3未満という3つのグループに分けられた（表5-2）。

---

[①]　除外したのは「年を明ける（×）」「産婦人科を持つ（△）」「リハビリテーション科を持つ（△）」の3例である。
[②]　上級CJLの誤用と同じ表現（上記の3例）を除外した後のデータである。

表5-2　上級CJLとJNSの「名詞＋動詞」コロケーションの使用状況[①]

|  | 上級 CJL | | JNS | |
| --- | --- | --- | --- | --- |
|  | 延べ頻度 | 異なり頻度 | 延べ頻度 | 異なり頻度 |
| NLB 出現頻度＜ 5 | 149[169] | 120[149] | 142[181] | 103[142] |
| NLB 出現頻度≧ 5, MI ≧ 3 | **616[698]** | **300[373]** | **462[588]** | **294[405]** |
| NLB 出現頻度≧ 5, MI ＜ 3 | 5[ 6] | 4[ 5] | 1[ 1] | 1[ 1] |
| 合計 | 770[873] | 424[527] | 605[770] | 398[548] |
| NLB 出現頻度≧ 5, MI ≧ 3 の割合 | 79.87% | 70.75% | 76.36% | 73.91% |
| NLB 出現頻度≧ 5, MI ≧ 3 の TTR | 48.78% | | 68.88% | |

　表5-2の［　］の隣にある数値はYNU書き言葉コーパスにおけるコロケーションの実際の使用頻度であり、［　］内の数値は上級CJLとJNSのコーパスサイズを延べ語数10万語、異なり語数5,000語に統一した場合に換算されたコロケーションの相対頻度である。例えば、太字となっている部分を見ていくと、上級CJLはYNU書き言葉コーパスにおいて、NLBにおける出現頻度が5回以上且つMI-scoreが3以上のコロケーションを616回使用した。それをコーパスサイズ10万語当たりの相対頻度に換算すると698回になる。最後のTTR（type-token ratio）は、元々延べ語数に対する異なり語数の比率で語彙の豊富さを示す指標であるが、本書では、コロケーションの異なり頻度が延べ頻度に占める割合でコロケーションの豊かさを示す指標として使用している。

　上述の通り、NLBでの出現頻度が5回未満で非常に低い場合はMI-scoreの信頼性も低い。また、NLBでの出現頻度が5回以上であるが、MI-scoreが3未満の場合は厳密には有意義なコロケーションではない。そのため、以下、上級CJLとJNSの「名詞＋動詞」コロケーションの使用について比較する際に、NLBにおける出現頻度が5回以上且つ共起強度が3以上のもの（表5-2に太字で示す部分）に限定し、検討していく。なお、これらのコロケーション

---

[①] NLBで検索する際に、名詞で検索することに統一した。「救急車」など検索できない名詞は、出現頻度＜ 5 に振り分けた。また、NLBでは、「年をとる」と「年を取る」のように、動詞に漢字がある場合とない場合が分かれていることもある。本研究では、出現頻度は合計したが、MI-scoreは高いほうを採用した。

の一覧は稿末資料2を参照されたい。

## 5.3.2　全体的な使用頻度における過少・過剰使用

表5-2の記述データを見ると、コロケーションの延べ頻度においては上級CJL（698回）はJNS（588回）より多いが、異なり頻度においては上級CJL（373回）はJNS（405回）より少ないことが分かる。この記述データから見られた差が統計的に有意な差であるかを確認するために、SPSS（Ver. 23）を用いて5％水準でカイ二乗検定（適合度の検定）を行った。その結果、延べ頻度においては小さい効果量[①]で上級CJLはJNSより有意に多かった（$\chi^2$（1, 1,286）＝9.409, $p$＝.002, $w$＝.086[②]）が、異なり頻度においては有意な差が見られなかった（$\chi^2$（1, 778）＝1.316, $p$＝.251, $w$＝.042）。つまり、英語学習者を対象とした多くの研究（e.g., Howarth, 1998; Laufer & Waldman, 2011）で指摘されたことと異なり、上級CJLは「名詞＋動詞」コロケーションの使用において過少使用が見られなかった。上級CJLは同じ内容を表現するために、JNS以上に「名詞＋動詞」コロケーションを使用することを示唆している。異なり頻度はほぼ同程度であることから、上級CJLはJNSに比べ、同じコロケーションを繰り返して使用することが多いと推測できるが、5.3.4で具体的に見ていく。

## 5.3.3　コロケーションの頻度と共起強度による使用上の違い

本節では、英語学習者を対象とした研究で指摘されている、学習者が母語話者に比べ、高頻度コロケーションの過剰使用、共起強度の高いコロケーションの過少使用があるという現象が、上級CJLにも見られるかを検討する。分析するデータは5.3.2と同様、NLBにおける出現頻度が5回以上且つMI-

---

[①] 竹内・水本（2014, p. 355）は、カイ二乗検定の効果量（適合度の検定の$w$と独立性検定のCramer's $V$）の大きさの目安について次のように提示している：.10＝小、.30＝中、.50＝大。

[②] カイ二乗検定（適合度の検定）の場合、SPSSで効果量$w$の出力がないため、ここで示した効果量は豊田（2009, p. 91）の式を用いて算出したものである。

scoreが3以上のコロケーションである。

### 5.3.3.1 コロケーションのNLBにおける頻度による使用上の違い

まず、NLBにおける出現頻度に基づいて、上級CJLとJNSが使用したコロケーションをグループ分けするようにした。Durrant and Schmitt（2009）では、コロケーションの頻度を示す指標であるt-scoreを用いてグループ分けをしたが、NLBにおいてはt-scoreの出力がないため、本研究ではYoon（2016）に倣い、NLBにおける実際の出現頻度によって上級CJLとJNSが使用したコロケーションをそれぞれ11グループに分けた。グループ分けの基準は、NLBでの出現頻度が、5-10、11-20、21-30、31-40、41-50、51-100、101-200、201-300、301-400、401-500、>500である。グループ分けの結果は、表5-3に示す通りである。

表5-3　NLBでの出現頻度によるグループ分けの結果

| | | NLBにおける出現頻度 | | | | | | | | | | 合計 |
|---|---|---|---|---|---|---|---|---|---|---|---|---|
| | | 5-10 | 11-20 | 21-30 | 31-40 | 41-50 | 51-100 | 101-200 | 201-300 | 301-400 | 401-500 | >500 | |
| 上級CJL | 延べ頻度 | 27 | 39 | 46 | 31 | 23 | 67 | 139 | 51 | 23 | 13 | 157 | 616 |
| | 割合（%） | 4.37 | 6.31 | 7.47 | 5.02 | 3.72 | 10.88 | 22.49 | 8.25 | 3.72 | 2.10 | 25.49 | 100 |
| | 異なり頻度 | 24 | 32 | 21 | 20 | 12 | 51 | 52 | 24 | 12 | 11 | 41 | 300 |
| | 割合（%） | 7.95 | 10.60 | 7.00 | 6.62 | 3.97 | 17.00 | 17.22 | 7.95 | 3.97 | 3.64 | 13.67 | 100 |
| JNS | 延べ頻度 | 40 | 34 | 45 | 51 | 16 | 65 | 81 | 31 | 15 | 12 | 72 | 462 |
| | 割合（%） | 8.66 | 7.36 | 9.74 | 11.04 | 3.46 | 14.07 | 17.53 | 6.71 | 3.25 | 2.60 | 15.58 | 100 |
| | 異なり頻度 | 30 | 32 | 28 | 22 | 15 | 52 | 41 | 19 | 10 | 11 | 34 | 294 |
| | 割合（%） | 10.20 | 10.88 | 9.52 | 7.48 | 5.10 | 17.69 | 13.95 | 6.46 | 3.40 | 3.74 | 11.56 | 100 |

表5-3の上の段は上級CJLで、下の段はJNSである。延べ頻度と異なり頻度はYNU書き言葉コーパスでの実際の使用頻度である。太字の部分は各グループのコロケーションの割合である。例えば、上級CJLが使用した延べ頻度616回のうち、NLBでの出現頻度が5-10回のコロケーションは27回あり、上級CJLが使用したコロケーション全体（616回）の4.37%を占める。よって、表5-3の5-10回の列に、延べ頻度27、割合4.37になる。

第5章　研究1：母語話者との使用上の違い

　表5-3の太字の部分を視覚的に表したのが図5-1と図5-2である。図5-1は上級CJLとJNSが使用した各頻度（NLBにおける頻度）グループのコロケーションがYNU書き言葉コーパスでの延べ頻度に占める割合である。縦軸は各頻度グループの割合で、横軸は各頻度グループである。図5-2は上級CJLとJNSが使用した各頻度（NLBにおける頻度）グループのコロケーションがYNU書き言葉コーパスでの異なり頻度に占める割合である。図5-1と同様、縦軸は各頻度グループの割合で、横軸は各頻度グループである。

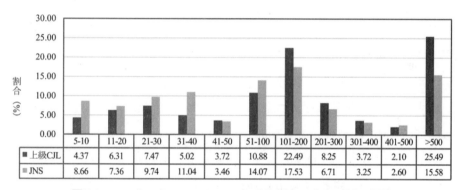

図5-1　コロケーションのNLBにおける頻度の分布（延べ頻度）

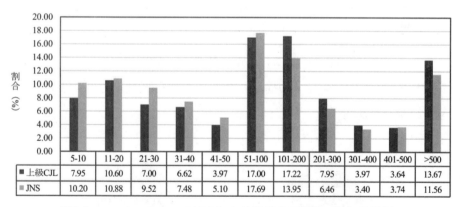

図5-2　コロケーションのNLBにおける頻度の分布（異なり頻度）

　まず、各グループのコロケーションの延べ頻度に占める割合について見る。図5-1から分かるように、JNSが使用割合の高いグループ（NLBでの出現

頻度101-200: 17.53%、>500: 15.58%）は、上級CJLの使用割合（NLBでの出現頻度101-200: 22.49%; >500: 25.49%）も高い。また、JNSが使用割合の低いグループ（NLBでの出現頻度401-500: 2.60%; 301-400: 3.25%）は、上級CJLの使用割合（NLBでの出現頻度401-500: 2.10%; 301-400: 3.72%）も低い。つまり、全体的な使用傾向は上級CJLとJNSが同じである。上級CJLとJNSのデータは同じ作文タスクで収集されたものであるため、コロケーションの使用傾向が似ているのは当然のことだと考える。一方、同じグループに振り分けられたコロケーションの割合を見ると、延べ頻度での割合であるか異なり頻度での割合であるかに関わらず、わずかながら上級CJLはJNSに比べ、NLBでの出現頻度が100回以下の各グループのコロケーションを少なく使用するのに対し、NLBでの出現頻度が100回を超えた各グループのコロケーションを多く使用する傾向が見られる。つまり、NLBでの出現頻度が100回を境目に、上級CJLはNLBでの出現頻度≦100回のコロケーションをJNSより少なく使用し、NLBでの出現頻度>100回のコロケーションを多く使用する傾向がある。

次に、NLBでの出現頻度≦100回のコロケーションを低頻度コロケーション、NLBでの出現頻度>100回のコロケーションを高頻度コロケーションとし、上級CJLとJNSについてそれぞれ低頻度と高頻度コロケーションの使用割合を算出した。その結果を視覚的に表したのが図5-3と図5-4である。図5-3はコロケーションの延べ頻度における低頻度と高頻度コロケーションの割合で、図5-4はコロケーションの異なり頻度における低頻度と高頻度コロケーションの割合である。

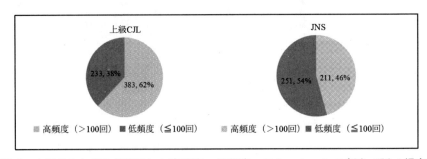

図5-3　上級CJLとJNSが使用した高頻度・低頻度コロケーションの割合（延べ頻度）

第 5 章 研究 1：母語話者との使用上の違い

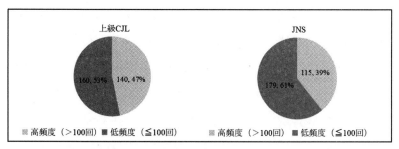

**図5-4　上級CJLとJNSが使用した高頻度・低頻度コロケーションの割合（異なり頻度）**

　図5-3から分かるように、上級CJLが使用したコロケーションの延べ頻度においては、62%（383回）が高頻度コロケーションであり、低頻度コロケーションは38%（233回）で割合が低い。それに対し、JNSの場合は低頻度コロケーションが54%（251回）と高い。コロケーションの延べ頻度において、上級CJLとJNSは低頻度と高頻度コロケーションの使用に偏りが見られるかを確認するために、カイ二乗検定（独立性の検定）を行った。その結果、上級CJLとJNSは低頻度と高頻度コロケーションの使用において小さい効果量で偏りがあることが確認された（$\chi^2$ (1, 1078) =28.488, $p$<.001, Cramer's $V$=.16）。つまり、上級CJLはJNSに比べ、低頻度コロケーションの使用が有意に少なく、高頻度コロケーションの使用が有意に多いことが明らかになった。このことから、上級CJLはJNSに比べ、高頻度コロケーションに頼っていることが分かる。この結果は、英語学習者のコロケーション使用を母語話者と比較したDurrant and Schmitt（2009）の結果とも一致している。

　コロケーションの異なり頻度においては、記述統計上、低頻度コロケーションの使用は、上級CJLとJNSのどちらも50%を超えているが、上級CJLの53%はJNSの61%より低いことから、上級CJLはJNSより低頻度コロケーションを少なく使用する傾向があることもいえる。なお、異なり頻度においては上級CJLとJNSの間に有意な差が認められるほどではなかった（$\chi^2$ (1, 596) =3.456, $p$=.063, Cramer's $V$=.076）。

**5.3.3.2　コロケーションのNLBにおける共起強度による使用上の違い**

　次に、NLBでの共起強度（MI-score）によって、上級CJLのコロケーショ

ン使用はJNSと違いが見られるかを調べる。Durrant and Schmitt（2009）を参考に、上級CJLとJNSが使用したコロケーションをNLBでのMI-scoreに基づいて、それぞれ10グループに分けた（表5-4）。グループ分けの基準は、MI-scoreが3-3.99、4-4.99、5-5.99、6-6.99、7-7.99、8-8.99、9-9.99、10-10.99、11-11.99、≧12である。グループ分けをした後、5.3.3.1の頻度に関する検討と同じ方法で、MI-scoreの各グループに振り分けられたコロケーションの延べ頻度と異なり頻度における割合を算出した（表5-4の太字の部分）。

表5-4　NLBでの共起強度（MI-score）によるグループ分けの結果

| | | NLBにおけるMI-score | | | | | | | | | | 合計 |
|---|---|---|---|---|---|---|---|---|---|---|---|---|
| | | 3-3.99 | 4-4.99 | 5-5.99 | 6-6.99 | 7-7.99 | 8-8.99 | 9-9.99 | 10-10.99 | 11-11.99 | ≧12 | |
| 上級CJL | 延べ頻度 | 13 | 38 | 46 | 79 | 125 | 65 | 101 | 59 | 35 | 55 | 616 |
| | 割合（%） | **2.10** | **6.17** | **7.44** | **12.82** | **20.23** | **10.52** | **16.34** | **9.55** | **5.66** | **8.90** | 100 |
| | 異なり頻度 | 10 | 14 | 35 | 39 | 56 | 38 | 35 | 25 | 19 | 29 | 300 |
| | 割合（%） | **3.31** | **4.67** | **11.59** | **13.00** | **18.54** | **12.58** | **11.59** | **8.28** | **6.29** | **9.60** | 100 |
| JNS | 延べ頻度 | 8 | 30 | 31 | 46 | 87 | 56 | 44 | 58 | 35 | 67 | 462 |
| | 割合（%） | **1.73** | **6.49** | **6.71** | **9.96** | **18.83** | **12.12** | **9.52** | **12.55** | **7.58** | **14.50** | 100 |
| | 異なり頻度 | 8 | 20 | 26 | 35 | 48 | 29 | 33 | 35 | 21 | 39 | 294 |
| | 割合（%） | **2.72** | **6.80** | **8.84** | **11.90** | **16.33** | **9.86** | **11.22** | **11.90** | **7.14** | **13.27** | 100 |

　表5-4の上の段は上級CJLで、下の段はJNSである。延べ頻度と異なり頻度はYNU書き言葉コーパスにおける実際の使用頻度である。太字の部分は各グループにおけるコロケーションの割合を示している。例えば、上級CJLが使用した延べ頻度616回のうち、NLBでのMI-scoreが3-3.99のコロケーションは13回あるため、上級CJLが使用したコロケーション全体（616回）の2.10%を占めることになる。よって、表5-4の3-3.99の列に、延べ頻度13、割合2.10になる。

　表5-4の太字部分を視覚的に表したのが図5-5と図5-6である。図5-5は各MI-scoreグループでのコロケーションがYNU書き言葉コーパスでの延べ頻度に占める割合である。縦軸は各MI-scoreグループの割合で、横軸は各MI-scoreグループである。図5-6は各MI-scoreグループでのコロケーションがYNU書

き言葉コーパスでの異なり頻度に占める割合である。図5-5と同様、縦軸は各MI-scoreグループの割合で、横軸は各MI-scoreグループである。

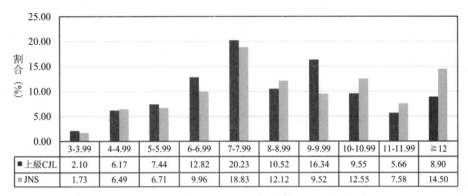

図5-5　コロケーションのNLBにおけるMI-scoreの分布（延べ頻度）

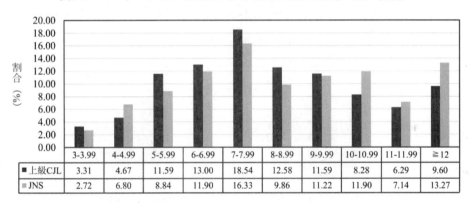

図5-6　コロケーションのNLBにおけるMI-scoreの分布（異なり頻度）

まず、各グループのコロケーションの延べ頻度に占める割合について見る。図5-5から分かるように、JNSが使用割合の高いグループ（MI-score 7-7.99: 18.83%）は、上級CJLの使用割合（20.23%）も高い。JNSが使用割合の低いグループ（MI-score 3-3.99: 1.73%）は、上級CJLの使用割合（2.10%）も低い。つまり、MI-scoreの各グループにおける使用は上級CJLとJNSが同じ傾向を見せている。一方、同じグループに振り分けられたコロケーションの割合を見ると、延べ頻度での割合であるか異なり頻度での割合であるかに関

わらず、わずかながら上級CJLはJNSに比べ、MI-score＜10の各グループのコロケーションの使用が多く、MI-score≧10の各グループのコロケーションの使用が少ない傾向が見られる。つまり、NLBにおける共起強度が10であることを境目に、上級CJLはJNSに比べ、MI-score＜10の共起強度の低いコロケーションを多く使用し、MI-score≧10の共起強度の高いコロケーションの使用が少ない傾向がある。

次に、NLBにおけるMI-score＜10のコロケーションを共起強度の低い（低MI）コロケーション、NLBにおけるMI-score≧10のコロケーションを共起強度の高い（高MI）コロケーションとし、上級CJLとJNSについてそれぞれ低MIと高MIコロケーションの割合を算出した。図5-7と図5-8はその結果を視覚的に表したものである。図5-7はコロケーションの延べ頻度における低MIと高MIコロケーションの割合で、図5-8はコロケーションの異なり頻度における低MIと高MIコロケーションの割合である。

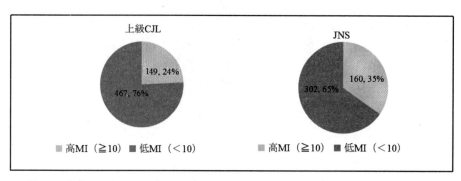

図5-7　上級CJLとJNSにおける高MI・低MIコロケーションの使用（延べ頻度）

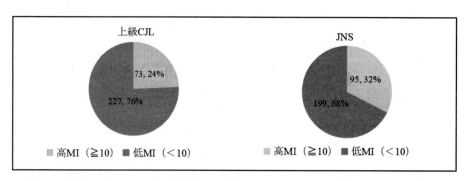

図5-8　上級CJLとJNSにおける高MI・低MIコロケーションの使用（異なり頻度）

図5-7から分かるように、上級CJLが使用したコロケーションにおいて、低MIコロケーションは76%（延べ頻度467回；異なり頻度227回）であるが、高MIコロケーションは24%（延べ頻度149回；異なり頻度73回）で割合が低い。JNSにおいても、低MIコロケーションは延べ頻度302回（65%）、異なり頻度199回（68%）と割合が高く、上級CJLと同じ傾向を見せている。一方、同じMI-scoreグループの使用割合を見ると、上級CJLとJNSの違いが見えてくる。図5-7の延べ頻度での割合は、上級CJLが使用した高MIコロケーションが24%（149回）で、JNSの35%（160回）より低い。図5-8の異なり頻度を見ても、同様のことがいえる。

次に、上級CJLはJNSに比べ、低MIと高MIコロケーションの使用に偏りが見られるかを確認するために、カイ二乗検定（独立性の検定）を行った。その結果、延べ頻度においては、上級CJLはJNSに比べ、低MIと高MIコロケーションの使用に小さい効果量で偏りがあることが確認された（$\chi^2$ (1, 1078) =14.082, $p$<.001, Cramer's $V$=.114）。つまり、上級CJLはJNSに比べ、低MIコロケーションの使用が有意に多く、高MIコロケーションの使用が有意に少なかった。異なり頻度においても、わずかながら有意な差が見られた（$\chi^2$ (1, 594) =4.661, $p$=.031, Cramer's $V$=.089）。延べ頻度と同様に、上級CJLはJNSに比べ、低MIコロケーションの使用が有意に多く、高MIコロケーションの使用が有意に少ないことが確認された。Durrant and Schmitt (2009) の上級英語学習者に関する指摘にあったように、上級CJLもJNSに比べ、共起強度の低いコロケーション（MI-score＜10）を有意に多く使用し、共起強度の高いコロケーション（MI-score≧10）の使用が有意に少なかった。

### 5.3.4 具体的なコロケーション使用における違い

課題3では具体的なコロケーションの使用における違いについて検討するが、その前に、まず全体的に上級CJLとJNSがともに使用したコロケーショ

ンはどのくらいあるかを報告する。作文タスクが同じであるため、上級CJLとJNSがともに使用したコロケーションの割合も高いだろうと予想されるが、上級CJLとJNSが使用したコロケーションを、①上級CJLのみが使用したもの、②JNSのみが使用したもの、③両方が使用したもの、の3種類に分類したところ、③の両方が使用したものは2割程度しかないことが分かった（表5-5）。上級CJLは、同じ事柄を説明する際に、JNSと異なる表現を使用する傾向があるといえよう。この結果は、上級CJLが使用したコロケーションは母語話者に許容できるものの、まだPawley and Syder（1983）が述べた「母語話者並みの選択」に達していないことを示唆している。

表5-5　上級CJLとJNSにおけるコロケーションの使用分布

|  | CJLのみ使用 | CJLとJNSの両方使用 | JNSのみ使用 |
| --- | --- | --- | --- |
| 上級CJL | 233（77.67%） | 67（22.33%） | |
| JNS | | 67（22.79%） | 227（77.21%） |

・ここで示した数字は異なり頻度である。

　では、上級CJLとJNSがそれぞれ使用頻度の高いコロケーションに絞った場合はどのような結果になるだろう。表5-6はYNU書き言葉コーパスにおける上級CJLとJNSのそれぞれ使用頻度①上位30位のコロケーションである。表にある「YNU頻度」の列は、そのコロケーションのYNU書き言葉コーパスでの使用回数である。「JNS頻度」または「上級CJL頻度」は、YNU書き言葉コーパスにおいて、JNSまたは上級CJLがそのコロケーションを何回使用したかという使用回数のこと②であり、表5-6の使用頻度上位30位に限定していない。例えば、JNSの12位である「相談に乗る」は、上級CJLの場合は、上位30位には入っていないが、上級CJLも2回使用したため、「上級CJL頻度」のところは2である。網掛けをしている部分は、使用頻度が上位30位の

---

① YNU書き言葉コーパスでの実際の使用回数である。
② NLBにおける出現頻度が5回以上且つMI-scoreが3以上のコロケーションに限定している。

第5章 研究1：母語話者との使用上の違い

うち、上級CJLとJNSで共通しているコロケーションである。★が付いている項目は、使用頻度上位30位のうち、JNSが同じ意味を表す際に、上級CJLが使用した動詞に加え、ほかの動詞も使用した項目である。

表5-6 上級CJLとJNSそれぞれ使用頻度上位30位のコロケーション

| | 上級CJL 上位30位 | | | | JNS 上位30位 | | |
|---|---|---|---|---|---|---|---|
| 順位 | コロケーション | YNU頻度 | JNS頻度 | 順位 | コロケーション | YNU頻度 | 上級CJL頻度 |
| 1 | 論文を書く | 42 | 2 | 1 | レポートを書く | 21 | 4 |
| 2 | ★橋を作る | 15 | 7 | 2 | ★意見が出る | 13 | 3 |
| 3 | 必要がある | 15 | 4 | 3 | お願いがある | 10 | 14 |
| 4 | お願いがある | 14 | 10 | 4 | 本を読む | 10 | 6 |
| 5 | 文句を言う | 12 | 0 | 5 | ほこりを被る | 8 | 0 |
| 6 | 本を持つ | 11 | 6 | 6 | ★橋を作る | 7 | 15 |
| 7 | 生活を送る | 10 | 4 | 7 | 事故にあう | 7 | 4 |
| 8 | 恋に落ちる | 10 | 4 | 8 | 本を持つ | 6 | 11 |
| 9 | 時間がある | 9 | 6 | 9 | 時間がある | 6 | 9 |
| 10 | 経験がある | 9 | 1 | 10 | 英語に親しむ | 6 | 1 |
| 11 | 役に立てる | 7 | 5 | 11 | 役に立てる | 5 | 7 |
| 12 | ★興味がある | 7 | 4 | 12 | 相談に乗る | 5 | 2 |
| 13 | 本を読む | 6 | 10 | 13 | 必要がある | 4 | 15 |
| 14 | 元気を出す | 6 | 1 | 14 | 生活を送る | 4 | 10 |
| 15 | 時間がかかる | 6 | 1 | 15 | 恋に落ちる | 4 | 10 |
| 16 | メールを読む | 6 | 0 | 16 | ★興味がある | 4 | 7 |
| 17 | 自信を持つ | 6 | 0 | 17 | ★興味を持つ | 4 | 2 |
| 18 | ★意見がある | 5 | 2 | 18 | 要望がある | 4 | 1 |
| 19 | 人気がある | 5 | 2 | 19 | だしをとる | 4 | 0 |
| 20 | 不安を感じる | 5 | 1 | 20 | 音を立てる | 4 | 0 |
| 21 | 迷惑をかける | 5 | 1 | 21 | 遅れをとる | 4 | 0 |
| 22 | 問題がある | 5 | 1 | 22 | ★橋をかける | 3 | 2 |
| 23 | 影響を与える | 5 | 0 | 23 | 味をつける | 3 | 2 |
| 24 | 面倒を見る | 5 | 0 | 24 | 英語を話す | 3 | 0 |
| 25 | レポートを書く | 4 | 21 | 25 | 時間をかける | 3 | 0 |
| 26 | 事故にあう | 4 | 7 | 26 | 醤油をつける | 3 | 0 |
| 27 | 影響が出る | 4 | 1 | 27 | 毎日を送る | 3 | 0 |
| 28 | 機会がある | 4 | 1 | 28 | 要望があがる | 3 | 0 |
| 29 | 力を借りる | 4 | 1 | 29 | 論文を書く | 2 | 42 |
| 30 | 意見を言う | 4 | 0 | 30 | ★意見がある | 2 | 5 |

まず、使用頻度上位30位のうち、上級CJLとJNSの両方が使用したコロケーションについて見る。網掛けをしている部分を数えると分かるが、使用頻度上位30位のうち、上級CJLとJNSの両方が使用したコロケーションは14例で、50％近くを占める。つまり、上級CJLとJNSがともに頻繁に使用したコロケーションには共通するものが多い。上級CJLとJNSのコロケーションは同じタスクで書かれた作文から抽出されたものであるため、使用頻度の高いコロケーションには同じものが多いことは当然とも考えられる。

　一方、上級CJLとJNSにおける同じ順位のコロケーションを見ると、上級CJLはJNSより使用頻度が高いことが分かる。上級CJLにおいて使用頻度が1位の「論文を書く」は42回もあるのに対し、JNSにおいて使用頻度が1位の「レポートを書く」は21回で、上級CJLの50％しかない。つまり、上級CJLは上位30位のコロケーション使用において、JNSより繰り返しが多い。これは、5.3.2の「上級CJLは同じコロケーションを繰り返して使用することが多い」という推測を裏づける結果でもある。

　また、★が付いている項目に目を向けると両者に違いがあることに気づく。上級CJLの上位30位のうち、「意見がある」（5回）というコロケーションがあるが、JNSによく使用されているのが「意見がある」（2回）ではなく、「意見が出る」（13回）である。上級CJLは「意見が出る」をまったく使用していないわけではないが、「意見がある」の5回に比べ、使用頻度（3回）が低く、しかも上位30位に入っていない。このことから、上級CJLはJNSに比べ、使用範囲の広い動詞「ある」を好むことが分かる。「興味がある」と「興味を持つ」、「橋を作る」と「橋をかける」も同様のことである。「意見が出る」「興味を持つ」「橋をかける」の3つは、上級CJLの使用頻度がそれぞれ3回、2回、2回で、いずれも0回ではないものの、「意見がある」（5回）、「興味がある」（7回）、「橋を作る」（15回）よりは頻度が低く、上位30位に入っていない。以上のことから、上級CJLはJNSに比べ、使用制限の少ない共起語を選ぶ傾向があるといえよう。この結果はGranger

(1998) の指摘とも一致している。

　さらに、JNSの上位30位のうち、JNSが3回以上使用したのに対し、上級CJLが1回も使用しなかったコロケーション（右側JNSの部分で、「YNU頻度」の列が3以上、「上級CJL頻度」の列が0である項目）も注目に値する。それは「ほこりを被る」「だしをとる」「音を立てる」「遅れをとる」「英語を話す」「時間をかける」「醤油をつける」「毎日を送る」「要望があがる」の9例である。そのうち、「英語を話す」については、上級CJLの産出に「英語を話せるのは簡単ですが、英語をマスターするのはアジア人にとって相当な時間がかかります。」という文があった。この文の後半から分かるように、「英語を話すのは簡単ですが」のほうが適切な表現である。名詞と動詞の共起には問題がなく、使用文脈も合っているが、文中において適切な形で使用されていないため、【形式】の誤用に分類されている。誤用のタイプについては第6章で詳述するが、【形式】の誤用は厳密にコロケーションそのものの誤用ではない。つまり、「英語を話す」というコロケーションは、上級CJLも産出できる表現であり、使用文脈も合っているため、厳密には上級CJLが1回も使用しなかったものではない。残りの8例は、全く同じ表現ではないが、上級CJLにも同じ動詞を使用した類義表現があるものは2つある。「毎日を送る」の代わりに、上級CJLは「生活を送る」（10回）「日々を送る」（1回）を使用した。「醤油をつける」ではないが、「たれにつける」（1回）という表現があった。このように、「毎日を送る」「醤油をつける」というコロケーション自体は使用しなかったが、同じ動詞をほぼ同じ意味で使用するケースもあったことから、上級CJLは「毎日を送る」「醤油をつける」というコロケーションを使用できないわけでもないといえよう。

　一方、残りの「ほこりを被る」「だしをとる」「音を立てる」「遅れをとる」「時間をかける」「要望があがる」の6例は、JNSが3回以上も使用したが、上級CJLが1回も使用しなかったコロケーションである。この6例はいずれも中国語と語彙的に一致しない表現である。以下、この6例について詳し

く見ていく。

　まず、NLBにおける頻度（稿末資料2を参照）を見ると、「ほこりを被る」「だしをとる」「要望があがる」の3つは、NLBにおける頻度がそれぞれ38回、30回と5回であり、どれも100回未満の低頻度コロケーションである。「遅れをとる」はNLBにおける頻度が100回を超えているが、190回でそれほど高いとはいえない。つまり、この4つのコロケーションは中国語にもなく、日本語においてもあまり使用されないコロケーションである。このことから、低頻度で中国語と語彙的に一致しないコロケーションは上級CJLにとって難しいと推測できよう。

　一方、「音を立てる」と「時間をかける」は、NLBでの出現頻度がそれぞれ1,365回、920回で高いものの、上級CJLも使用しなかった。稿末資料2を見ると分かるが、「時間をかける」については、上級CJLは類似表現の「時間がかかる」（6回）と「時間を使う」（2回）を使用した。日本語の教科書でも「時間がかかる」は初級の段階から導入されている表現であり、「時間を使う」の「使う」は汎用性の高い動詞である。「音を立てる」は日本語において高頻度コロケーションであるが、中国語と語彙的に一致しない表現であり、動詞「立てる」の意味が本来の意味からかなり離れている。つまり、上級CJLは学習の早い段階で導入される表現や、動詞の使用範囲が広く中国語と語彙的に一致する表現を優先的に使用する傾向がある。一方、意味の広がりが広く、抽象度の高い動詞からなるコロケーションは、上級CJLにとって難しいと考えられる。ただし、「ほこりを被る」（Task12）、「音を立てる」（Task09）、「遅れをとる」（Task05）の3例については、作文の具体的な内容を確認した結果、上級CJLのストーリー展開がJNSと異なるため、上級CJLがただ使う必要がなかっただけなのか、その知識さえ持っていないのかは本章のコーパス分析のみでは分からない。

　以上、JNSが3回以上使用し、上級CJLが1回も使用しなかったコロケーションについて報告した。表5-6の左側を見ると、上級CJLが3回以上使用し、JNSが1回も使用しなかったコロケーションも存在することが分かる。表5-6

の左側「YNU頻度」の列が3以上、「JNS頻度」の列が0である項目は、「文句を言う」「メールを読む」「自信を持つ」「影響を与える」「面倒を見る」「意見を言う」の6つあり、いずれも動詞が中心義からそれほど離れておらず、日常生活でよく使用されるコロケーションである。

## 5.4 考察

前節の5.3では研究1の各課題の結果について報告した。本節では研究1の結果について考察する。

課題1では、上級CJLはJNSに比べ、「名詞＋動詞」コロケーションの過少使用が見られるかについて検討した。調査の結果、上級CJLが使用した「名詞＋動詞」コロケーションの延べ頻度はJNSより有意に多かったが、異なり頻度はJNSと同程度であり、英語学習者を対象とした研究で指摘されている過少使用が見られなかった。

英語学習者を対象とした研究と異なる結果が得られた理由として、調査する言語の違いや学習者の母語と関係していることが考えられる。加藤（2014）は、SVO構文である中国語の言語的特性から、中国語は日本語より動詞的表現を好む傾向があると指摘し、典型的な例として表5-7にある例などを挙げた。

表5-7　動詞的表現を好む中国語の例

| 日本語 | 中国語 | 中国語の日本語訳 |
| --- | --- | --- |
| 中華料理が好き | 喜欢吃中国菜 | 中華料理を食べるのが好き |
| おタバコはご遠慮ください | 禁止吸烟 | タバコを吸うのを禁止する |
| ピアノを練習する | 练习弹钢琴 | ピアノを弾くのを練習する |

・表は加藤（2014）の記述に基づき筆者が作成した。

表5-7から分かるように、日本語においては「中華料理」「おタバコ」「ピアノ」などの名詞的表現を使用するが、中国語の場合は"吃中国菜"

（中華料理を食べる）、"吸烟"（タバコを吸う）、"弹钢琴"（ピアノを弾く）のように、動詞的表現を用いるのが一般的である。

　本研究ではコロケーションを抽出する際にも同じような現象が見られた。例えば、Task08（先輩に起こった出来事を友人に教える）においては、先輩が病院に運ばれたことを伝える際に、上級CJLは「救急車を呼んできて、病院まで運んでもらった」というように、コロケーション「救急車を呼ぶ」[①]を9回も使用したのに対し、JNSは1回も使用しなかった。JNSはどのような表現を使用したかを調べたところ、「救急車で（病院に）運ばれた」という表現を使用していたことが分かった。

　一方、母語話者に比べ、全体的な使用頻度に過少使用が見られなかったからと言って、母語話者と同じ程度にコロケーションを使いこなしているとは限らない。研究1の課題2と課題3の結果及び次章の誤用分析から、上級CJLが「名詞＋動詞」コロケーションの使用においてまだ様々な問題があることが十分に窺える。

　課題2では、上級CJLはJNSに比べ、高頻度コロケーションの過剰使用と共起強度の高いコロケーションの過少使用が見られるかについて検討した。その結果、上級CJLはJNSに比べ、高頻度コロケーションを有意に多く使用するが、低頻度や共起強度の高いコロケーションの使用が有意に少ないことが分かった。この結果は英語学習者のコロケーション使用について調査したDurrant and Schmitt（2009）の指摘とも一致している。

　高頻度コロケーションは実際のインプット量が豊富である可能性が高いため、上級CJLは高頻度コロケーションを先に習得し、使えるようになることが考えられる。それに対し、低頻度コロケーションは日本語においてあまり使用されないものが多いため、学習者が受けた実際のインプット量も少ないことが考えられる。この結果は、コロケーションの習得がそのインプットの

---

① 「救急車」はNLBで1つの名詞として検索できないため、表5-2の「NLB出現頻度＜5」グループに振り分けた。よって、「救急車を呼ぶ」は研究1の検討対象外となっている。

# 第5章 研究1：母語話者との使用上の違い

量に左右されていることを示唆している。

共起強度の高いコロケーションの使用はJNSより有意に少ないことは、上級CJLにとって、共起強度の高いコロケーションであるほど、その習得が難しい可能性を示唆している。コロケーションに関する研究ではないが、*a kind of*のような定型表現のOn-line処理について調査したEllis et al.（2008）は、母語話者は共起強度の高い定型表現であるほど処理が速いのに対し、学習者は頻度の高いものであるほど処理が速いと報告している。つまり、母語話者にとっては共起強度の高いものがより卓立的であるが、学習者の場合は頻度の高いものが先に習得される。本研究でのコロケーションに関する分析結果もそれを裏づけているといえるが、研究1で得られた結果はあくまでも上級CJLが正しく使用した「名詞＋動詞」コロケーションをJNSと比較した場合の結果である。コロケーションの頻度と共起強度によって上級CJLのコロケーション知識が変わるかについては、本書の後半において、誘発テスト調査の結果を用いて報告する。

課題3では、上級CJLとJNSが具体的なコロケーションの使用における違いについて検討した。英語学習者を対象としたGranger（1998）で得られた結果と同じように、上級CJLはJNSに比べ、使用範囲が広く、制限の少ない共起語を選ぶ傾向が見られた。また、具体的なコロケーションの使用を比較した結果、JNSが3回以上使用したが上級CJLが使用しなかったコロケーションは、中国語と語彙的に一致しないコロケーション、特に低頻度のものが多いことが分かった。上級CJLが使用しなかったのは、まだ完全に習得できていないためである可能性が高い。母語の知識が利用できず、しかもインプットも限られていることが習得難の原因であろう。このことから、低頻度で中国語と語彙的に一致しないコロケーションは上級CJLにとっても難しいと推測できる。なお、5.3.4ですでに述べたように、上級CJLはこれらの項目に関する知識を持っているかどうかについては、本章のコーパス分析のみでは判断できない。上級CJLがただ使う必要がなかっただけなのか、その知識さえ

持っていないのかについては、さらなる調査が必要である。これについても、誘発テスト調査を実施することで明らかにする。

## 5.5　結論

　研究1では、上級CJLとJNSとのコロケーション使用上の違いについて調査した。その結果、上級CJLはJNSに比べ、「名詞＋動詞」コロケーションの過少使用が見られなかったものの、高頻度コロケーションを有意に多く使用するのに対し、共起強度の高いコロケーションを過少使用する傾向が見られた。具体的なコロケーションの使用を比較した結果、上級CJLが使用したコロケーションは、およそ半分JNSと共通しているが、JNSに比べ、使用範囲が広く、制限の少ない共起語を選ぶケースも見られた。特に低頻度で、中国語と語彙的に一致しない場合、上級CJLは使用しない傾向があった。

# 第6章　研究2：学習者の誤用及び母語の影響

　第5章では、上級CJLの正用コロケーションをJNSが使用したコロケーションと比較することで、上級CJLがJNSとのコロケーション使用上の違いを明らかにした。本章では、上級CJLのコロケーションのうち、許容度判定で△や×と判定された誤用に着目し、上級CJLのコロケーション誤用の実態について検討する。

## 6.1　研究課題

　研究2の課題は以下の通りである。
　課題1：上級CJLの「名詞＋動詞」コロケーションの誤用にどのようなタイプがあるか。
　課題2：上級CJLの誤用のうち、母語である中国語の影響を受けていると思われる誤用はどのくらいあるか。
　課題3：課題2で中国語の影響を受けていると思われる誤用はKJLにおいて見られるか。

## 6.2 研究方法

### 6.2.1 分析データ

　研究2では上級CJLのコロケーションの誤用に焦点を当てるが、扱うデータは上級CJL 30名とKJL 30名の誤用である。上級CJLとKJLが使用したコロケーションの許容度判定の結果を表6-1に示す。

表6-1　上級CJLとKJLが使用したコロケーションの許容度判定の結果[①]

|  | 上級CJL | | | | KJL | | | |
|---|---|---|---|---|---|---|---|---|
|  | ○ | △ | × | 合計 | ○ | △ | × | 合計 |
| 延べ頻度 | 770[873] | 67[76] | 73[83] | 910[1031] | 586[723] | 35[43] | 35[43] | 656[809] |
| 割合 | 84.62% | 7.36% | 8.02% | 100% | 89.32% | 5.34% | 5.34% | 100% |
| 異なり頻度 | 424[527] | 58[72] | 70[87] | 552[686] | 330[491] | 32[48] | 34[51] | 396[590] |
| 割合 | 76.81% | 10.51% | 12.68% | 100% | 83.33% | 8.08% | 8.59% | 100% |

　表6-1から分かるように、上級CJL 30名が使用した「名詞＋動詞」コロケーションは、延べ頻度910回、異なり頻度552回であった。許容度判定の結果、誤用（△＋×）は、延べ頻度、異なり頻度においてそれぞれ140回（15.38%）、128回（23.19%）あった。KJL 30名が使用した「名詞＋動詞」コロケーションは、延べ頻度656回、異なり頻度396回であった。許容度判定の結果、誤用（△＋×）は、延べ頻度において70回（10.68%）、異なり頻度において66回（16.67%）あった。このように、表6-1から上級CJLはKJLより「名詞＋動詞」コロケーションの使用頻度が高く、誤用も多いことが容易に分かる。

　表6-1の［　］内は、上級CJLとKJLのコーパスサイズを延べ語数10万語、異なり語数5,000語に統一した場合の相対頻度である。相対頻度で見ても、上

---

[①] 本書では「お願いいたします」「お祈りいたします」という形で使われている「願う」「祈る」も除外したため、上級 CJL と KJL のデータの合計は劉（2017）での報告と若干異なるが、結果に影響はない。

級CJLはKJLより「名詞＋動詞」コロケーションを多く使用していることが分かる。第5章では、「名詞＋動詞」コロケーションの延べ頻度において、上級CJLがJNSより有意に多く使用する理由として、日本語に比べ、中国語が動詞的表現を好むことが挙げられた。KJLのデータをあわせて見ると、学習者の母語によってコロケーションの使用頻度が異なることが分かるだろう。なお、本章では、上級CJLの誤用と母語である中国語の影響に焦点を当てるため、KJLのデータは母語の影響を検証する際（課題3）にのみ利用する。

### 6.2.2　分析方法

　課題1では、許容度判定の際に母語話者が提供した訂正案を参考に、上級CJLの誤用を動詞による誤用なのか、名詞による誤用なのか、または用法の誤用なのかなど、コロケーションの誤用タイプを明らかにする。どのタイプの誤用が最も多いかも割合で示す。

　課題2では、誤用のうち、母語である中国語の影響を受けていると思われる誤用の割合を算出し、報告する。

　課題3では、課題2で母語の影響を受けていると思われる誤用をKJLの誤用と照らし合わせ、本当に母語の影響によるものであるかを検証する。

## 6.3　結果

### 6.3.1　コロケーションの誤用タイプ

　許容度判定で日本語母語話者のJNSが提供した訂正案を参考に、上級CJLが使用した「名詞＋動詞」コロケーションのうち、△や×と判定されたものの誤用タイプを表6-2のように分類した。母語話者の訂正案が異なる場合、NLBにおける出現頻度の高いほうを採用した。【動詞】【名詞】【助詞】に分類された誤用は、コロケーション自体が日本語として不自然な表現であり、1つの要素を変えることで直せる誤用である。例えば、【動詞】に分

類された「積極性を上げる」は、提供された訂正案「積極性を高める」から分かるように、動詞の「上げる」を「高める」に変更することで、産出文において適切な表現になる。このような誤用は、動詞による誤用とし、【動詞】に分類した。この分類方法に対して考えられる懸念は、訂正案が唯一でない場合、訂正案によっては誤用のタイプが変わる可能性があるという点である。例えば、【動詞】に分類された「積極性を上げる」は、訂正案として、「積極性を高める」のほかに、「意欲を高める」「能率を上げる」などの表現も考えられる。しかし、前述のように、学習者が元々使おうとする表現を確実に予測することは不可能であり、用例ごとにすべての訂正案を列挙してもらい、それに基づいて分類しても、誤用のタイプを100％カバーできるとは限らない。そのため、本研究では、Nesselhauf（2005）に倣い、誤用を分類する際にJNSが提供した訂正案を唯一の参考とした。2人の訂正案が異なる場合もあったが、前述の通り、NLBにおける出現頻度の高いほうを採用した。例えば、「その後横ばいになって2008年からまた再び増加の傾向が出て来たのです。」の「傾向が出る」という表現において、母語話者の訂正案は「傾向になる」「傾向がある」の2通りあった。このような場合は、NLBにおける出現頻度の高い「傾向がある」を採用した。【名詞】【助詞】への分類も同様の考え方に基づいている。【形式】に分類された誤用は、表6-2にある「事故にあった以来、…」のように、コロケーション自体は問題がないものの、文中において適切な形で使用されていない誤用のことである。このタイプの誤用は厳密にコロケーションの誤用ではない。【文脈】に分類された誤用は、コロケーション自体が日本語にもあるが、産出文での使用が不適切な場合である。【用法】に分類された誤用は、日本語においてそのコロケーション自体が存在せず、しかも1つの要素を変えるだけでは訂正できないものである。

第6章 研究2：学習者の誤用及び母語の影響

表6-2 上級CJLにおける「名詞＋動詞」コロケーションの誤用タイプ

| 誤用タイプ | | YNUコーパスにおける上級CJLの具体例 | △ | × | 合計 |
|---|---|---|---|---|---|
| 【動詞】 | 不適切或いは存在しない動詞の使用。コロケーション自体が不自然 | Task04-C40：留学生の勉強する積極性を上げることができます。<br>【訂正】高める | 7 | 30 | 37 |
| 【名詞】 | 不適切或いは存在しない名詞の使用。コロケーション自体が不自然 | Task04-C02：生活費にはたいへん苦しんでいるようです。<br>【訂正】生活 | 8 | 7 | 15 |
| 【助詞】 | 不適切な助詞の使用。コロケーション自体が不自然 | Task07-C03：船を乗って湖の景色を楽しんでもいいと思います。<br>【訂正】に | 3 | 18 | 21 |
| 【形式】 | コロケーションは適切であるが、文中において適切な形で使用されていない | Task05-C38：事故にあった以来、二ケ月が経ちましたね。<br>【訂正】あって | 21 | 3 | 24 |
| 【文脈】 | コロケーション自体存在するが、当該文脈での使用が不適切 | Task06-C46：体に疑問を抱いている時、遠くまで行かなければならない。<br>【訂正】不安を抱いている | 12 | 3 | 15 |
| 【用法】 | コロケーション自体存在せず、しかも1つの要素だけを変更することで修正できない | Task12-C08：二人はこのように、愛の河におちいた。<br>【訂正】恋に落ちた | 16 | 12 | 28 |

・コロケーション自体の存在の有無はJNSの判定結果及びNLBにおける使用の有無で判断した。NLBでの出現頻度が0回でありJNSにも△や×と判定された場合、日本語に存在しない表現とした。

表6-2から分かるように、【動詞】に分類された誤用は37例もあり、誤用全体の26.43％を占める。その次は、【用法】による誤用（28例）、【形式】による誤用（24例）、【助詞】による誤用（21例）の順で多い。【形式】による誤用は、厳密にコロケーションの誤用ではないが、24例もある。このことから、上級CJLであっても、コロケーションを適切な形で使用することができず、基本的な文法項目がまだ習得できていないことが窺える。以下、【形式】以外の誤用、すなわちコロケーション自体の誤用を動詞、名詞、助詞、文脈、用法の順で見ていく。

## （1）動詞による誤用（表6-3）

　JNSが提供した訂正案に基づき、動詞による誤用を詳しく分類していくと、①共起の問題、②自他動詞による誤用、③文字表記の間違いという3つのパターンに分けることができる。表6-3はパターン別の代表例である。①の共起の問題は30例もあり、最も多いことが分かる。また、共起の問題の多くは、「病院を保つ」「罰をあげる」のように、統語的な接続に問題がなく、意味理解もできないことはないものの、JNSなら使わない表現である。②の自他動詞による誤用は、いずれも名詞と助詞が合っているが、動詞のほうが間違っている。つまり、上級CJLは、日本語の自動詞と他動詞の意味上の違いが分かっても、自・他動詞と対になっている動詞のうち、どちらが自動詞でどちらが他動詞であるかという形式上の区別ができない可能性が高い。日本語において、自動詞と他動詞には形式上決まったルールがあるわけではないため、自動詞と他動詞の使用上の違いを理解しても、どちらが自動詞でどちらが他動詞であるかを区別することはCJLにとって難しいだろう。③の文字表記の間違いは、その動詞自体が正しく産出できないことであり、動詞の読み方または書き方がまだ定着していないことによる間違いである。

## （2）名詞による誤用（表6-4）

　名詞による誤用は、①共起の問題、②文字表記の間違い、③存在しない名詞という3つのパターンに分けられる（表6-4）。①の共起の問題は、動詞による誤用と同様に、JNSなら使わない表現が多かった。②の文字表記の間違いは3つとも「状況」と書くべきところに「情况」と書いたものである。「情况」という表記は辞書にも掲載されているが、日本語では一般的に使わない表記である。一方、中国語において"情况"という名詞はよく使用される表現である。6.3.2と6.3.3では母語の影響について述べるが、「情况」という文字表記の間違いは母語の影響を受けていると判断されている。③の存在しない名詞のうち、「趣興」という表記があったが、「興味」と「趣味」のどちらを書こうとしているのか分からないため、文字表記の間違いではなく

第6章　研究2：学習者の誤用及び母語の影響

存在しない名詞に分類した。このパターンの誤用も動詞と同じように、名詞の読み方または書き方が完全に習得できていないことによる誤用である。

## （3）助詞による誤用（表6-5）

　助詞による誤用は、学習者が使用した助詞によって、①「を」の誤用、②「が」の誤用、③「に」の誤用と、④助詞の要らないところに助詞を使用するという助詞の過剰使用の4つのパターンに分けられる（表6-5）。表6-5から分かるように、助詞「を」の誤用が最も多かった。つまり、上級CJLは助詞「を」を使用すべきではないところに助詞「を」を使用することが多かった。なお、「が」の誤用を見ると、「を」の11例ほどではないが、6例もあった。さらに、その訂正案を見ていくと、使用すべき助詞は「を」4例、「に」2例である。つまり、上級CJLは、少なからず、「を」を使用すべきところに「が」を使用したケースもある。このことから、上級CJLは、助詞「を」を過剰使用する傾向があるが、助詞の区別について十分に理解していないことが誤用の原因かもしれない。

## （4）文脈による誤用（表6-6）

　文脈による誤用は、いずれもコロケーション自体が日本語にある表現である[①]が、産出文における使用が不適切なものである。つまり、上級CJLはそのコロケーションを知っており、形式的に正しく産出できるものの、意味の理解が不十分で、適切な文脈で使用することができない。

## （5）用法による誤用（表6-7）

　用法による誤用は、大きく分けると、統語的な接続に問題がなく意味理解もできないことはないが、JNSなら使わない表現（21例）と、統語的な接続にも問題がある表現（7例）の2パターンがある。そのうち、大半（75%）は、統語的な接続に問題がなく意味理解も可能なものである。つまり、用法

---

[①] NLBにおける出現頻度が5回以上且つ共起強度MI-scoreが3以上である場合、そのコロケーションは日本語において存在すると判断した。

による誤用のうち、名詞と動詞がどのような文法ルールによって組み合わされるかは上級CJLにとってそれほど問題ではない。しかし、その名詞と動詞が日本語で結びついた形で使用できるかどうかにおいて問題が起きている。その具体例を見ると、「趨勢が現れる」「便利さを作る」「愛の河に陥る」など、個々の語から学習者が言いたいことも理解可能であるが、日本語らしい表現ではないものが多かった。これらの多くは中国語の表現をそのまま日本語に訳したものである。なお、母語の影響に関しては6.3.2と6.3.3で詳しく述べる。

表6-3　動詞による誤用のパターン

| 分類 | YNU書き言葉コーパスにおける上級CJLの代表例 ||| 判定結果 | 訂正案 |
|---|---|---|---|---|---|
| | 出典 | コロケーション | 上級CJLの産出文 | | |
| 共起の問題(30例) | Task04 | 積極性をあげる | 奨学金を増やすと、留学生の勉強する積極性を<u>上げる</u>ことができます。 | × | 積極性を高める |
| | Task05 | 毎日を迎える | そう思い始めた私は笑顔で毎日を<u>迎える</u>ことができました。 | △ | 毎日を送る |
| | Task06 | 病院を保つ | ですから、地元のために、病院を<u>たもて</u>！ | × | 病院を守る |
| | Task09 | だしを作る | それから骨つきのとり肉を入れて出しを<u>作ります</u>。 | × | だしをとる |
| | Task09 | 水を煮える | 鍋で水を<u>煮え</u>、3分を経ったら餃子を入れて、また3回冷やしい水を入れて、餃子を浮かんだら完成だ。 | × | 水を沸かす |
| | Task12 | 罰をあげる | 牛君と織ちゃんに罰を<u>あげる</u>と決めた。 | × | 罰を与える |
| | Task12 | 牛を放す | しかし、二人は恋に落った一方で、織姫が布を織らなくなり、彦星が牛を<u>放さ</u>なくなった。 | × | 牛を放牧する |
| | Task06 | 心が届ける | どうか市民達の心が決断者の所に<u>届ける</u>ようにお忙しい所すいません。 | × | 心が届く |
| | Task12 | 心を痛む | 大天帝さまは心を<u>痛み</u>ました。 | × | 心を痛める |
| 文字表記の間違い(3例) | Task11 | 健闘を祝る | 以上かなり辛口で言いたい放題でしたが、私なりの意見です。では、健闘を<u>祝る</u>。 | × | 健闘を祈る |
| | Task12 | 罰を下る | 7月7日以外の日は会ってはいけないとの罰をお二人に<u>下った</u>。 | × | 罰を下す |

・コロケーションとその訂正案において、テンス、アスペクトなどの変形を省略した。
・上級CJLの産出文はYNUコーパスでの用例をそのまま取り上げているため、対象コロケーション以外に不自然なところもある。
・本研究では学習者の産出をもとにコロケーションであるかを判断しているため、訂正案が100%コロケーションであるとは限らない。
・上記の3点については、以下同様である。

第 6 章　研究 2：学習者の誤用及び母語の影響

表6-4　名詞による誤用のパターン

| 分類 | YNU 書き言葉コーパスにおける上級 CJL の代表例 ||| 判定結果 | 訂正案 |
|---|---|---|---|---|---|
| | 出典 | コロケーション | 上級 CJL の産出文 | | |
| 共起の問題（8例） | Task04 | 生活費に苦しむ | 生活費にはたいへん苦しんでいるようです。 | × | 生活に苦しむ |
| | Task04 | 理由をまとめる | 以上、私はみんなさんの理由をまとめたです。是非留学生の奨学金を増加することを考えていただけて欲しい。 | △ | 意見をまとめる |
| | Task09 | 重量をかける | そこで全身の重量をかけて何回も何回も練ります。面のおいしさも練り次第です。 | △ | 体重をかける |
| | Task09 | 味が漂う | かもの味と桂花の香りが一緒に漂い、人々の食欲をそそぐ。 | × | 香りが漂う |
| | Task09 | 口に合わせる | 調味料の量は自分の口に合わせて調整してください。 | × | 好みに合わせる |
| | Task12 | 天河を作る | 銀河という天河を作って永遠にその二人を離しました。 | △ | 川を作る |
| | Task12 | 魔法を持つ | 神は人より魔法を持っています。 | △ | 魔法の力を持つ |
| 文字表記の間違い（3例） | Task05 | 情況を考える | 今やるべきことはどうやって今の情況をよく考えて、元気を出して、自信を持って将来作ることだ。 | △ | 状況を考える |
| | Task05 | 情況にあう | 僕も四年生のとき、似たような情況に遭ったからだ。 | △ | 状況にあう |
| | Task12 | 情況を見る | 神様がこの情況を見ると、織姫と牛郎を離れる指示を出しました。 | △ | 状況を見る |
| 存在しない名詞（4例） | Task09 | 粘りさが出る | あんが粘りさがでたら出来上がる。 | × | 粘りが出る |
| | Task10 | 趣興を感じる | 私は英語の学習に趣興や楽さを感じずにだんだん英語が嫌いになりました。 | × | 興味を感じる |
| | Task10 | 興味心を持つ | 興味心より恐怖心を持っている友達が多いんです。 | × | 好奇心を持つ |
| | Task11 | 行式を取る | 興味を重んじる行式を取るので、子供たちの興味を引き出せる。 | × | 方針を取る |

表6-5 助詞による誤用のパターン

| 分類 | 出典 | コロケーション | 上級CJLの産出文 | 判定結果 | 訂正案 |
|---|---|---|---|---|---|
| 「を」の誤用（11例） | Task01 | 論文を進む | その本がないと、論文をなかなか進んでいかないんですが、 | × | 論文が進まない |
| | Task05 | 考えを出る | ゆかちゃんもきっとこの2ヶ月の入院で新しい考えをたくさん出てきたでしょう。 | × | 考えが出る |
| | Task07 | 船を乗る | 湖をまわって散歩してもいいし、船を乗って湖の景色を楽しんでもいいと思います。 | × | 船に乗る |
| | Task09 | 年を明ける | 餃子というのは、もともとお年を明けるのと家族、中国人には2つの印象をしています。 | × | 年が明ける |
| | Task10 | 外国語を触れる | 小、中学生の時は、外国語を少しでも触れたほうがその外国語に対する親しみ、また基本的な感覚を持ちやすいと思います。 | × | 外国語に触れる |
| 「を」の誤用（11例） | Task12 | 奇跡を起きる | このとき、奇跡を起きてピカピカの鳥はいっぱい集まってきて、橋になりました。 | × | 奇跡が起きる |
| 「が」の誤用（6例） | Task03 | 実績が見せる | 2004年の売り上げに近い100千台弱の実績が見せた。 | × | 実績を見せる |
| | Task05 | 企業が入る | 自分はどうな企業が入りたいなどちゃんと考えて、それから面接などの注意点をよく準備します。 | △ | 企業に入る |
| | Task07 | 汗がかく | 料理の味はコショウ辛いですが、食べると汗がかいて、非常に気持ちいいです。 | × | 汗をかく |
| | Task10 | 興味が持つ | 話を聞いて、すごく興味が持つようになりました。 | × | 興味を持つ |
| 「に」の誤用（2例） | Task10 | 好奇心に満たす | 年齢が若い子供は、新しいものに対する好奇心に満たして、勉強したい気持ちが強いです。 | × | 好奇心を満たす |
| | Task10 | 意見に聞く | 山下先生に早期英語教育の意見に聞かれて恐縮ですが、 | × | 意見を聞く |
| 助詞の過剰使用（2例） | Task05 | 卒論に進む | 去年、僕も就職うまくできず、卒論にもなかなか進まなかった。 | × | に |
| | Task09 | 全員をそろう | 家族全員をそろって、みんなは一緒に話しながら餃子を作ります。 | △ | を |

第6章 研究2：学習者の誤用及び母語の影響

表6-6 文脈による誤用の具体例

| 出典 | コロケーション | YNU書き言葉コーパスにおける上級CJLの代表例 上級CJLの産出文 | 判定結果 | 訂正案 |
|---|---|---|---|---|
| Task02 | 覚えがある | 確かにあなたはこの本持っているような覚えがありますが、もしそうでしたら、ちょっと貸してくれないか？ | △ | 記憶がある |
| Task03 | 傾向が出る | その後横ばいになって2008年からまた再び増加の傾向が出て来たのです。 | △ | 傾向がある |
| Task04 | 声が出る | 留学生奨学金を増すべきの声が出てきました。 | △ | 声が上がる |
| Task04 | 声が出る | 留学生の中で奨学金を増やす必要があるという声が出てくるんです。 | △ | 声が上がる |
| Task05 | 余裕が出る | 準備はできていたと思うので、本番の試験では余裕が出たぐらいで、楽勝だったよ。 | △ | 余裕ができる |
| Task06 | 感情を持つ | この病院に深く感情を持っています。 | × | (強い)愛着を持つ |
| Task06 | 圧力を与える | この総合病院が閉鎖されたら、市民の病患が受けにくくなり、附近の病院にも圧力を与えることは確定されています。 | × | 病院が圧迫される |
| Task06 | 疑問を抱く | 女性が子供を生む時、また体に疑問を抱いている時、遠くまで行かなければならない。 | △ | 不安を抱える |
| Task06 | 荷物をおろす | さらに市にとっては、お荷物を降ろして、もしかしたら黒字もできるのではないか。 | △ | お荷物がなくなる |
| Task07 | 趣味がある | 歴史に趣味がありましたら、ぜひ行ってみてください。 | △ | 興味がある |
| Task08 | 病院に入る | 鈴木先輩は飲みすぎて病院に入ったって。 | △ | 入院する |
| Task09 | 水を出す | まずキャベツを細かく刻んで、塩をふりかけてから揉む。出た水を出し、ひき豚肉と塩、こしょうなどを添え、同じ方向に撹きまぜる。 | △ | 水を切る |
| Task12 | 橋を渡す | それで、織姫はこの橋を渡して、ようやく牛朗と会いました。 | × | 橋を渡る |
| Task12 | 恋に落ちる | この二人は恋に落ちているため、仕事にかまってられなくなりました。 | △ | 恋に夢中になっている |

表6-7　用法による誤用のパターン

| 分類 | YNU書き言葉コーパスにおける上級CJLの代表例 | | | 判定結果 | 訂正案 |
|---|---|---|---|---|---|
| | 出典 | コロケーション | 上級CJLの産出文 | | |
| 統語的な接続に問題がないが、母語話者が使わない表現（21例） | Task03 | 趨勢が現れる | 2008年から、増加する趨勢が現れ、2009年と2010年をかけて、A社のデジタルカメラの販売台数は強い勢いで上昇し、2004年と同じ100千台まで昇ってきた。 | × | 傾向が見られる |
| | Task06 | 便利さを作る | 政府は人々の生活の便利さを作るために存在するもので、 | × | 生活をよりよくする |
| | Task09 | 栄養を持つ | スープを作る時にいろいろな海鮮や栄養を持ってる食べ物を煮るのです。 | × | 栄養のある |
| | Task12 | 手を持つ | その少女はきれいな手を持って、その手できれいな服を作ります。 | × | 手の持ち主で |
| | Task12 | 愛を出す | 二人は付き合い、徐々に愛を出して結婚した。 | × | 愛が芽生える |
| | Task12 | 愛の河に陥る | 二人はこのように愛の河におちいた。 | × | 恋に落ちる |
| | Task12 | 助けをもらう | 織姫と牛郎は、鵲たちの助けをもらって、やっと会えるようになりました。 | × | 助けてもらう |
| 統語的な接続にも問題がある表現（7例） | Task03 | 奇跡を出る | しかし、その後、きせきを出ていた。販売量は2012年までこの2年間を経て、2004年の販売量を戻っていて | × | 奇跡が起きる |
| | Task03 | 台数をあがる | 2007に6万台を販売したが、2008年は2007により少し販売台数を上がった。 | △ | 台数が増加する |
| | Task04 | 留学生に向ける | 以上の三点を踏まえ、留学生に向ける奨学金を増やすことは必要であると考えております。 | △ | 留学生向けの |
| | Task05 | 論文が控える | 就職活動と卒業論文が控え、大変だろう。 | △ | 論文の提出を控える |
| | Task07 | 商品がそなえる | 周囲には、めずらしい商品がそなえています。 | × | 商品をそろえる |

・「台数を上がる」については、訂正案として「台数が上がる」と「台数が増加する」の2通りあったが、NLBにおいては「台数が上がる」の頻度が0回で、「台数が増加する」の頻度が5回であったため、「台数が増加する」にした。

### 6.3.2　母語の影響と思われる誤用の割合

6.3.1では、上級CJLの「名詞＋動詞」コロケーションの誤用について、ど

第6章 研究2：学習者の誤用及び母語の影響

のようなタイプの誤用があるか、さらにそれぞれどのような誤用パターンがあるかを報告した。本節と次節では、上級CJLの「名詞＋動詞」コロケーションの誤用における母語の影響について検討する。まず、本節では母語の影響と思われる誤用の割合について報告する。

第4章の4.3.4で述べた判断手順に従い、中国語母語話者に判断してもらった結果、母語である中国語の影響を受けていると思われる誤用は、延べ36例で、誤用全体（延べ140例）の25.71%、異なり32例で、誤用全体（異なり131例）の24.43%であった。つまり、母語話者の直感による判断では、上級CJLのコロケーションの誤用のうち25%程度が中国語の影響を受けている可能性がある。

なお、この結果はあくまでも中国語母語話者の直感による判断であり、学習者の母語に関わらず、日本語学習者なら起こりうる誤用も含まれる可能性がある。次の6.3.3では、KJLのデータと照らし合わせ、母語の影響について検証する。

### 6.3.3 母語の影響の検証

本節では、母語の影響を検証するために、6.3.2で中国語の影響を受けていると思われる誤用をKJLの誤用と照らし合わせ、KJLに同じ誤用がないかを調べる。KJLとの照らし合わせは以下の手順で行った。

まず、上級CJLとKJLのコロケーション誤用の全体像を知るために、上級CJLとKJLの誤用（△と×）を、①上級CJLのみに見られる誤用、②KJLのみに見られる誤用、③両方に見られる誤用、の3種類に分類した（表6-8）。その結果、両方に見られる誤用は4例あった。

表6-8　上級CJLとKJLにおけるコロケーション誤用の分布

|  | 上級CJLのみ | 両方に見られる誤用 | KJLのみ |
|---|---|---|---|
| 上級CJL | 124 (96.88%) | 4 (3.13%) |  |
| KJL |  | 4 (6.06%) | 62 (93.94%) |

次に、KJLの誤用に同じ表現が見られなかったが、抽出対象外となったもの（助詞の省略や、ヴォイスによって助詞が変更された場合[①]など）に類似した表現がないかを、上級CJLの誤用をキーワードにYNU書き言葉コーパスで検索した。例えば、表6-9にある「婦人産科が備える」はJNSの訂正案から分かるように名詞と動詞の両方が修正され、【用法】の誤用に分類されている。KJLの作文データに「婦人産科が備える」という用例がないかを名詞と動詞の両方で検索した。その結果、「婦人産科」という名詞の使用がなかったが、表6-9に示したように「婦人科が備えられている」という表現があった。つまり、「〜科」と「備える」の共起はKJLにも見られた。この場合は、KJLにも類似の産出があったとする。また、【名詞】の誤用に分類された「情況に遭う」は、中国語の影響を受けていると中国語母語話者に判断されたため、名詞の「情況」で検索し、KJLに同じ表記のものがないかを確認した。その結果、KJLに「情況」という表記がなかったため、表6-9には記載されていない。6.3.2で中国語母語話者に中国語の影響を受けていると判断された誤用について、このような方法で確認した結果、KJLに類似した表現が1例あった。

　KJLに同じまたは類似の表現があった5例のうち、中国語の影響を受けていると中国語母語話者に判断された誤用は「声が出る」「だしを作る」「婦人産科が備える」の3つで、合計4例であった。上級CJLにおける母語の影響と同じ判断方法で、韓国語母語話者2名に確認してもらった結果、KJLに見られた「声が出る」「婦人科が備えられる」も韓国語の影響を受けている可能性が高いことが分かった。なお、「だしを作る」は韓国語にはない表現であり、韓国語の影響を受けていないと判断された。

　日本語の「声が出る」は「あっ、思わず声が出た」というときに使われるもので、考えや気持ちを表す「声」と共起しないが、上級CJLとKJLの両方におい

---

[①] 本書ではコロケーション内部にある助詞の誤用も見るため、助詞が省略された場合（レポート書く）、取り立て助詞になっている場合（食事も取らない）、または動詞が名詞を修飾する場合（かかった時間）は抽出しなかった。

## 第6章 研究2：学習者の誤用及び母語の影響

て、「意見が出る、意見があがる」の意味で使用されるケースが見られた。

「だしを作る」は、韓国語で「육수를 내다」（肉水を出す）という表現を使用するため、韓国語にない表現である。KJLにも「だしを作る」が見られたことから、母語に関わらず、日本語学習者なら起こりやすい誤用であるといえよう。日本語では、「料理を作る」のように、料理関係のものは「作る」を使用することが多い。「だし」も料理と関係しているため、日本語の「作る」の使用を「だし」まで過剰拡張した可能性が高い。コーパスサイズが小さいため、このような例は少なかったが、母語の影響を検討する際に、他言語話者に同じ誤用がないかを見ることが不可欠であるという奥野（2003）の指摘を裏付ける結果であろう。

上級CJLに見られた「婦人産科が備える」は、動詞だけでなく、名詞の「婦人産科」も中国語の"妇产科"の影響を受けていると中国語母語話者に指摘された。KJLの「婦人科」と「備えられる」はどちらも正しい日本語であるが、「〜科」を「備える」と共起させる点において、上級CJLと同じ誤用である。韓国語においては、受け身の形ではないが、「婦人科」が「備える」と共起する表現があり、KJLの産出も韓国語の影響を受けていると韓国語母語話者に判断された。上級CJLに見られた「婦人産科」はKJLに見られなかったため、中国語の影響だと判断できるが、「〜科」と「備える」の共起については、母語で共起できない学習者の場合でも起こる誤用なのかは確認できず、確実に母語の影響だとは判断できない。

以上の分析から分かるが、「だしを作る」は、韓国語にない表現にも関わらず、KJLの誤用にも見られたため、学習者の母語に関係なく日本語学習者が起こりやすい誤用である可能性が高い。残りの「〜科が備える」「声が出る」は、KJLにも同じ誤用が見られたため、中国語の影響を受けているかどうかについてはまだ検討の余地が残る[1]。そのため、以下、母語の影響の

---

[1] 上級CJLのみに見られた「婦人産科」という名詞は中国語の"妇产科"の影響を受けているが、ここでの「検討の余地がある」というのは、「〜科」と「備える」を結びつけて使うという点においては、KJLは上級CJLと同じ誤用であり、母語の影響だとは断言できないことである。

代表例に関する議論では、上記KJLにも見られた3例（延べ4例）を論じないことにする。残りの中国語の影響を受けている可能性の高いものは延べ32例（異なり29例）になる。表6-9はその代表例である。

表6-9　中国語の影響を受けている可能性の高い誤用の代表例

| 誤用タイプ | YNU書き言葉コーパスにおける上級CJLの具体例 | | | 許容度判定 | 中国語訳 | 訂正案 |
|---|---|---|---|---|---|---|
| | 出典 | コロケーション | 上級CJLの産出文 | | | |
| 動詞(12例) | Task05 | 毎日を迎える | そう思い始めた私は笑顔で毎日を迎えることができました。 | △ | 迎接每一天 | 毎日を送る |
| | Task09 | 水を煮える | 鍋で水を煮え、3分を経ったら餃子を入れて、また3回冷やしい水を入れて、餃子を浮かんだら完成だ。 | × | 煮开水 | 水を沸かす |
| | Task09 | ギョウザを包む | 中国で水ギョウザを包むのに、手作りの皮を作る。 | × | 包饺子 | ギョウザを作る |
| | Task12 | 牛を放す | その男の人は「彦星」と言って、牛を放す人です。 | × | 放牛 | 牛を放牧する |
| | Task12 | 罰をあげる | 牛君と織ちゃんに罰をあげると決めた。 | × | 给予处罚 | 罰を与える |
| 名詞(8例) | Task09 | 口に合わせる | 調味料の量は自分の口に合わせて調整してください。 | × | 结合（个人）口味 | 好みに合わせる |
| | Task12 | 魔法を持つ | 神は人より魔法を持っています。 | △ | 拥有魔法 | 魔法の力を持つ |
| | Task12 | 情況を見る | 神様がこの情況を見ると、織姫と牛郎を離れる指示を出しました。 | △ | 看情况 | 状況を見る |
| 用法(7例) | Task06 | 便利さを作る | 政府は人々の生活の便利さを作るために存在するもので、 | × | 创造便利 | 生活をよりよくする |
| | Task12 | 愛の河に陥る | 二人はこのように愛の河におちいた。 | × | 坠入爱河 | 恋に落ちる |
| 文脈(5例) | Task06 | 感情を持つ | この病院に深く感情を持っています。 | × | 拥有深厚的感情 | 強い愛着を持つ |
| | Task06 | 圧力を与える | この総合病院が閉鎖されたら、市民の病患が受けにくくなり、附近の病院にも圧力を与えることは確定されています。 | × | 施加压力 | 病院が圧迫される |

第6章 研究2：学習者の誤用及び母語の影響

　表6-9から分かるように、母語の影響を受けている可能性の高い誤用は表6-2で挙げられた誤用タイプのうち、助詞、形式以外のすべてに及んでいる。中国語の影響を受けやすい誤用タイプとして、動詞、名詞、用法、文脈の順で多い。

　中国語の影響を受けていると判断されたものは具体的にどのような誤用であるかに関しては、表6-9で挙げられた代表例を見れば分かる。中国語の漢字表記の影響を受けているもの（例：「情況」）から、動詞が中国語の影響を受けているもの（例：「毎日を迎える」「水を煮える」など）、中国語のコロケーションの逐語訳がそのまま日本語に用いられたもの（例：「愛の河に陥る」「便利さを作る」）まで、観察された。これらの誤用例をさらに分析すると、中国語の影響を受けやすい誤用の特徴として、以下の4点が指摘できよう。

　まず、日本語には存在しないが、中国語では典型的なコロケーションであり、その逐語訳をそのまま日本語に使用することである。中国語の"墜入愛河""創造便利"の逐語訳である「愛の河に陥る」「便利さを作る」がその典型例である。学習者が母語のコロケーションをそのままL2に用いるという現象は、これまで多くの研究（Granger, 1998; Laufer & Waldman, 2011; Nesselhauf, 2003, 2005）で指摘されており、本研究でも同様の傾向が見られた。

　次に、中国語と日本語の両方に存在するが使用文脈が異なるコロケーションを中国語と同じ文脈で使用することである。その代表例として「この総合病院が閉鎖されたら、市民の病患が受けにくくなり、附近の病院にも圧力を与えることは確定されています。」の「圧力を与える」が挙げられる。これは、これまでの研究であまり指摘されていないことである。母語にも存在するコロケーションの場合、母語とL2では、使用文脈にズレがあると、母語からの負の転移が起こり、誤用につながることが考えられる。

　また、中国語と同じ漢字表記を持つ日本語の単語の場合、中国語の知識で

その単語の意味を理解することである。その代表例として、「牛を放す」（放牛）が挙げられる。中国語の"放"は日本語の「放す」に比べ、意味範囲が極めて広い。「放牧する、放し飼いにする」の意味で使用されている"放牛"は中国語において典型的なコロケーションである。

最後に、日本語では区別して使用されているが、中国語に訳すときは同じ語になる動詞の混用である。日本語の「与える、あげる」は中国語に訳すときはどちらも動詞"给予"に当たる。同様に、動詞「ある」「持つ」は中国語に訳すときは両方とも"有""拥有"に訳すことができる。「罰を与える」の代わりに「罰をあげる」を使用するケースはその典型例である。

## 6.4 考察

研究2では、上級CJLの「名詞＋動詞」コロケーションの誤用に焦点を当て、コロケーションの誤用タイプ及び誤用における中国語の影響について検討した。以下、研究2の結果について考察する。

課題1では、上級CJLの「名詞＋動詞」コロケーションの誤用を分類し、その具体的なタイプを検討した。上級CJLの「名詞＋動詞」コロケーションの誤用には、【動詞】【名詞】【助詞】【形式】【文脈】【使用】の6タイプが観察され、【動詞】による誤用が最も多いことが明らかになった。この結果は上級英語学習者のV-Nコロケーションの使用を調査したNesselhauf（2003）と一致している。日本語の「名詞＋動詞」コロケーションの習得においても、動詞の意味・用法をきちんと理解することが大切であると示唆している。

コロケーション自体の誤用である【動詞】【名詞】【助詞】【文脈】【使用】の5つのタイプについて詳しく検討したところ、【動詞】【名詞】のどちらにおいても共起による問題が最も多かった。そのうち、統語的な接続に問題がなく、意味理解もできないことはないが、JNSなら使わない表現が多かった。このことから、上級CJLはコロケーションに対する認識が弱く、各

## 第6章　研究2：学習者の誤用及び母語の影響

語の意味に従って名詞と動詞をくっつければ良いと思っていることが推察できる。また、これらの表現の多くは表6-9の中国語の影響を受けている可能性の高い誤用の代表例となっている。【動詞】の誤用にある自他動詞による誤用パターンや、【助詞】の誤用も見られたが、中国語には自他動詞の区別や日本語のような助詞がないため、これらの習得は上級CJLにとっても困難であることが考えられる。特に、【助詞】による誤用には助詞「を」を使用してはいけないところに「を」を使用した誤用が多かった。日本語の「名詞＋動詞」コロケーションにおいて、「名詞＋を＋動詞」のパターンが最も多いとも言われている（秋元, 2002）。つまり、名詞と動詞の間に助詞を入れるとしたら、「を」が正解である可能性が高いということである。そのため、上級CJLは使用範囲の広い助詞「を」を選ぶ傾向があると考えられる。

　課題2では、母語話者の直感による判断という多くの先行研究と同じ方法で母語の影響を判断した場合の結果について報告した。上級CJLの誤用のうち、母語である中国語の影響を受けている可能性のあるものは25%程度であった。英語を母語とする日本語学習者のコロケーションの誤用を調べたKomori（2003）では、誤用の85%が英語の影響を受けていると報告されている。中上級CJLの名詞と形容（動）詞のコロケーション使用について調査した曹・仁科（2006a）は、具体的な数値を報告していないが、ほとんどの誤用を中国語との対応関係から分析している。本研究で母語の影響を受けていると思われる誤用の割合は比較的低いが、これは調査対象者が日本の大学での講義を受けることのできるレベルにあり、Komoriや曹らの調査対象者より日本語レベルの高い学習者を対象にしているためだと考えられる。それにもかかわらず、母語の影響を受けている可能性のあるものは25%もあり、無視できない割合だといえる。日本語の「名詞＋動詞」コロケーションの習得においても、学習者の母語がコロケーションを誤る要因の1つであり、上級になっても、その影響が大きいと指摘できる。

　課題3では、課題2で中国語の影響を受けていると思われる誤用はKJLに

見られるかを検証した。KJLの産出と照らし合わせた結果、KJLの産出にも同じ或いは類似の表現が見られたものは3例あった。そのうち、「だしを作る」のように、韓国語にない表現にも関わらず、KJLの誤用にも見られたため、学習者の母語に関係なく、日本語学習者なら起こりうる誤用だと考えられる。

　KJLに見られなかった誤用は中国語の影響を受けている可能性の高い誤用である。それを詳細に分析した結果、上級CJLは中国語の典型的なコロケーションをそのまま日本語として使用する傾向があるということが分かった。また、中国語と日本語で意味の異なるコロケーションを中国語と同じ意味で使用する傾向も見られた。Kellerman（1979）は、L1において典型度の高い項目であるほど、言語転移が起こりやすいと論じている。そのため、中国語において典型的なコロケーションは転移が起こりやすいと考えられる。

## 6.5　結論

　研究2では、コロケーションの許容度判定で△や×と判定された誤用に着目し、上級CJLの「名詞＋動詞」コロケーションの誤用実態について検討した。その結果、上級CJLの「名詞＋動詞」コロケーションの誤用には、【動詞】による誤用が最も多かった。日本語の「名詞＋動詞」コロケーションの習得における動詞の重要性が示された。また、コロケーションの誤用のうち、中国語の表現をそのまま日本語に用いることによる誤用は25％あり、中国語のみにあるコロケーションの負の転移が観察された。

　第5章と第6章のコーパス分析では、上級CJLはJNSに比べ、NLBにおける頻度の高いコロケーションを有意に多く使用し、NLBにおける共起強度の高いコロケーションの使用が有意に少ないことと、上級CJLの誤用には、中国語のコロケーションをそのまま日本語に訳すことによる誤用が多いことを明らかにした。まず、第5章の結果によると、上級CJLにとっては高頻度コ

# 第6章　研究2：学習者の誤用及び母語の影響

ロケーションが習得しやすく、共起強度の高いコロケーションが習得しにくいと考えられるが、JNSとの比較のみでは確かな判断はできない。そこで、コロケーションの頻度と共起強度によって、上級CJLのコロケーション知識がどのように変わるかを、誘発テストを用いて明らかにする必要がある。また、第6章の結果から、中国語と語彙的に一致しないコロケーションは上級CJLにとっても難しいことが分かるが、中国語との語彙的一致性、コロケーションの頻度と共起強度をあわせて考えた場合、どの要因が上級CJLのコロケーション習得に最も影響しているのかはまだ明らかになっていない。つまり、第3章で指摘した、コロケーションの頻度が同程度の場合、学習者の母語と語彙的に一致するL1-L2は学習者の母語と語彙的に一致しないL2-onlyより習得しやすいか、または共起強度が同程度の場合、高頻度コロケーションは低頻度コロケーションより習得しやすいか、などといった課題がまだ残されている。

# 第7章 誘発テスト調査の研究方法
# 【研究3と研究4】

　本章から第9章までは、誘発テスト調査である研究3と研究4の詳細について報告する。研究3と研究4は、中国語との語彙的一致性、コロケーションの頻度と共起強度が上級CJLの「名詞＋動詞」コロケーションの習得に与える影響を明らかにすることを目的としている。本章では、研究3と研究4で共通している研究方法について説明する。

## 7.1　調査の目的と課題

　研究3と研究4の誘発テスト調査では、中国語との語彙的一致性、コロケーションの頻度と共起強度の3つの指標からコロケーションを選定し、その産出知識と受容知識を測定することを通して、中国語との語彙的一致性、コロケーションの頻度と共起強度が上級CJLの「名詞＋動詞」コロケーションの習得に与える影響を明らかにする。研究3では、コーパス分析である研究1と研究2の結果を踏まえ、中国語との語彙的一致性、コロケーションの頻度と共起強度が上級CJLのコロケーション習得に与える影響を、調査対象者の合

計得点を用いて分析することで明らかにする。研究4では、個別の項目の正答率に目を向け、上級CJLが苦手な「名詞＋動詞」コロケーションの具体的な特徴を探る。

## 7.2　調査の概要

　研究3と研究4の誘発テスト調査では、JLPT N1に合格した上級CJLを調査の対象者としている。調査は、中国語の翻訳文が提示されたうえでの穴埋めテスト（以下、産出調査）と、文中におけるコロケーションの使用が適切であるかを判断してもらう容認性判断テスト（以下、受容調査）の2つの部分からなる。

　産出調査の項目は、中国語との語彙的一致性に基づいて設定され、①中国語と日本語の両方に存在するコロケーション（例：「罪を犯す」、以下C-Jと呼ぶ）と、②日本語のみに存在するコロケーション（例：「油を引く」、以下J-onlyと呼ぶ）の2種類がある。また、C-JとJ-onlyは、NLBにおける出現頻度と共起強度によって、それぞれ高頻度・高MI、高頻度・低MI、低頻度・高MI、低頻度・低MIの4グループに分けられている。

　受容調査の項目は、C-JとJ-onlyのほか、中国語のみにあるコロケーションを日本語に逐語訳したもの（例：「薬を食べる」、以下C-onlyと呼ぶ）と、中国語と日本語のどちらにおいても不適切な表現（例：「文句を語る」、以下存在無と呼ぶ）も対象項目とした。

## 7.3　調査におけるコロケーションの範囲

　研究3と研究4の誘発テスト調査における「名詞＋動詞」コロケーションの定義は、研究1と研究2のコーパス分析での定義と同様である。具体的には、「傘をさす」のように、二語以上の連結使用で、語の共起において恣意的制限を受けるが、句全体の意味が比較的透明であり、構成語から予測できるもののことを指す。なお、コーパスからコロケーションを抽出する際に、その

意味で使用される動詞と共起できる名詞が何個までであれば、動詞の使用が制限されているといえるかを判断することは現実的に難しいため、研究1と研究2のコーパス分析では、「名詞＋動詞」コロケーションを、使用される動詞の意味が本義であるかによって自由結合と区別した。ゆえに、「支障をきたす」「雨が降る」などのように、動詞と共起する名詞が限られているものの、動詞の意味が本義であるため、コロケーションとして抽出しなかったケースもあった。研究3と研究4の誘発テスト調査では、調査項目を選定する際に、コーパス分析のようにコロケーションと自由結合の間に厳密に線を引く必要がないため、「支障をきたす」「雨が降る」のようなものもコロケーションとする。

## 7.4 調査項目の選定

本節では、調査項目の選定について述べる。まず、7.4.1では調査項目の選定手順について説明する。その後、7.4.2産出調査項目の決定手順、7.4.3受容調査項目の決定手順の順で、調査項目選定の詳細について説明する。

### 7.4.1 調査項目の選定手順

調査項目の選定は、辞書とコーパスなどを参考に行った。具体的な選定手順は以下の通りである。

1) 松下（2011）「日本語を読むための語彙データベース（VDRJ）Ver. 1.1（研究用）」[①]のうち、「重要度順語彙データベース（Top 60894）」を利用し、旧JLPT 1級以内の和語動詞をピックアップした。
   ・研究1と研究2のコーパス分析と同様に、複合動詞は含まない。

---

[①] http://www.17408ui.sakura.ne.jp/tatsum/database.html#vdrj よりダウンロード可能。

## 第7章　誘発テスト調査の研究方法【研究3と研究4】

2) 上記1) でピックアップされた和語動詞を、『研究社 日本語コロケーション辞典』で検索をかけ、「名詞＋動詞」コロケーションを抽出した。コロケーションを抽出する際に、以下のことに心掛けた。
   - 名詞もできるだけ旧JLPT 1級以内のものにし、同じ和語動詞はできるだけ重複しないようにすること[①]。
   - C-JとJ-onlyの数はバランスが取れるよう心掛けること。
   
   　この段階における中国語との語彙的一致性の判断は、筆者が『中日・日中辞典（統合版）』（小学館, 1997）と『Weblio日中・中日辞典』（URL: https://cjjc.weblio.jp/）を参考に行った。

3) NLBにおける出現頻度と共起強度（MI-score）を確認すると同時に、例文も抽出するようにした。NLBで適切な例文が見つからない場合は辞書やGoogleなどを参考にしたが、該当するのは6例のみである。どうしても適切な例文が見つからない場合、調査対象項目の候補から除外した。例文を抽出する際に考慮した点は、以下の通りである。
   - 「名詞＋助詞＋動詞」の形で、隣接していること。
   
   　このように限定した理由は、名詞と動詞の間に修飾語があるかどうかによって、調査結果が変わる可能性があるためである。
   - 動詞は辞書形で使用されていること（調査対象者の負担を最小限にするため）。
   - 難しい言葉の使用がなく、分かりやすい文であること[②]。

---

[①] 調査項目には級外の名詞「新年」「肺炎」もあるが、中国語と同形同義の語であるため、除外しなかった。「凧をあげる」の「凧」も級外であるが、受容調査で中国語訳をつけることにした。多義動詞の重複はあるが、3回以内にした。

[②] 例えば、「喉の奥で、不平を鳴らすライオンのような音を立てる。」という例文だと実生活から離れており、母語話者のJNSでもあまり聞いたことのない例文であるため、使用しないことにした。

4) 抽出した例文を中国語に翻訳する。
   ・翻訳作業は筆者が行ったが、中国語の翻訳文に問題がないかを日本語教育を専攻とする中国語母語話者3人に確認してもらった。
5) 母語話者のJNSに予備調査を行い、その結果に基づき、調査項目を決定する。JNSを対象とした予備調査の詳細については、次の7.4.2と7.4.3で述べる。

　2) の段階において、すでにNLBにおける頻度とMI-scoreが高と低の両方があるように配慮していた。そのため、2) と3) は順番で行った作業ではなく、ほぼ同時進行で行った。

　以上の手順で、「名詞＋動詞」コロケーションを105項目選定した。筆者による中国語との語彙的一致性（C-JとJ-only）の分類が適切であるかを確認するために、日本の大学院に在籍し、日本語教育を専攻とする中国語母語話者3人に、選定された項目の中国語との語彙的一致性について直感的に判断してもらった。この作業は、後述するJNSを対象とした予備調査が終わってから中国語を母語とする協力者に依頼した。そのため、JNSを対象とした予備調査は105項目のままである。

　選定手順の2) で述べたように、筆者によるC-JとJ-onlyの分類は『中日・日中辞典』（小学館, 1997）と『Weblio日中・中日辞典』（Web版）という2つの辞書を参考にしていたため、ある程度客観性を持っていると思われる。よって、中国語母語話者3人のうち、2人以上が筆者の分類と一致した場合、筆者の分類を最終分類とし、その項目を産出調査の候補に入れた。その結果、105項目のうち、99項目が産出調査の候補項目となり、そのうちC-Jが43項目、J-onlyが56項目あった。また、調査で使用する例文の中国語訳に問題がないかについても上記の中国語母語話者3人に確認してもらった。

　手順3) で選ばれた例文が日本語として不自然な表現がないかについてはJNSを対象とした産出予備調査が終了後、その場で予備調査の対象者に聞く

## 第7章　誘発テスト調査の研究方法【研究3と研究4】

形で確認した。ややおかしい、不自然だと思われる項目はすべて本調査から除外した。

　手順5）の予備調査の結果に基づき、産出調査と受容調査の対象項目を選定した。以下、手順5）の詳細について、7.4.2産出調査項目の決定手順、7.4.3受容調査項目の決定手順の順で述べていく。

### 7.4.2　産出調査項目の決定手順

　第3章の先行研究から分かるように、産出調査の形式として、①文単位或いはコロケーション単位の翻訳テスト、②穴埋めテスト、③母語訳が提示されたうえでの穴埋めテストの3種類がある。①の翻訳テストだと言い換えや回避などの問題があり、②の穴埋めテストだと意味の異なる複数の回答が出る可能性が高いため、対象コロケーションの知識が確実に測定できることは確保できない。③の母語訳が提示されたうえでの穴埋めテストの場合は、文の意味が中国語で限定されており、日本語の文もコロケーション以外のすべてが指定されているため、対象コロケーションが産出される確率は①と②より高いと考えられる。本研究では、上級CJLが事前に選定されたコロケーションを産出できるかを見るため、答えが1つに限定できるように工夫し、③の母語訳が提示されたうえでの穴埋めテストを用いた。また、「名詞＋動詞」コロケーションの知識を調査するためには、本来名詞から動詞までコロケーションの全体を産出させるべきであるが、「スピードを出す」のように、「スピードを上げる」「速度を上げる」「スピードをアップする」など、同じ意味で別の言い方で表現できる場合が多くある。そのため、母語訳付きの穴埋めテストであっても、想定しているコロケーションが確実に産出されることは保証できない場合もある。さらに、研究2では、上級CJLの「名詞＋動詞」コロケーションの誤用のうち、動詞による誤用が最も多いことが明らかになっている。そのため、本研究では、名詞と助詞を提示し、動詞を書いてもらう形にした。動詞を自由に書いてもらうか、文字数を指定したうえで書いてもらうかについては、JNSを対象とした予備調査の結果で判

断した。

　この調査方法で調査できるのは、厳密にコロケーション全体の知識ではなく、共起動詞の知識であるが、第3章の先行研究においてもよく使用される研究方法である。中国語との語彙的一致性、コロケーションの頻度と共起強度の影響を明らかにするためには完璧ではないが、現時点で最適な方法だといえよう。

　次に、JNSを対象とした予備調査の詳細について説明する。

　JNSを対象とした産出予備調査は以下の2点を目的としている。①JNSなら想定している動詞が確実に産出できるかという調査項目の妥当性の検証、②産出調査の形式（動詞を自由に書いてもらうか、文字数を指定したうえで書いてもらうか）を決定することである。

　産出予備調査は、2回に分けてそれぞれ20名のJNSを対象に行った。産出予備調査に協力してくれたJNSは、東京都内のある大学に在籍している日本人学部生である。予備調査の項目は、7.4.1で選定された105項目である。

　JNSには中国語を提示しても分からないと思われるため、JNSを対象とした産出予備調査は日本語の文のみを提示することで行った。想定しているコロケーションを産出させるために、1回目は名詞と助詞を提示し、動詞を自由に記入してもらう形で行った。表7-1はJNSを対象に行った1回目の産出予備調査の提示例である。上は「力を尽くす」、下は「記録を破る」の例である。その結果、「力を尽くす」においては、JNSが書いた回答のうち、「尽くす」「注ぐ」のほか、「出す」「貸す」もあった。「記録を破る」においては「破る」のほか、「更新する」「出す」もあり、特に「出す」と回答した人は12名もいた。本研究では、コロケーションの頻度がその習得に与える影響についても見るため、低頻度であまり使用されないコロケーションもあえて調査項目に入れている。「記録を破る」も低頻度コロケーションの1つである。表7-1のように、動詞を自由に書いてもらう場合は、より頻度の高い「記録を出す」の「出す」が出やすくなる。そのため、動詞の部分を

# 第7章　誘発テスト調査の研究方法【研究3と研究4】

（　）の数によって文字数を指定したうえで、ひらがなで回答するように求める形で、もう一回予備調査を行った。表7-2はJNSを対象に行った2回目の産出予備調査の提示例である。

表7-1　JNSを対象とした1回目の産出予備調査

| 例文 | | 別の言い方 |
|---|---|---|
| あなたの苦しみが軽くなるように、精いっぱい力を（　　　　）。 | 有・無 | 力を＿＿＿＿＿＿ |
| 彼は今度の大会で世界最高記録を（　　　　）と宣言した。 | 有・無 | 記録を＿＿＿＿＿＿ |

表7-2　JNSを対象とした2回目の産出予備調査

| 例文 | | 別の言い方 |
|---|---|---|
| あなたの苦しみが軽くなるように、精いっぱい力を（　）（　）（　）。 | 有・無 | 力を＿＿＿＿＿＿ |
| 彼は今度の大会で世界最高記録を（　）（　）（　）と宣言した。 | 有・無 | 記録を＿＿＿＿＿＿ |

　2回目の産出予備調査では、想定している動詞が確実に産出されるケースが多くなったが、限られた一部の項目において、日本語として自然な複数の回答も見られた。以下、具体例を挙げながら、それらの場合にどのように対処したかについて説明する。

　1）中国語の翻訳を提示することで、動詞が限定できるもの：
【手をにぎる】
　調査文：アメリカでは名乗りながらしっかりと手を（　）（　）（　）
　　　　　のがマナーです。

　JNSの回答には「あげる」9回、「にぎる」8回、「つなぐ」1回、空欄2回あり、想定していた動詞「にぎる」の割合は40％しかなかった。なお、各回

答の意味が異なるため、中国語の翻訳文を提示することで、回答を「にぎる」に限定することができる。本調査では、中国語の翻訳文も併記されるため、このような項目はこのまま残すことにした。

2) 想定していた動詞は、文字数が3つ以上[①]あり、一部を指定することで限定できるもの：

【非難をあびる】
調査文：これは道徳的にも非難を（　）（　）（　）ような極端なケースである。

　JNSの回答には「うける」10回、「あびる」9回、「まねく」1回あり、想定していた動詞「あびる」は45％しかなかった。動詞「あびる」の「あ」を指定することで、回答を「あびる」に限定できる。このような項目に関しては、本調査では、動詞の最初の文字を指定することで、回答を限定するようにした。
　以上述べたように、本研究では、回答が1つに限定できるように様々な工夫をした。一方、JNSを対象とした予備調査は日本語のみを提示する形で行ったため、回答にある程度揺れがあることが考えられる。また、類義表現の存在も完全に排除することができないため、産出調査の項目は、JNSの正答率が70％以上の項目から本調査の項目を選定するようにした。つまり、JNSの回答が複数あっても、想定していた動詞の使用が半数以上であることを確保した。上記の1）と2）に当てはまる項目は、動詞の最初の文字を指定した形で、JNS 10名に再調査し、想定していた動詞が確実に産出されること

---

① 動詞が2文字しかない場合、1文字を指定するとヒントになりやすいため、ここではできるだけヒントにならないように3文字以上に限定した。動詞が2文字で複数の回答があるものは対象項目から除外した。

第7章　誘発テスト調査の研究方法【研究3と研究4】

（正答率が70%以上であること）を確認した。JNSを対象とした2回目の産出予備調査の回答一覧は稿末資料7の表1を参照されたい。

### 7.4.3　受容調査項目の決定手順

7.2で述べたように、受容調査では、C-JとJ-onlyのほか、中国語のみに存在するコロケーションを日本語に逐語訳したものであるC-onlyと、中国語と日本語のどちらにおいても不適切な表現である存在無も対象項目としている。C-JとJ-onlyは、上級CJLが産出調査で苦手そうな項目を予測し、できるだけそれを含めるようにした。C-onlyと存在無の項目は以下の手順で作成した。

1）C-only項目の作成

7.4.1で選定された105項目のうち、対応している中国語が中国語として適切なコロケーションであり、しかもその中国語を日本語に逐語訳したものが、「名詞・助詞・和語動詞」の形になっている項目から、C-only項目を作成した。

　例1：夢を見る⇒中国語：做夢⇒"做"は「作る」、"梦"は「夢」であるため⇒C-only：夢を作る

　例2：トランプを切る⇒中国語：洗牌⇒"洗"は「洗う」、"牌"は「トランプ」であるため⇒C-only：トランプを洗う

上記の方法で作成されたC-only項目は日本語にない表現であるかをNLBにおける出現頻度で判断した。判断の基準は、NLBでの出現頻度が0回であることとした。なお、以下の2つは、この基準を満たしてはいないが、C-onlyとして扱った項目である。

・夢を作る（出現頻度1回）

　NLBでの使用例は「この曲はジョンが見た夢を元に作られたのだそう

です。」であり、「夢を作る」の形ではないため、「夢を作る」の出現頻度は0回であると考えられる。

・お金を取る（出現頻度20回）

　　NLBでの使用は、どれも「公衆電話の中からお金を取る」や「年寄りのお金を取るなんて許せません」などのように、「お金を盗む」の意味で使用されている。一方、中国語の「お金を取る」は「銀行からお金を引き出す」の意味である。受容調査では「銀行のATMで<u>お金を取る</u>のに、手数料がかかるのは何時からですか？」という文において提示されているため、日本語にない意味で使用されている。

2）存在無項目の作成

　存在無の項目は受容調査のC-J、J-only、C-only項目として扱わなかった項目の名詞と動詞をランダムに組み合わせて作成した。ただし、一目で日本語として不適切な表現であると判断されないよう、元々の適切な動詞に近い意味を持つ動詞の使用に心掛けた。例えば、「家庭を砕く」（適切な表現：「家庭を壊す」）、「沈黙をつぶす」（適切な表現：「沈黙を破る」）、「肺炎に落ちる」（適切な表現：「肺炎にかかる」）などである。存在無の判断基準はNLBでの出現頻度が0回であり、しかも中国語への逐語訳が中国語としても不自然であることとした。

　以上の手順でC-only（19項目）と存在無（26項目）の項目を作成した。作成したC-onlyと存在無の項目は、日本語として本当に不適切なものであるか、JNSなら正しく判断できるかということを確認するために、JNS 10名に予備調査を行った。予備調査に協力してくれたJNSは産出予備調査と異なるが、産出予備調査の対象者と同じ大学に在籍している学部生である。予備調査の項目は上記のC-onlyと存在無のほか、C-JとJ-onlyも含まれる。JNSを対象とした受容予備調査の項目数も105項目である。受容予備調査の具体例は表7-3に示す。

# 第7章　誘発テスト調査の研究方法【研究3と研究4】

表7-3　JNSを対象とした受容予備調査の具体例

| | 調査文 | 訂正欄 |
|---|---|---|
| 例1<br>C-J | だれでも交通<u>規則を守る</u>べきだ。<br>□適切　　□日本語にある表現だが、この文において不適切<br>□日本語にない表現 | |
| 例2<br>J-only | 人の<u>反感を買う</u>ような質問をやめてください。<br>□適切　　□日本語にある表現だが、この文において不適切<br>□日本語にない表現 | |
| 例3<br>C-only | 区役所などに<u>電話を打つ</u>場合は電話番号を確認してください。<br>□適切　　□日本語にある表現だが、この文において不適切<br>□日本語にない表現 | |
| 例4<br>存在無 | 妊婦や子ども、お年寄りがいるところで平気で<u>タバコを食べる</u>人がいます。<br>□適切　　□日本語にある表現だが、この文において不適切<br>□日本語にない表現 | |

　受容予備調査では、下線部がその文において適切な表現であるかを判断してもらった。不適切だと判断された場合、適切な表現（名詞＋格助詞＋動詞）を訂正欄に書いてもらうようにした。JNSの予備調査では、できるだけ多くの情報を把握するために、選択肢を①適切、②日本語にある表現だが、この文において不適切、③日本語にない表現、と詳しく分類したが、②と③のどちらかにチェックを入れた場合、すべて「不適切」の判断として数えた。例えば、例1と例2は「適切」が想定していた回答であり、例3と例4は「適切」以外のどちらかにチェックを入れれば、想定していた「不適切」の回答になる。JNSの予備調査での選択肢②と③は、どちらも「不適切」の判断とし、同じ基準で採点するため、本調査では「不適切」の1つの選択肢にまとめることにした。なお、本調査での提示例は7.5で詳述する。

　受容予備調査において、JNSの回答のうち、想定していた回答の正答率が90％以上の項目から本調査の項目を選定するようにした。想定していた回答の正答率が90％未満の場合は、調査項目から除外するか再調整を行った。なお、C-only項目は足りなかったため、JNSの受容予備調査で想定

していた回答の正答率が80%の項目である「速度を減らす」①も、本調査の対象項目とした。除外したのは、C-only項目として作成された「水を焼く（正答率：100%）」②「メモを記す（正答率：40%）」「ギョーザを包む（正答率：50%）」である。再調整したのは「理解を深める」である。「理解を深める」は、受容予備調査では「理解を高める」に変更し、「存在無」の項目として調査したが、JNS 10名のうち「適切」と判断した者が6名もおり、半分以上であった。そのため、「理解を高める」は存在無の項目として妥当ではないと思われる。よって、本調査では「理解を深める」という適切な形のままで提示することにした。JNSの受容予備調査は1回のみ行ったが、「理解を深める」については、別のJNS 10名に容認性判断をしてもらい、正答率が90%以上であることを確認した。

### 7.4.4　本調査の項目

7.4.2で述べたJNSを対象とした2回目の産出予備調査と、7.4.3で述べたJNSを対象とした受容予備調査の結果に基づき、産出調査と受容調査それぞれ75項目を決定した（表7-4）。

まず決めたのは、中国語との語彙的一致性、コロケーションの頻度と共起強度の3つの指標に基づいて選定された64項目（表7-4の1～64番）である。この64項目を選定する際に、産出調査と受容調査で扱うコロケーションができるだけ同じになるよう心掛けたものの、受容調査のC-only項目を作成するために産出調査と異なる項目が8項目生じた（表7-4の65～72番）。産出調査の結果と受容調査の結果を比較できるように、上記で選定された64項目とは異なった8項目も加え、産出調査と受容調査の項目数をそれぞれ72項目まで

---

① 「速度を減らす」は、JNSの予備調査で「適切」と判断した人は2人、「不適切」と判断した人は8人であった。
② 「水を焼く」は「お湯を沸かす」から作成したC-only項目である。容認性判断の正答率は100%であるが、「お湯を沸かす」と正しく訂正できた人は30%しかいなかった。また、この項目は名詞も変更されたため、ほかのC-only項目と異なるものであった。

# 第 7 章　誘発テスト調査の研究方法【研究 3 と研究 4】

増やした。

　また、研究1（5.3.4）では、YNU書き言葉コーパスにおいて、JNSが3回以上使用し、上級CJLが1回も使用しなかったコロケーションの報告もあったが、上記の72項目には含まれていない項目である。簡単そうな語なのに、上級CJLが使用しなかった「ほこりを被る」「時間をかける」「遅れを取る」の3つも入れることにした（表7-4の73～75番）[①]。ゆえに、本調査では、産出調査と受容調査それぞれ75項目である。

　対象項目の構成語である名詞と動詞は、旧JLPT 2級以内の語が9割以上である。産出調査と受容調査のすべての項目（受容調査のC-onlyと存在無の場合は対応している適切な日本語の表現）は、JNSを対象とした産出予備調査（2回目）での正答率が70%以上である。前述した受容予備調査での正答率が80%である「速度を減らす」を除き、すべての項目はJNSを対象とした受容予備調査での正答率が90%以上である。本調査では、これらの項目をランダム順で提示した。

---

[①] JNSが3回以上使用し、上級CJLが1回も使用しなかったもので、級外の語がなければ、調査に入れるようにしたが、調査票作成時に参考したデータは劉（2018）の26名分のデータであったため、5.3.4で挙げた項目のうち、調査に入れられなかった項目「要望があがる」もある。

表7-4 産出調査と受容調査の項目

| 一致性 | 番号 | 項目 | 産出調査項目 旧JLPT 名 | 産出調査項目 旧JLPT 動 | 頻度(F) NLB | 頻度(F) 対数変換 | MI-score | 分類 | JNS予備正答率 | 項目 | 受容調査項目 旧JLPT 名 | 受容調査項目 旧JLPT 動 | 頻度(F) NLB | 頻度(F) 対数変換 | MI-score | 分類 | JNS予備正答率 |
|---|---|---|---|---|---|---|---|---|---|---|---|---|---|---|---|---|---|
| C-J | 1 | 例をあげる | 1級 | 4級 | 506 | 6.23 | 11.26 | 高F・高MI | 100% | 例を挙げる | 1級 | 4級 | 506 | 6.23 | 11.26 | 高F・高MI | 100% |
| C-J | 2 | 理解をふかめる | 2級 | 1級 | 485 | 6.18 | 13.53 | 高F・高MI | 75% | 理解を深める | 2級 | 2級 | 485 | 6.18 | 13.53 | 高F・高MI | 100% |
| C-J | 3 | 責任をおう | 2級 | 1級 | 843 | 6.74 | 12.36 | 高F・高MI | 75% | 責任を負う | 2級 | 1級 | 843 | 6.74 | 12.36 | 高F・高MI | 100% |
| C-J | 4 | ボタンをおす | 4級 | 4級 | 960 | 6.87 | 12.18 | 高F・高MI | 95% | ボタンを押す | 4級 | 4級 | 960 | 6.87 | 12.18 | 高F・高MI | 100% |
| C-J | 5 | 会議をひらく | 3級 | 3級 | 306 | 5.72 | 11.09 | 高F・高MI | 100% | 鉛筆を削る | 4級 | 2級 | 10 | 2.30 | 11.61 | 低F・高MI | 100% |
| C-J | 6 | 条件を(み)たす | 2級 | 1級 | 439 | 6.08 | 12.33 | 高F・高MI | 90% | 新年を迎える | 級外 | 3級 | 81 | 4.39 | 13.31 | 低F・高MI | 100% |
| C-J | 7 | タバコをすう | 4級 | 4級 | 753 | 6.62 | 13.32 | 高F・高MI | 100% | 別れを惜しむ | 2級 | 1級 | 67 | 4.20 | 14.07 | 低F・高MI | 100% |
| C-J | 8 | 罪をおかす | 2級 | 2級 | 295 | 5.69 | 13.97 | 高F・高MI | 95% | 規則を守る | 3級 | 2級 | 34 | 3.53 | 15.80 | 低F・高MI | 100% |
| C-J | 9 | 結果がでる | 2級 | 4級 | 552 | 6.31 | 8.67 | 高F・低MI | 100% | 結果が出る | 2級 | 4級 | 552 | 6.31 | 8.67 | 高F・低MI | 100% |
| C-J | 10 | 手を(に)ぎる | 4級 | 2級 | 693 | 6.54 | 9.59 | 高F・低MI | 100% | 手を握る | 4級 | 2級 | 693 | 6.54 | 9.59 | 高F・低MI | 100% |
| C-J | 11 | 音楽をきく | 4級 | 4級 | 354 | 5.87 | 8.93 | 高F・低MI | 100% | 音楽を聞く | 4級 | 4級 | 354 | 5.87 | 8.93 | 高F・低MI | 100% |
| C-J | 12 | 手紙をかく | 3級 | 4級 | 628 | 6.44 | 9.47 | 高F・低MI | 100% | 手紙を書く | 3級 | 4級 | 628 | 6.44 | 9.47 | 高F・低MI | 100% |
| C-J | 13 | 教育をうける | 3級 | 3級 | 698 | 6.55 | 9.67 | 高F・低MI | 100% | 記憶を失う | 2級 | 3級 | 40 | 3.69 | 9.30 | 低F・低MI | 100% |
| C-J | 14 | 映画をみる | 4級 | 4級 | 615 | 6.42 | 8.42 | 高F・低MI | 85% | 目標を定める | 2級 | 1級 | 74 | 4.30 | 8.41 | 低F・低MI | 90% |
| C-J | 15 | 道をえらぶ | 4級 | 3級 | 266 | 5.58 | 8.53 | 高F・低MI | 80% | タクシーを呼ぶ | 4級 | 4級 | 72 | 4.28 | 9.26 | 低F・低MI | 100% |
| C-J | 16 | 機会をあたえる | 3級 | 2級 | 312 | 5.74 | 9.66 | 高F・低MI | 100% | 自信を失う | 2級 | 2級 | 72 | 4.28 | 9.36 | 低F・低MI | 100% |
| C-J | 17 | 家庭をこわす | 4級 | 3級 | 34 | 3.53 | 11.55 | 低F・高MI | 100% | 家庭を砕く | 4級 | 2級 | 0 | 0 | 0 | 低F・低MI | 100% |
| C-J | 18 | ギターをひく | 4級 | 4級 | 86 | 4.45 | 13.82 | 低F・高MI | 100% | ギターを押く | 4級 | 4級 | 0 | 0 | 0 | 低F・低MI | 100% |
| C-J | 19 | 笛をふく | 2級 | 4級 | 71 | 4.26 | 13.70 | 低F・高MI | 100% | 笛を弾く | 2級 | 4級 | 0 | 0 | 0 | 低F・低MI | 100% |
| C-J | 20 | 沈黙をやぶる | 1級 | 2級 | 75 | 4.32 | 12.08 | 低F・高MI | 90% | 沈黙をつぶす | 1級 | 2級 | 0 | 0 | 0 | 低F・低MI | 100% |
| C-J | 21 | 鉛筆をけずする | 4級 | 2級 | 10 | 2.30 | 11.61 | 低F・高MI | 85% | 教育を取る | 3級 | 4級 | 0 | 0 | 0 | 低F・低MI | 100% |

## 第7章 誘発テスト調査の研究方法【研究3と研究4】

(続き)

| 一致性 | 番号 | 項目 | 産出調査項目 旧JLPT 名・動 | 頻度(F) NLB対数変換 | MI-score | 分類 | JNS子備正答率 | 一致性 | 番号 | 項目 | 受容調査項目 旧JLPT 名・動 | 頻度(F) NLB対数変換 | MI-score | 分類 | JNS予備正答率 |
|---|---|---|---|---|---|---|---|---|---|---|---|---|---|---|---|
| C-J | 22 | 新年をむかえる | 級外 3級 | 81 4.39 | 13.31 | 低F・高MI | 100% | 存在無 | 22 | 映画を訳む | 4級 4級 | 0 | 0 | | 100% |
| C-J | 23 | 別れをおしむ | 2級 1級 | 67 4.20 | 14.07 | 低F・高MI | 95% | 存在無 | 23 | 会議を挙げる | 3級 3級 | 0 | 0 | | 100% |
| C-J | 24 | 規則をまもる | 3級 2級 | 34 3.53 | 15.80 | 低F・高MI | 100% | 存在無 | 24 | タバコを食べる | 4級 4級 | 0 | 0 | | 100% |
| C-J | 25 | 記録を(や)ぶる | 2級 2級 | 18 2.89 | 9.49 | 低F・低MI | 90% | 存在無 | 25 | 文句を壊す | 2級 3級 | 0 | 0 | | 100% |
| C-J | 26 | 荷物をとる | 4級 4級 | 33 3.50 | 6.81 | 低F・低MI | 85% | 存在無 | 26 | 文句を語る | 2級 2級 | 0 | 0 | | 100% |
| C-J | 27 | 記憶をうしなう | 2級 2級 | 40 3.69 | 9.30 | 低F・低MI | 70% | 存在無 | 27 | 相談に合う | 3級 3級 | 0 | 0 | | 100% |
| C-J | 28 | 目標を(さ)だめる | 2級 1級 | 74 4.30 | 8.41 | 低F・低MI | 70% | 存在無 | 28 | 帽子をつける | 4級 4級 | 0 | 0 | | 100% |
| C-J | 29 | 足にあう | 4級 3級 | 32 3.47 | 9.09 | 低F・低MI | 85% | 存在無 | 29 | 嘘を作る | 3級 2級 | 0 | 0 | | 100% |
| C-J | 30 | 罪をみとめる | 2級 2級 | 35 3.56 | 7.54 | 低F・低MI | 75% | 存在無 | 30 | スピードを立てる | 3級 3級 | 0 | 0 | | 100% |
| C-J | 31 | タクシーをよぶ | 4級 4級 | 72 4.28 | 9.26 | 低F・低MI | 80% | 存在無 | 31 | 肺炎に落ちる | 級外 4級 | 0 | 0 | | 100% |
| C-J | 32 | 自信をうしなう | 2級 2級 | 72 4.28 | 9.36 | 低F・低MI | 95% | 存在無 | 32 | アイロンを押す | 2級 4級 | 0 | 0 | | 100% |
| J-only | 33 | 油をひく | 2級 4級 | 55 4.01 | 10.87 | 低F・高MI | 95% | J-only | 33 | 油を引く | 2級 4級 | 55 4.01 | 10.87 | 低F・高MI | 90% |
| J-only | 34 | トンネルをぬける | 2級 2級 | 76 4.33 | 12.51 | 低F・高MI | 90% | J-only | 34 | トンネルを抜ける | 2級 2級 | 76 4.33 | 12.51 | 低F・高MI | 100% |
| J-only | 35 | 非難を(あ)びる | 1級 4級 | 59 4.08 | 13.49 | 低F・高MI | 90% | J-only | 35 | 非難を浴びる | 1級 4級 | 59 4.08 | 13.49 | 低F・高MI | 100% |
| J-only | 36 | 梅雨が(あ)ける | 2級 2級 | 46 3.83 | 15.37 | 低F・高MI | 100% | J-only | 36 | 梅雨が明ける | 2級 2級 | 46 3.83 | 15.37 | 低F・高MI | 100% |
| J-only | 37 | 肺炎にかかる | 級外 4級 | 16 2.77 | 10.08 | 低F・高MI | 95% | J-only | 37 | けんかを売る | 3級 2級 | 55 4.01 | 9.94 | 低F・低MI | 100% |
| J-only | 38 | アイロンをかける | 2級 4級 | 75 4.32 | 11.34 | 低F・高MI | 100% | J-only | 38 | 元気を出す | 4級 4級 | 86 4.45 | 9.23 | 低F・低MI | 100% |
| J-only | 39 | 凧をあげる | 級外 4級 | 18 2.89 | 10.65 | 低F・高MI | 100% | J-only | 39 | 反感を買う | 1級 4級 | 51 3.93 | 9.82 | 低F・低MI | 100% |
| J-only | 40 | お茶を(い)れる | 4級 4級 | 74 4.30 | 16.31 | 低F・高MI | 100% | J-only | 40 | 涙を誘う | 2級 2級 | 38 3.64 | 9.46 | 低F・低MI | 100% |
| J-only | 41 | 命をおとす | 2級 3級 | 251 5.53 | 10.30 | 高F・高MI | 100% | J-only | 41 | 命を落とす | 2級 3級 | 251 5.53 | 10.30 | 高F・高MI | 90% |
| J-only | 42 | 音をたてる | 3級 3級 | 1365 7.22 | 12.91 | 高F・高MI | 100% | J-only | 42 | 音を立てる | 3級 3級 | 1365 7.22 | 12.91 | 高F・高MI | 100% |

(続き)

**産出調査項目**

| 一致性 番号 | 番号 | 項目 | 旧JLPT 名 | 旧JLPT 動 | 頻度(F) NLB | 対数変換 | MI-score | 分類 | JNS予備正答率 |
|---|---|---|---|---|---|---|---|---|---|
| J-only | 43 | 注意を(は)らう | 3級 | 3級 | 487 | 6.19 | 11.79 | 高F·高MI | 80% |
| J-only | 44 | 汗をかく | 2級 | 4級 | 565 | 6.34 | 13.27 | 高F·高MI | 95% |
| J-only | 45 | 相談にのる | 3級 | 4級 | 383 | 5.95 | 12.08 | 高F·高MI | 95% |
| J-only | 46 | 帽子をかぶる | 4級 | 4級 | 292 | 5.68 | 14.00 | 高F·高MI | 100% |
| J-only | 47 | 嘘をつく | 3級 | 4級 | 889 | 6.79 | 10.60 | 高F·高MI | 100% |
| J-only | 48 | 迷惑をかける | 2級 | 4級 | 825 | 6.72 | 11.46 | 高F·高MI | 100% |
| J-only | 49 | 夢をみる | 3級 | 4級 | 987 | 6.89 | 8.09 | 高F·高MI | 100% |
| J-only | 50 | 名前をつける | 4級 | 4級 | 490 | 6.19 | 9.58 | 高F·低MI | 100% |
| J-only | 51 | 目をとおす | 4級 | 2級 | 440 | 6.09 | 9.55 | 高F·低MI | 100% |
| J-only | 52 | 試験をうける | 3級 | 3級 | 307 | 5.73 | 9.81 | 高F·低MI | 100% |
| J-only | 53 | 力をぬく | 3級 | 2級 | 303 | 5.71 | 9.03 | 高F·低MI | 100% |
| J-only | 54 | 電話をきる | 4級 | 4級 | 564 | 6.34 | 9.81 | 高F·低MI | 95% |
| J-only | 55 | 面倒をみる | 2級 | 4級 | 859 | 6.76 | 8.97 | 高F·低MI | 100% |
| J-only | 56 | 文句をいう | 2級 | 4級 | 723 | 6.58 | 7.91 | 高F·低MI | 100% |
| J-only | 57 | お金をおろす | 4級 | 2級 | 19 | 2.94 | 7.53 | 低F·低MI | 95% |
| J-only | 58 | 花火をあげる | 2級 | 4級 | 26 | 3.26 | 9.77 | 低F·低MI | 75% |
| J-only | 59 | 点数をつける | 2級 | 4級 | 17 | 2.83 | 8.66 | 低F·低MI | 80% |
| J-only | 60 | けんかをうる | 3級 | 4級 | 55 | 4.01 | 9.94 | 低F·低MI | 95% |
| J-only | 61 | 元気をだす | 4級 | 4級 | 86 | 4.45 | 9.23 | 低F·低MI | 90% |
| J-only | 62 | 反感をかう | 1級 | 4級 | 51 | 3.93 | 9.82 | 低F·低MI | 100% |
| J-only | 63 | 涙をさそう | 2級 | 2級 | 38 | 3.64 | 9.46 | 低F·低MI | 70% |

**受容調査項目**

| 一致性 番号 | 番号 | 項目 | 旧JLPT 名 | 旧JLPT 動 | 頻度(F) NLB | 対数変換 | MI-score | 分類 | JNS予備正答率 |
|---|---|---|---|---|---|---|---|---|---|
| J-only | 43 | 注意を払う | 3級 | 3級 | 487 | 6.19 | 11.79 | 高F·高MI | 90% |
| J-only | 44 | 汗をかく | 2級 | 2級 | 565 | 6.34 | 13.27 | 高F·高MI | 100% |
| J-only | 45 | 試験を受ける | 3級 | 3級 | 307 | 5.73 | 9.81 | 高F·低MI | 100% |
| J-only | 46 | 力を抜く | 3級 | 2級 | 303 | 5.71 | 9.03 | 高F·低MI | 100% |
| J-only | 47 | 電話を切る | 4級 | 4級 | 564 | 6.34 | 9.81 | 高F·低MI | 100% |
| J-only | 48 | 面倒を見る | 2級 | 4級 | 859 | 6.76 | 8.97 | 高F·低MI | 100% |
| J-only | 49 | 夢を見る | 3級 | 4級 | 1 | | −0.36 | 高F·低MI | 100% |
| C-only | 50 | 名前を起こす | 4級 | 3級 | 0 | | 0 | | 100% |
| C-only | 51 | 目を過ごす | 4級 | 2級 | 0 | | 0 | | 100% |
| C-only | 52 | 凪を放す | 級外 | 2級 | 0 | | 0 | | 90% |
| C-only | 53 | 迷惑を添える | 2級 | 1級 | 0 | | 0 | | 100% |
| C-only | 54 | 電話を打つ | 4級 | 3級 | 0 | | 0 | | 100% |
| C-only | 55 | タクシーを打つ | 4級 | 4級 | 0 | | 0 | | 100% |
| C-only | 56 | 粥を飲む | 1級 | 3級 | 0 | | 0 | | 90% |
| C-only | 57 | お金を取る | 4級 | 4級 | 65 | | 6.24 | | 100% |
| C-only | 58 | 花火を放す | 2級 | 2級 | 0 | | 0 | | 100% |
| C-only | 59 | 点数を打つ | 2級 | 3級 | 0 | | 0 | | 90% |
| C-only | 60 | 速度を減らす | 2級 | 2級 | 0 | | 0 | | 80% |
| C-only | 61 | 傘を打つ | 4級 | 3級 | 0 | | 0 | | 90% |
| C-only | 62 | トランプを洗う | 2級 | 4級 | 0 | | 0 | | 100% |
| C-only | 63 | 薬を食べる | 4級 | 4級 | 0 | | 0 | | 100% |

## 第7章　誘発テスト調査の研究方法【研究3と研究4】

(続き)

| 一致性 | 番号 | 項目 | 産出調査項目 旧JLPT 名 | 産出調査項目 旧JLPT 動 | 頻度(F) NLB | 頻度(F) 対数変換 | MI-score | 分類 | JNS予備正答率 | 番号 | 項目 | 受容調査項目 旧JLPT 名 | 受容調査項目 旧JLPT 動 | 頻度(F) NLB | 頻度(F) 対数変換 | MI-score | 分類 | JNS予備正答率 |
|---|---|---|---|---|---|---|---|---|---|---|---|---|---|---|---|---|---|---|
| J-only | 64 | スピードをだす | 2級 | 4級 | 68 | 4.22 | 8.31 | 低F・低MI | 80% | C-only | 64 | 冗談を開く | 2級 | 3級 | 0 | 0 | 0 | | 100% |
| | 65 | 電話をかける | 4級 | 4級 | 1234 | 7.12 | 9.87 | | 100% | | 65 | 道を選ぶ | 4級 | 3級 | 266 | 5.58 | 8.53 | | 100% |
| | 66 | 薬をのむ | 4級 | 4級 | 606 | 6.41 | 10.52 | | 100% | | 66 | 機会を与える | 3級 | 2級 | 312 | 5.74 | 9.66 | | 100% |
| | 67 | 速度をおとす | 2級 | 3級 | 89 | 4.49 | 11.31 | | 85% | | 67 | 罪を犯す | 2級 | 2級 | 295 | 5.69 | 13.97 | | 100% |
| | 68 | 傘をさす | 4級 | 2級 | 87 | 4.47 | 12.83 | | 100% | | 68 | 条件を満たす | 2級 | 1級 | 439 | 6.08 | 12.33 | | 100% |
| ★ | 69 | タクシーを（ひ）ろう | 4級 | 3級 | 81 | 4.39 | 13.02 | | 100% | ★ | 69 | 足に合う | 4級 | 3級 | 32 | 3.47 | 9.09 | | 90% |
| | 70 | トランプをきる | 2級 | 4級 | 2 | 0.69 | 8.19 | | 95% | | 70 | 荷物を取る | 4級 | 4級 | 33 | 3.50 | 6.81 | | 100% |
| | 71 | 粥をたべる | 1級 | 4級 | 23 | 3.14 | 9.24 | | 85% | | 71 | 罪を認める | 2級 | 2級 | 35 | 3.56 | 7.54 | | 100% |
| | 72 | 冗談をいう | 2級 | 4級 | 201 | 5.30 | 7.63 | | 100% | | 72 | お茶を入れる | 4級 | 4級 | 74 | 4.30 | 16.31 | | 100% |
| | 73 | 時間を（か）ける | 4級 | 4級 | 920 | 6.82 | 9.01 | | 100% | | 73 | 時間をかける | 4級 | 4級 | 920 | 6.82 | 9.01 | | 100% |
| ☆ | 74 | 遅れをとる | 1級 | 4級 | 190 | 5.25 | 10.64 | | 100% | ☆ | 74 | 遅れを取る | 1級 | 3級 | 190 | 5.25 | 10.64 | | 100% |
| | 75 | ほこりをかぶる | 2級 | 4級 | 38 | 3.64 | 13.25 | | 85% | | 75 | ほこりを彼る | 2級 | 4級 | 38 | 3.64 | 13.25 | | 100% |

- ★の65～72番は産出と受容の64項目において異なった8項目である。
- ☆の73～75番は、第5章の研究1で報告したYNU書き言葉コーパスにおいてJNSが3回以上使用し、上級CJLが1回も使用しなかったコロケーションのうち、1～64番の項目に入っていないものである。
- 網掛けの部分は2回目の産出予備調査で、正答率が70%未満であったが、中国語の翻訳を提示することで、動詞が限定できる項目と、動詞の一部を指定することで動詞が限定できる項目の正答率である。なお、表に示したJNS予備産出調査の正答率は、動詞の最初の文字を指定したうえで再調査した結果である。
- 名詞と動詞の難易度（旧JLPTのレベル）は、松下 (2011)「日本語を読むための語彙データベース (VDRJ) Ver. 1.1 (研究用)」の「重要度順語彙データベース (Top 60894)」に載っている旧JLPTの出題基準情報を参考にした。

### (1) 産出調査の各グループの頻度・MI-scoreの有意差検定

産出調査のC-JとJ-onlyの64項目（表7-4の産出調査項目の1〜64番）は、NLBにおける出現頻度と共起強度によって、それぞれ高頻度・高MI、高頻度・低MI、低頻度・高MI、低頻度・低MIの4グループに分けた。結果として、NLBにおける出現頻度が250回以上の場合を高頻度とし、NLBにおける出現頻度が100回未満の場合を低頻度とした。また、NLBにおけるMI-scoreが10を超えた場合を高MIとし、NLBにおけるMI-scoreが10未満の場合を低MIとした。

誘発テスト調査の目的は、中国語との語彙的一致性、コロケーションの頻度と共起強度が上級CJLのコロケーション知識に与える影響を明らかにすることである。そのため、各高頻度グループと各低頻度グループにおいて頻度の平均に有意差があることと、頻度が同程度のグループ間において頻度の平均に有意差がないことを確保する必要がある。NLBにおける出現頻度のばらつきが大きいため、先行研究のWolter and Gyllstad（2013）と同じように、自然対数変換を行い、データの歪みをやわらげてから検定を行うことにした。具体的にはグループを独立変数に、自然対数変換後の頻度を従属変数とした対応なしの1要因分散分析を行った。

表7-5は産出調査64項目各グループにおける頻度（自然対数変換後の数値）の記述統計である。上側の4グループは高頻度グループで、下側の4グループは低頻度グループである。表7-5から、高頻度グループは低頻度グループより頻度の平均値が高いことが分かる。また、高頻度グループ間で頻度の平均値がほぼ同程度であること、低頻度グループ間で頻度の平均値がほぼ同程度であることも分かる。

## 第7章　誘発テスト調査の研究方法【研究3と研究4】

表7-5　産出調査項目各グループにおける頻度の記述統計

| グループ | 最小値 | 最大値 | 平均値 | 標準偏差 | 項目数 |
| --- | --- | --- | --- | --- | --- |
| 高頻度・C-J・高MI | 5.69 | 6.87 | 6.27 | .445 | 8 |
| 高頻度・C-J・低MI | 5.58 | 6.55 | 6.18 | .389 | 8 |
| 高頻度・J-only・高MI | 5.53 | 7.22 | 6.30 | .583 | 8 |
| 高頻度・J-only・低MI | 5.71 | 6.89 | 6.29 | .442 | 8 |
| 低頻度・C-J・高MI | 2.30 | 4.45 | 3.87 | .734 | 8 |
| 低頻度・C-J・低MI | 2.89 | 4.30 | 3.75 | .505 | 8 |
| 低頻度・J-only・高MI | 2.77 | 4.33 | 3.82 | .634 | 8 |
| 低頻度・J-only・低MI | 2.83 | 4.45 | 3.66 | .598 | 8 |

・頻度は自然対数変換後の値である。

　表7-6は1要因分散分析の結果である。効果量が大で頻度の平均値に有意な差が認められた（$F(7, 63) = 46.490, p<.001, \eta^2=.728$）。TukeyのHSD検定による多重比較の結果、各高頻度グループは各低頻度グループより頻度の平均値が有意に高いこと、高頻度グループ間、低頻度グループ間において、頻度の平均値に有意な差がないことが確認された。多重比較の結果は稿末資料3の表1を参照されたい。

表7-6　産出調査項目グループ間1要因分散分析の結果（頻度）

|  | 平方和 | 自由度 | 平均平方 | $F$値 | 有意確率（$p$） |
| --- | --- | --- | --- | --- | --- |
| グループ間 | 99.100 | 7 | 14.157 | 46.490 | .000 |
| グループ内 | 17.053 | 56 | .305 |  |  |
| 合計 | 116.153 | 63 |  |  |  |

　高MIグループと低MIグループの間において、MI-scoreの平均値に有意差があることも同じ方法で確認した。表7-7は産出調査64項目各グループにおけるMI-scoreの記述統計である。上側の4グループは高MIグループで、下側の4グループは低MIグループである。表7-7から、高MIグループは低MIグループよりMI-scoreの平均値が高いことが分かる。また、高MIグループ間でMI-scoreの平均値がほぼ同程度であること、低MIグループ間でMI-scoreの平

均値がほぼ同程度であることも分かる。

表7-7　産出調査項目各グループにおけるMI-scoreの記述統計

| グループ | 最小値 | 最大値 | 平均値 | 標準偏差 | 項目数 |
|---|---|---|---|---|---|
| 高MI・C-J・高頻度 | 11.09 | 13.97 | 12.51 | 1.040 | 8 |
| 高MI・C-J・低頻度 | 11.55 | 15.80 | 13.24 | 1.447 | 8 |
| 高MI・J-only・高頻度 | 10.30 | 14.00 | 12.05 | 1.288 | 8 |
| 高MI・J-only・低頻度 | 10.08 | 16.31 | 12.58 | 2.298 | 8 |
| 低MI・C-J・高頻度 | 8.42 | 9.67 | 9.12 | 0.536 | 8 |
| 低MI・C-J・低頻度 | 6.81 | 9.49 | 8.66 | 0.991 | 8 |
| 低MI・J-only・高頻度 | 7.91 | 9.81 | 9.09 | 0.746 | 8 |
| 低MI・J-only・低頻度 | 7.53 | 9.94 | 9.09 | 0.854 | 8 |

　表7-8は、グループを独立変数に、MI-scoreを従属変数とした対応なしの1要因分散分析の結果である。効果量が大でMI-scoreの平均値に有意な差が認められた（$F(7, 63)=19.378, p<.001, \eta^2=.501$）。TukeyのHSD検定による多重比較の結果、各高MIグループは各低MIグループよりMI-scoreの平均値が有意に高いこと、高MIグループ間、低MIグループ間においてMI-scoreの平均値に有意な差がないことが確認された。多重比較の結果は稿末資料3の表2を参照されたい。

表7-8　産出調査項目グループ間1要因分散分析の結果（MI-score）

|  | 平方和 | 自由度 | 平均平方 | $F$値 | 有意確率（$p$） |
|---|---|---|---|---|---|
| グループ間 | 214.832 | 7 | 30.690 | 19.378 | .000 |
| グループ内 | 88.690 | 56 | 1.584 |  |  |
| 合計 | 303.522 | 63 |  |  |  |

### （2）受容調査項目各グループの頻度・MI-scoreの有意差検定

　中国語との語彙的一致性、コロケーションの頻度と共起強度によって選定された受容調査の64項目（表7-4の受容調査項目の1～64番）は、C-J、J-only、C-only、存在無の4グループで、16項目ずつである。C-JとJ-only項目

## 第7章　誘発テスト調査の研究方法【研究3と研究4】

は、産出調査の項目と同様に、NLBにおける出現頻度と共起強度によって、それぞれ高頻度・高MI、高頻度・低MI、低頻度・高MI、低頻度・低MIの4グループに分けた。高頻度と低頻度、高MIと低MIを分ける基準は産出調査と同様である。また、産出調査と同様に、対応なしの1要因分散分析を用いて、頻度とMI-scoreについて、同程度のグループ間に差がないことと、異なる程度のグループ間に有意な差があることを確認した。

表7-9は受容調査のC-JとJ-only項目の各グループにおける頻度の記述統計であり、表7-10は1要因分散分析の結果である。効果量が大で、頻度の平均に有意な差が見られた（$F(7, 31)=24.867, p<.001, \eta^2=.773$）。TukeyのHSD検定による多重比較の結果、各高頻度グループは各低頻度グループより頻度の平均値が有意に高いこと、高頻度グループ間、低頻度グループ間において、頻度の平均値に差がないことが確認された。多重比較の結果は稿末資料3の表3を参照されたい。

表7-9　受容調査項目C-JとJ-only各グループにおける頻度の記述統計

| グループ | 最小値 | 最大値 | 平均値 | 標準偏差 | 度数 |
| --- | --- | --- | --- | --- | --- |
| 高頻度・C-J・高MI | 6.18 | 6.87 | 6.51 | .351 | 4 |
| 高頻度・C-J・低MI | 5.87 | 6.54 | 6.29 | .295 | 4 |
| 高頻度・J-only・高MI | 5.53 | 7.22 | 6.32 | .696 | 4 |
| 高頻度・J-only・低MI | 5.71 | 6.76 | 6.14 | .509 | 4 |
| 低頻度・C-J・高MI | 2.30 | 4.39 | 3.61 | .945 | 4 |
| 低頻度・C-J・低MI | 3.69 | 4.30 | 4.14 | .298 | 4 |
| 低頻度・J-only・高MI | 3.83 | 4.33 | 4.06 | .207 | 4 |
| 低頻度・J-only・低MI | 3.64 | 4.45 | 4.01 | .335 | 4 |

・頻度は自然対数変換後の値である。

表7-10　受容調査項目C-JとJ-only各グループ間1要因分散分析の結果（頻度）

|  | 平方和 | 自由度 | 平均平方 | $F$値 | 有意確率（$p$） |
| --- | --- | --- | --- | --- | --- |
| グループ間 | 45.490 | 7 | 6.499 | 24.867 | .000 |
| グループ内 | 6.272 | 24 | .261 |  |  |
| 合計 | 51.762 | 31 |  |  |  |

高MIグループと低MIグループにおいてMI-scoreの平均に有意な差があることについても同じ方法で確認した。表7-11は受容調査のC-JとJ-only項目の各グループにおけるMI-scoreの記述統計で、表7-12は1要因分散分析の結果である。効果量が大で、MI-scoreの平均値に有意な差が見られた（$F$ (7, 31) =11.927, $p$<.001, $\eta^2$=.604）。TukeyのHSD検定による多重比較の結果、【低MI・J-only・低頻度】と【高MI・J-only・高頻度】の2グループ間を除き、各高MIグループは各低MIグループよりMI-scoreの平均値が有意に高いこと、高MIグループ間、低MIグループ間において、MI-scoreの平均値に有意な差がないことが確認された。多重比較の結果は稿末資料3の表4を参照されたい。

表7-11　受容調査項目C-JとJ-only各グループにおけるMI-scoreの記述統計

| グループ | 最小値 | 最大値 | 平均値 | 標準偏差 | 度数 |
|---|---|---|---|---|---|
| 高MI・C-J・高頻度 | 11.26 | 13.53 | 12.33 | .932 | 4 |
| 高MI・C-J・低頻度 | 11.61 | 15.80 | 13.70 | 1.738 | 4 |
| 高MI・J-only・高頻度 | 10.30 | 13.27 | 12.07 | 1.336 | 4 |
| 高MI・J-only・低頻度 | 10.87 | 15.37 | 13.06 | 1.881 | 4 |
| 低MI・C-J・高頻度 | 8.67 | 9.59 | 9.17 | .437 | 4 |
| 低MI・C-J・低頻度 | 8.41 | 9.36 | 9.08 | .450 | 4 |
| 低MI・J-only・高頻度 | 8.97 | 9.81 | 9.41 | .468 | 4 |
| 低MI・J-only・低頻度 | 9.23 | 9.94 | 9.61 | .327 | 4 |

表7-12　受容調査項目C-JとJ-only各グループ間1要因分散分析の結果（MI-score）

|  | 平方和 | 自由度 | 平均平方 | $F$値 | 有意確率（$p$） |
|---|---|---|---|---|---|
| グループ間 | 103.704 | 7 | 14.815 | 11.927 | .000 |
| グループ内 | 29.812 | 24 | 1.242 |  |  |
| 合計 | 133.516 | 31 |  |  |  |

## 第7章 誘発テスト調査の研究方法【研究3と研究4】

### 7.5 本調査の調査票

#### 7.5.1 産出調査票

　産出調査票はA4サイズで、6ページからなっている（稿末資料4）。本調査の際に、両面印刷で、A4紙3枚使用した。1ページ目に、調査問題のほか、氏名・学籍番号・年齢・性別・所属の記入欄、日本語と中国語による説明文、問題のやり方を示すための例1つあった。産出調査票の具体例を図7-1に示す。図7-1の【例】は産出調査票で問題のやり方を示すための例である。調査問題の番号は産出調査票での番号である。調査問題は動詞の最初の文字を指定しない場合と指定する場合の2種類がある。中国語の意味に合うように、最もよいと思う和語動詞の終止形（辞書形）を1つの（　）に仮名を1つで、平仮名の形で入れてもらうように指示した。

---

【例】
・前几天为了打发空闲时间买了几本书。
　先日、ちょっと暇な時間を（つ）（ぶ）（す）ために、本を何冊か買いました。

【調査問題】
6. 鱼会被吓跑的，别发出声响。
　魚に逃げられるから音を（　）（　）（　）な。

45. 我应该更加注意看天气预报和暴风雨预警。
　ぼくは天気予報と暴風雨警報にもっと注意を（は）（　）（　）べきだと思う。

---

図7-1　産出調査票の具体例

#### 7.5.2 受容調査票

　受容調査票は、産出調査票と同様に、A4サイズで、6ページからなる（稿末資料5）。本調査の際に、同じく両面印刷で、A4紙を3枚使用した。1ページ目に調査問題のほか、氏名・学籍番号・年齢・性別・所属の記入欄、中日両言語による説明文、問題のやり方を示すための例2つあった。下線部の

表現が提示された文において適切であるかどうかの判断だけでなく、適切だと思う場合はその中国語訳、不適切だと思う場合は適切な日本語の表現を、後ろの（　）に書いてもらうようにした。受容調査票の具体例を図7-2に示す。

```
例：先日、ちょっと暇な時間をつぶすために、本を何冊か買いました。
    ☑適切         □不適切                    （ 打発時間 ）

    母親は生計を設けるために、実家のプラスチック工場へ働きに出ていました。
    □適切         ☑不適切                    （生計を立てる）

【調査問題】
1. 何かあったらいつでも相談に合うから、勉強も仕事も頑張れよ。
    □適切         □不適切                    （              ）

2. 国境の長いトンネルを抜けると雪国であった。
    □適切         □不適切                    （              ）
```

図7-2　受容調査票の具体例

## 7.6　本調査の実施

本調査は、筆者が中国のJ大学の日本語教師2名に協力依頼をし、その2名の先生に委ねる形で行った。事前に準備した調査材料をその2名の先生に渡し、調査手順及び注意事項について説明をした。産出調査と受容調査は、授業の時間を利用し、辞書の使用を認めない、調査対象者間での話し合いも認めないという試験に準じた形で行った。なお、時間の制限は設けなかった。産出調査と受容調査のほか、学習者の日本語学習歴を把握するための簡単なアンケート調査（稿末資料6）も行った。

### 7.6.1　調査対象者

調査の対象者は、中国のJ大学に在籍しており、日本語を専攻とする大学4年生57名である。そのうち、JLPT N1の結果待ち中、未受験、未記入また

はN1に合格しなかった学習者が11名いたため、研究3と研究4の分析対象となったのはJLPT N1に合格した46名のデータである。46名のうち、男性10名、女性36名ある。また、日本滞在歴は0〜1年以内（滞在歴なし：20名）である。日本語の勉強は全員大学に入ってから始めたため、調査当時の日本語学習歴は3年4ヶ月である。

### 7.6.2 調査の実施手順

調査は以下の流れで実施した。産出調査と受容調査は特に時間の制限を設けなかったが、それぞれ45分以内で終わったことを確認している。

1) 調査に関する説明書と調査同意書の配布と説明（5分程度）
   （同意書は、サインしてもらった後、1部回収した）
2) アンケート調査の実施（5分以内で終わる）
3) 産出調査の実施
4) （1日後）受容調査の実施

## 7.7 採点方法

### 7.7.1 産出調査の採点方法

産出調査は、事前に選定された「名詞＋動詞」コロケーションを産出できるかを見るものであるため、採点の際に、想定していた動詞を正答とし、1点を与え、想定していなかった動詞を誤答とし、0点を与えた。なお、下記の2項目は、辞書形ではなく過去形で書いた回答もあったが、それも正答とした。

①こんな結果が（　）（　）なんて本当に信じられない。⇒（で）（た）
②台風に名前を（　）（　）（　）のは誰で何の目的でしょうか。⇒
　　（つ）（け）（た）

### 7.7.2　受容調査の採点方法

　受容調査はコロケーションの受容知識を測るため、下線部の表現がその文において適切な表現であるかどうかの判断結果のみを用いて採点を行った。判断が正しい場合には1点、間違った場合には0点を与えた。なお、下記の「音楽を聞く」は、「不適切」と判断された場合でも、「音楽を聴く」に訂正されれば正答扱いとした。

・音楽を聞くだけでも、楽しい。
　　□適切　　　　　　□不適切　　　　　　（　　　　　　）

# 第8章　研究3：影響要因の検証

　本章では、研究3の結果と考察について報告する。研究3では、中国語との語彙的一致性、コロケーションの頻度と共起強度が上級CJLの「名詞＋動詞」コロケーションの習得に与える影響を明らかにすることを目的としている。具体的には、上級CJLが中国語との語彙的一致性、コロケーションの頻度と共起強度によって分けられた各グループでの得点を用いて、中国語との語彙的一致性、コロケーションの頻度と共起強度が上級CJLのコロケーション知識に与える影響を量的に分析する。

## 8.1　研究課題

　研究3の課題は以下の通りである。
　課題1：上級CJLの「名詞＋動詞」コロケーションの産出知識は、
　　　　　1-1：中国語との語彙的一致性によって差が見られるか。
　　　　　1-2：コロケーションの頻度によって差が見られるか。
　　　　　1-3：コロケーションの共起強度によって差が見られるか。
　課題2：上級CJLの「名詞＋動詞」コロケーションの受容知識は、
　　　　　2-1：中国語との語彙的一致性によって差が見られるか。

2-2：コロケーションの頻度によって差が見られるか。

2-3：コロケーションの共起強度によって差が見られるか。

## 8.2　研究方法

### 8.2.1　分析データ

課題1では、産出調査の結果について報告する。産出調査では75項目を調査したが、そのうち、中国語との語彙的一致性、コロケーションの頻度と共起強度によって選定された64項目のほか、受容調査の項目を作成するために追加された8項目と、コーパス研究でJNSが3回以上使用し、上級CJLが1回も使用しなかった3項目も含まれる。研究3の課題1では、中国語との語彙的一致性、コロケーションの頻度と共起強度が上級CJLのコロケーションの産出知識に与える影響を明らかにすることを目的としているため、中国語との語彙的一致性、コロケーションの頻度と共起強度によって選定された64項目（C-J 32項目、J-only 32項目）のみを分析の対象とする。

課題2では、受容調査の結果について報告する。受容調査も75項目を調査したが、課題1と同様に、中国語との語彙的一致性、コロケーションの頻度と共起強度によって選定された64項目（C-J 16項目、J-only 16項目、C-only 16項目、存在無 16項目）のみを分析の対象とする。

### 8.2.2　分析方法

中国語との語彙的一致性、コロケーションの頻度と共起強度によって、上級CJLのコロケーション知識が変わるかを明らかにするために、推測統計である対応のある3要因分散分析を用いることにした。

## 8.3　結果

課題1と課題2の結果を報告する前に、まず上級CJL 46名全体の合計得点に

第 8 章　研究 3：影響要因の検証

おいて、産出調査と受容調査に差があるかを見る。ここでは、産出調査と受容調査の合計得点の平均を用いて比較するが、調査した全75項目を比較の対象とする。なお、産出調査において、上級CJLの回答にどのようなものがあったかは稿末資料7の表2を参照されたい。

　75点満点で、産出調査と受容調査それぞれの結果の記述統計（平均点、標準偏差など）は、表8-1に示す。まず、表8-1の平均を見ると、受容調査の平均点は産出調査の平均点を上回っていることが分かる。さらに最低点、最高点と標準偏差を詳しく見ていくと、産出調査の最低点と最高点は受容調査より低く、標準偏差は受容調査より大きいことが分かる。つまり、上級CJLのコロケーションの産出知識は、受容知識より弱く、ばらつきも大きい。

表8-1　産出と受容調査における上級CJLの合計得点の記述統計（75点満点）

|  | 最低点 | 最高点 | 平均 | 標準偏差 | 人数 |
| --- | --- | --- | --- | --- | --- |
| 産出調査 | 23 | 62 | 45.52 | 10.10 | 46 |
| 受容調査 | 45 | 73 | 60.98 | 6.02 | 46 |

　次に、表8-1の記述統計で見られた上級CJLの産出知識と受容知識の差が統計的に有意な差であるかを、有意水準5%で対応のある$t$検定（両側検定）を行った（表8-2）。その結果、産出調査と受容調査の平均得点に大きな効果量で有意な差が認められ（$t(45)=-15.944, p<.001, r=.92$[①]）、受容調査の平均得点は産出調査より有意に高かった。つまり、上級CJLにとっては、「名詞＋動詞」コロケーションの産出知識は受容知識より困難である。この結果は、これまで英語学習者のコロケーション知識を調査した研究での指摘とも一致している。

---

[①] 竹内・水本（2014）によると、$t$検定の効果量$r$の大きさの目安は、.10＝小、.30＝中、.50＝大である。

表8-2　対応のあるt検定の結果

| | 対応サンプルの差 | | | | | | |
|---|---|---|---|---|---|---|---|
| | 平均 | 標準偏差 | 平均値の標準誤差 | 差の95%信頼区間 | | t値 | 自由度 | 有意確率（両側） |
| | | | | 下限 | 上限 | | | |
| 産出と受容の差 | -15.4565 | 6.5751 | .9694 | -17.4091 | -13.5040 | -15.944 | 45 | .000 |

次に、中国語との語彙的一致性、コロケーションの頻度と共起強度の影響について、産出調査（64項目）と受容調査（64項目）の順で、それぞれの結果を報告していく。

### 8.3.1　産出調査の結果

第7章ですでに説明したように、産出調査の64項目は中国語と語彙的に一致するコロケーションC-J（32項目）と日本語のみにあるコロケーションJ-only（32項目）の2種類からなっている。また、C-JとJ-onlyは、NLBにおけるコロケーションの頻度と共起強度によって、それぞれ高頻度・高MI、高頻度・低MI、低頻度・高MI、低頻度・低MIの4グループ、8項目ずつに分けられている。本節では、中国語との語彙的一致性、コロケーションの頻度と共起強度によって分けられた8グループの平均得点を比較することで、課題1を明らかにする。

表8-3は、産出調査グループ別得点の記述統計である。左側は中国語と語彙的に一致するC-Jの結果であり、右側は中国語と語彙的に一致しないJ-onlyの結果である。図8-1は、産出調査グループ別の平均得点（表8-3の平均）を視覚的に表したものである。

表8-3と図8-1から以下のことが分かる。まず、C-J各グループの平均得点はJ-only各グループを上回っている。つまり、上級CJLにとって、中国語と語彙的に一致するC-Jは中国語と語彙的に一致しないJ-onlyより習得しやすい。次に、C-J各グループ間での平均得点の差は、J-only各グループ間でのそれと比較してそれほど大きくないが、J-onlyの場合は、高頻度グ

ループ(4.46と5.37)が低頻度グループ(2.14と2.83)より高い。つまり、中国語と語彙的に一致しないJ-onlyは中国語と語彙的に一致するC-Jより頻度の影響を受けやすい。また、C-JとJ-onlyのどちらにおいても、低頻度で高MIの場合は、平均得点が最も低い。このことから、上級CJLにとって、低頻度で高MIの場合、習得が最も難しいといえよう。さらに、標準偏差を見ていくと、J-only各グループの標準偏差はC-J各グループの標準偏差より大きい。つまり、上級CJLは、中国語と語彙的に一致するC-Jにおいては得点のばらつきがそれほど見られないが、中国語と語彙的に一致しないJ-onlyにおいては得点のばらつきが大きく、習得の度合いにおける個人差が大きい。

表8-3 産出調査グループ別得点の記述統計(各8点満点、N=46))

| 一致性 | 頻度 | MI | 最低点 | 最高点 | 平均 | 標準偏差 | 一致性 | 頻度 | MI | 最低点 | 最高点 | 平均 | 標準偏差 |
|---|---|---|---|---|---|---|---|---|---|---|---|---|---|
| C-J | 高 | 高 | 3 | 8 | 5.98 | 1.31 | J-only | 高 | 高 | 1 | 8 | 4.46 | 1.92 |
|  |  | 低 | 5 | 8 | 6.93 | 0.83 |  |  | 低 | 0 | 8 | 5.37 | 1.88 |
|  | 低 | 高 | 2 | 8 | 5.46 | 1.49 |  | 低 | 高 | 0 | 6 | 2.13 | 1.72 |
|  |  | 低 | 5 | 8 | 7.15 | 0.82 |  |  | 低 | 0 | 6 | 2.83 | 1.65 |

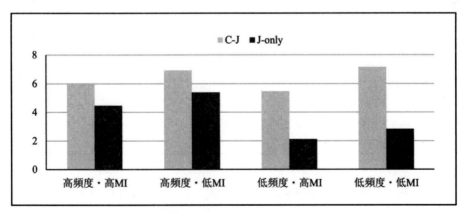

図8-1 産出調査グループ別平均得点の比較

以上述べた表8-3と図8-1から見られた差が統計的に有意な差であるかを確

認するために、中国語との語彙的一致性、コロケーションの頻度と共起強度を独立変数に、各グループの得点を従属変数とした対応のある3要因分散分析を行った。

表8-4は3要因分散分析の結果である。まず、一致性の主効果は、統計的に有意であり、効果量[①]も大きいことが確認された（$F(1, 45)=295.141$, $p<.001$, $\eta^2=.464$）。コロケーションの頻度の主効果も中程度の効果量で、有意であった（$F(1, 45)=156.264, p<.001, \eta^2=.108$）。共起強度であるMI-scoreの主効果も、中程度の効果量で有意であることが確認された（$F(1, 45)=72.991, p<.001, \eta^2=.073$）。

表8-4　対応のある3要因分散分析の結果（産出調査）

| 要因 | 平方和 | 自由度 | 平均平方 | $F$値 | 有意確率($p$) | 効果量($\eta^2$) |
|---|---|---|---|---|---|---|
| 一致性 | 663.141 | 1 | 663.141 | 295.141 | **.000** | .464 |
| 誤差 | 101.109 | 45 | 2.247 | | | |
| 頻度 | 153.924 | 1 | 153.924 | 156.264 | **.000** | .108 |
| 誤差 | 44.326 | 45 | .985 | | | |
| MI | 104.391 | 1 | 104.391 | 72.991 | **.000** | .073 |
| 誤差 | 64.359 | 45 | 1.430 | | | |
| 一致性×頻度 | 119.837 | 1 | 119.837 | 110.250 | **.000** | .084 |
| 誤差 | 48.913 | 45 | 1.087 | | | |
| 一致性×MI | 6.261 | 1 | 6.261 | 6.874 | **.012** | .005 |
| 誤差 | 40.989 | 45 | .911 | | | |
| 頻度×MI | 1.565 | 1 | 1.565 | 2.742 | .105 | .002 |
| 誤差 | 25.685 | 45 | .571 | | | |
| 一致性×頻度×MI | 5.261 | 1 | 5.261 | 4.689 | **.036** | .004 |
| 誤差 | 50.489 | 45 | 1.122 | | | |

交互作用においては、中程度の効果量で、【一致性×頻度】の交互作用（$F(1, 45)=110.250, p<.001, \eta^2=.084$）が見られた。また、効果量が非常に小さいが、【一致性×MI】の交互作用（$F(1, 45)=6.874, p=.012$,

---

[①] 竹内・水本（2014）によると、効果量$\eta^2$の大きさの目安は、.01＝小、.06＝中、.14＝大である。

$\eta^2$=.005)、【一致性×頻度×MI】の交互作用（$F(1, 45)$ =4.689, $p$=.036, $\eta^2$=.004) も有意であった。2次交互作用も見られたため、続いて【一致性×頻度】【一致性×MI】【頻度×MI】の単純交互作用の検定、及び一致性、頻度、MIそれぞれの単純・単純主効果の検定を行った[①]。

表8-5　単純交互作用の検定結果（産出調査）

| 単純交互作用 | 平方和 | 自由度 | 平均平方 | $F$値 | 有意確率 ($p$) | 効果量 ($\eta^2$) |
|---|---|---|---|---|---|---|
| 高MIにおける一致性×頻度 | 37.44 | 1 | 37.44 | 31.31 | **.000** | .092 |
| 誤差 | 53.81 | 45 | 1.20 | | | |
| 低MIにおける一致性×頻度 | 87.66 | 1 | 87.66 | 86.52 | **.000** | .214 |
| 誤差 | 45.59 | 45 | 1.01 | | | |
| 高頻度における一致性×MI | .02 | 1 | .02 | .02 | .883 | .001 |
| 誤差 | 44.98 | 45 | 1.00 | | | |
| 低頻度における一致性×MI | 11.50 | 1 | 11.50 | 11.13 | **.002** | .029 |
| 誤差 | 46.50 | 45 | 1.03 | | | |
| C-Jにおける頻度×MI | 6.28 | 1 | 6.28 | 8.91 | **.005** | .016 |
| 誤差 | 31.72 | 45 | .70 | | | |
| J-onlyにおける頻度×MI | .54 | 1 | .54 | .55 | .462 | .002 |
| 誤差 | 44.46 | 45 | .99 | | | |

　表8-5の単純交互作用の検定結果から、MI要因の両水準における【一致性×頻度】の交互作用が有意であることが分かる。また、低頻度における【一致性×MI】の交互作用、C-Jにおける【頻度×MI】の交互作用も有意であった。続いて行われた単純・単純主効果の検定結果を表8-6に示す。

---

[①] 2水準の3要因分散分析において、2次交互作用が見られた場合、その後に行う下位検定として、単純交互作用の検定、単純・単純主効果の検定の順である（竹原, 2010）。なお、3要因分散分析に関する詳しい説明は竹原（2010）を参照されたい。

表8-6 単純・単純主効果の検定結果（産出調査）

| 単純・単純主効果 | 要因の組み合わせ | 水準の組み合わせ | 平方和 | 自由度 | 平均平方 | F値 | 有意確率 ($p$) | 効果量 ($\eta^2$) |
|---|---|---|---|---|---|---|---|---|
| 一致性 | 頻度×MI | 高頻度と高MI | 53.26 | 1 | 53.26 | 42.24 | **.000** | .030 |
| | | 誤差 | 56.74 | 45 | 1.26 | | | |
| | | 高頻度と低MI | 56.35 | 1 | 56.35 | 41.81 | **.000** | .032 |
| | | 誤差 | 60.65 | 45 | 1.35 | | | |
| | | 低頻度と高MI | 254.45 | 1 | 254.45 | 168.25 | **.000** | .143 |
| | | 誤差 | 68.05 | 45 | 1.51 | | | |
| | | 低頻度と低MI | 430.45 | 1 | 430.45 | 345.56 | **.000** | .242 |
| | | 誤差 | 56.05 | 45 | 1.25 | | | |
| 頻度 | 一致性×MI | C-Jと高MI | 6.26 | 1 | 6.26 | 7.27 | **.010** | .004 |
| | | 誤差 | 38.74 | 45 | .86 | | | |
| | | C-Jと低MI | 1.09 | 1 | 1.09 | 2.46 | .124 | .001 |
| | | 誤差 | 19.91 | 45 | .44 | | | |
| | | J-onlyと高MI | 124.45 | 1 | 124.45 | 116.54 | **.000** | .070 |
| | | 誤差 | 48.05 | 45 | 1.07 | | | |
| | | J-onlyと低MI | 148.79 | 1 | 148.79 | 106.78 | **.000** | .084 |
| | | 誤差 | 62.71 | 45 | 1.39 | | | |
| MI | 一致性×頻度 | C-Jと高頻度 | 21.04 | 1 | 21.04 | 28.73 | **.000** | .012 |
| | | 誤差 | 32.96 | 45 | .73 | | | |
| | | C-Jと低頻度 | 66.13 | 1 | 66.13 | 58.5 | **.000** | .038 |
| | | 誤差 | 50.87 | 45 | 1.13 | | | |
| | | J-onlyと高頻度 | 19.17 | 1 | 19.17 | 13.52 | **.001** | .011 |
| | | 誤差 | 63.83 | 45 | 1.42 | | | |
| | | J-onlyと低頻度 | 11.13 | 1 | 11.13 | 14.79 | **.000** | .007 |
| | | 誤差 | 33.87 | 45 | .75 | | | |

表8-6の左側から1列目は、一致性、頻度とMIの3つのうち、どれの単純・単純主効果を見ているのかを示す列である。一番上の一致性を見ると、頻度とMIの両水準において、有意確率$p$<.001であり、有意差が出ている。つまり、頻度とMIの両水準において、一致性の単純・単純主効果が認められ、頻度とMIの高低に関わらず、C-JはJ-onlyより平均得点が有意に高かった（C-JはJ-onlyより平均得点が高いことは表8-3と図8-1で確認済み）。

## 第8章 研究3：影響要因の検証

　表8-6の中央は、頻度の単純・単純主効果に関する検定結果である。【C-J・低MI】の場合を除き、頻度の単純・単純主効果が有意であることも示された。つまり、【C-J・低MI】の場合を除き、高頻度コロケーションは低頻度コロケーションより平均得点が有意に高かった（高頻度は低頻度より平均得点が高いことは表8-3と図8-1で確認済み）。

　表8-6の下側はMIの単純・単純主効果に関する検定結果である。一致性と頻度の各水準において、MIの単純・単純主効果が有意であることも確認された。つまり、中国語との語彙的一致性（C-JかJ-onlyか）とコロケーションの頻度に関わらず、共起強度の高いコロケーション（高MI）は共起強度の低いコロケーション（低MI）より平均得点が有意に低かった（高MIは低MIより平均得点が低いことは表8-3、図8-1で確認済み）。

　表8-6に示した産出調査の結果は表8-7のように整理することができる。表8-7にある不等号は有意差があることを意味している。それに対し、等号は有意差がないことを意味している。例えば、「C-J＞J-only」は、C-JはJ-onlyより得点が有意に高いこと、頻度の行にある「高頻度＝低頻度」は、高頻度と低頻度の間に有意差が見られなかったことを意味する。表8-7から、上級CJLの「名詞＋動詞」コロケーションの産出知識は、中国語との語彙的一致性、コロケーションの頻度と共起強度によって変わることが分かるだろう。

表8-7　産出調査の結果まとめ

| 要因 | 比較結果 | | | |
|---|---|---|---|---|
| 一致性要因の比較<br>（C-JとJ-only） | 高頻度・高MI | 高頻度・低MI | 低頻度・高MI | 低頻度・低MI |
| | C-J>J-only | C-J>J-only | C-J>J-only | C-J>J-only |
| 頻度要因の比較<br>（高頻度と低頻度） | C-J・高MI | C-J・低MI | J-only・高MI | J-only・低MI |
| | 高頻度>低頻度 | 高頻度＝低頻度 | 高頻度>低頻度 | 高頻度>低頻度 |
| MI要因の比較<br>（高MIと低MI） | C-J・高頻度 | C-J・低頻度 | J-only・高頻度 | J-only・低頻度 |
| | 高MI<低MI | 高MI<低MI | 高MI<低MI | 高MI<低MI |

・網掛けをしている部分は結果である。

### 8.3.2 受容調査の結果

8.3.1では、研究3の課題1である、中国語との語彙的一致性、コロケーションの頻度と共起強度が上級CJLの「名詞+動詞」コロケーションの産出知識に与える影響について、産出調査の64項目の分析結果を報告した。本節では、受容調査の64項目を分析することで課題2の答えを出す。具体的には、①中国語との語彙的一致性によって分けられたC-J、J-only、C-only、存在無の4種類において上級CJL 46名の得点に差があるか、②中国語との語彙的一致性、コロケーションの頻度と共起強度によって分けられた8グループにおいて上級CJL 46名の得点に差があるかという2つの分析を通して、課題2を明らかにする。

まず、中国語との語彙的一致性によって分けられたC-J、J-only、C-only、存在無の調査結果について報告する。表8-8はC-J、J-only、C-only、存在無の4種類の得点の記述統計であり、図8-2は表8-8の平均を視覚的に表したものである。

表8-8 受容調査4種類の記述統計(各16点満点)

| 一致性 | 最低点 | 最高点 | 平均 | 標準偏差 | 人数 |
| --- | --- | --- | --- | --- | --- |
| C-J | 13 | 16 | 15.17 | 1.039 | 46 |
| J-only | 7 | 16 | 12.89 | 2.079 | 46 |
| C-only | 5 | 16 | 12.13 | 2.647 | 46 |
| 存在無 | 5 | 15 | 11.11 | 2.263 | 46 |

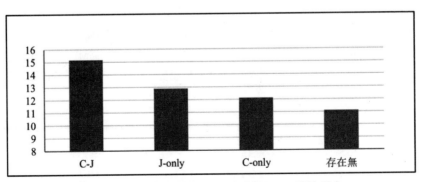

図8-2 受容調査4種類における上級CJLの平均得点

表8-8と図8-2を見ると、各種類の平均得点は、C-J（15.17）＞J-only（12.89）＞C-only（12.13）＞存在無（11.11）の順であり、中国語と語彙的に一致するC-Jにおいて、上級CJLの平均得点が最も高いことが分かる。

次に、中国語との語彙的一致性によって、上級CJLのコロケーションの受容知識に有意な差が見られるかを検証するために、一致性（C-J、J-only、C-only、存在無）を独立変数に、得点を従属変数とした対応のある1要因分散分析を行った（表8-9）。その結果、各グループの得点の間において大きな効果量で統計的に有意差が認められた（$F$ (2.556, 115.007) =41.839, $p<.001$, $\eta^2=.482$）。つまり、上級CJLの「名詞＋動詞」コロケーションの受容知識は、中国語との語彙的一致性によって変わることが確認された。

表8-9 対応のある1要因分散分析の結果（受容調査）

| 要因 | 平方和 | 自由度 | 平均平方 | $F$値 | $p$値 | 効果量（$\eta^2$） |
|---|---|---|---|---|---|---|
| 一致性 | 411.696 | 2.556 | 161.089 | 41.839 | .000 | .482 |
| 誤差 | 442.804 | 115.007 | 3.850 | | | |

C-J、J-only、C-onlyと存在無のどの2つにおいて有意な差があったかを見るために、Bonferroniによる多重比較を行った。多重比較の結果は表8-10に示す。表8-10から、まず、C-Jは、J-only、C-only、存在無の3つより平均得点が1%水準（$p<.001$）で有意に高いことが分かる。次に、J-onlyとC-onlyは存在無より平均得点が有意に高いことが分かる。なお、J-onlyとC-onlyの間に有意な差が見られなかった。以上の結果をまとめると、C-J、J-only、C-onlyと存在無の4種類における上級CJLの平均得点は、C-J＞J-only≒C-only＞存在無の順で[1]、中国語と語彙的に一致するC-Jが最も高く、中国語と日本語の両方にない表現である存在無が最も低かった。中国語のみにあるC-onlyの平均得点は、J-onlyと有意差がなく、同程度の難易度を示したが、存在無より平均得点が有意に高かった。

---

[1] 不等号は有意差があり、等号は有意差がないことを意味する。

この結果から、中国語と語彙的に一致するC-Jは最も習得しやすく、インプットのない存在無は適切な表現と誤って判断される可能性が高いといえよう。また、中国語のみにあるC-onlyは中日両言語のどちらにもない存在無より正答率が有意に高く、中国語の負の転移が見られなかったが、量的な分析のみでは具体的な項目の結果が分からないため、中国語の負の転移がないと結論づけるのは時期尚早であろう。第9章では、具体的な項目を分析し、中国語の負の転移について改めて見ていく。

表8-10　一致性各水準における多重比較の結果（受容調査）

| 一致性 | | 平均値の差(I-J) | 標準誤差 | $p$ 値[b] | 効果量 ($d$) [①] |
|---|---|---|---|---|---|
| I | J | | | | |
| C-J | J-only | 2.283* | .310 | **.000** | 1.39 |
| | C-only | 3.043* | .436 | **.000** | 1.51 |
| | 存在無 | 4.065* | .380 | **.000** | 2.31 |
| J-only | C-J | -2.283* | .310 | **.000** | -1.39 |
| | C-only | .761 | .386 | .329 | .32 |
| | 存在無 | 1.783* | .402 | **.000** | .82 |
| C-only | C-J | -3.043* | .436 | **.000** | -1.51 |
| | J-only | -.761 | .386 | .329 | -.32 |
| | 存在無 | 1.022* | .338 | **.025** | .42 |
| 存在無 | C-J | -4.065* | .380 | **.000** | -2.31 |
| | J-only | -1.783* | .402 | **.000** | -.82 |
| | C-only | -1.022* | .338 | **.025** | -.42 |

*. 平均値の差は.05水準で有意である；b. 多重比較の調整: Bonferroni。

　以上、C-J、J-only、C-only、存在無の4種類において、上級CJLの平均得点に有意な差が確認された。次に、C-JとJ-only項目を対象に、8.3.1の産出調査と同じ分析方法で、中国語との語彙的一致性、コロケーションの頻度と共起強度によって分けられた8グループにおいて、上級CJLの平均得点に有意な

---

[①] 竹内・水本 (2014) によると、1要因分散分析の効果量 $d$ の大きさの目安は、.20 ＝小、.50 ＝中、.80 ＝大である。

## 第8章 研究3：影響要因の検証

差があるかを見る。

表8-11は、受容調査のC-JとJ-onlyの各グループにおける上級CJLの得点に関する記述統計である。左側は中国語と語彙的に一致するC-Jの結果であり、右側は中国語と語彙的に一致しないJ-onlyの結果である。図8-3は、表8-11の平均を視覚的に表したものである。

まず、表8-11と図8-3から、C-Jの各グループはJ-onlyの各グループより平均得点が高いことが分かる。つまり、中国語と語彙的に一致するC-Jは中国語と語彙的に一致しないJ-onlyより習得しやすい。これは、8.3.1の産出調査と同じ結果である。また、C-Jの場合は、コロケーションの頻度によって、上級CJLの平均得点にそれほど差が見られないが、J-onlyの場合は、高頻度グループ（3.44と3.83）が低頻度グループ（2.80と2.83）より平均得点が高い。これも8.3.1の産出調査の結果と同じである。さらに、J-onlyにおいては、頻度が同程度の場合、高MIグループは低MIグループより平均得点がやや低いが、C-Jにおいては、そういう傾向が見られない。

表8-11 受容調査C-JとJ-onlyグループ別の記述統計（各4点満点、N=46）

| 一致性 | 頻度 | MI | 最低点 | 最高点 | 平均 | 標準偏差 | 一致性 | 頻度 | MI | 最低点 | 最高点 | 平均 | 標準偏差 |
|---|---|---|---|---|---|---|---|---|---|---|---|---|---|
| C-J | 高 | 高 | 3 | 4 | 3.74 | .44 | J-only | 高 | 高 | 2 | 4 | 3.44 | .69 |
|  |  | 低 | 3 | 4 | 3.89 | .31 |  |  | 低 | 2 | 4 | 3.83 | .49 |
|  | 低 | 高 | 3 | 4 | 3.89 | .31 |  | 低 | 高 | 0 | 4 | 2.80 | 1.02 |
|  |  | 低 | 2 | 4 | 3.65 | .53 |  |  | 低 | 0 | 4 | 2.83 | 1.10 |

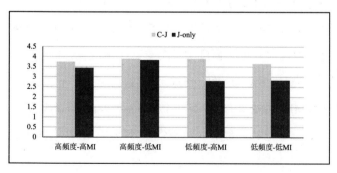

図8-3 受容調査C-JとJ-onlyグループ別平均得点の比較

以上見られた差が統計的に有意な差であるかを確認するために、8.3.1の産出調査と同じように、中国語との語彙的一致性、コロケーションの頻度と共起強度を独立変数に、上級CJLの得点を従属変数とした対応のある3要因分散分析を行った。3要因分散分析の結果は表8-12に示す。

表8-12 対応のある3要因分散分析の結果（受容調査）

| 要因 | 平方和 | 自由度 | 平均平方 | $F$値 | 有意確率（$p$） | 効果量（$\eta^2$） |
|---|---|---|---|---|---|---|
| 一致性 | 29.959 | 1 | 29.959 | 54.109 | **.000** | .155 |
| 誤差 | 24.916 | 45 | .554 | | | |
| 頻度 | 16.959 | 1 | 16.959 | 39.307 | **.000** | .088 |
| 誤差 | 19.416 | 45 | .431 | | | |
| MI | .611 | 1 | .611 | 1.506 | .226 | .004 |
| 誤差 | 18.264 | 45 | .406 | | | |
| 一致性×頻度 | 13.698 | 1 | 13.698 | 39.321 | **.000** | .071 |
| 誤差 | 15.677 | 45 | .348 | | | |
| 一致性×MI | 1.438 | 1 | 1.438 | 3.935 | .053 | .008 |
| 誤差 | 16.438 | 45 | .365 | | | |
| 頻度×MI | 3.329 | 1 | 3.329 | 8.788 | **.005** | .018 |
| 誤差 | 17.046 | 45 | .379 | | | |
| 一致性×頻度×MI | .003 | 1 | .003 | .007 | .932 | .001 |
| 誤差 | 16.372 | 45 | .364 | | | |

表8-12より、中国語との語彙的一致性の主効果は大きな効果量で有意であること（$F$（1, 45）=54.109, $p$<.001, $\eta^2$=.155）、コロケーションの頻度の主効果も中程度の効果量で有意であること（$F$（1, 45）=39.307, $p$<.001, $\eta^2$=.088）が分かる。【一致性×頻度×MI】の2次交互作用は見られなかったが、【一致性×頻度】の交互作用（$F$（1, 45）=39.321, $p$<.001, $\eta^2$=.071、効果量中程度）、【頻度×MI】の交互作用（$F$（1, 45）=8.788, $p$=.005, $\eta^2$=.018、効果量小）が有意であったため、続いて一致性、頻度とMIの単純主効果の検定を

行った[①]。

　表8-13は一致性、頻度とMIの単純主効果の検定結果である。表8-13の左側から1列目は、一致性、頻度とMIの3つのうち、どれの単純主効果を見ているのかを示す列である。一番上の一致性を見ると、低頻度とMIの両水準において、有意確率$p<.001$が得られ、1%水準で有意な単純主効果が確認された。つまり、低頻度とMIの両水準において、C-JはJ-onlyより平均得点が有意に高い（C-JはJ-onlyより平均が高いことは表8-11と図8-3で確認済み）。なお、高頻度の場合は、一致性の単純主効果が有意ではなかった。つまり、高頻度の場合は、中国語との語彙的一致性に関わらず、上級CJLの得点は同じ程度である。

　表8-13の中央は、頻度の単純主効果に関する検定結果を示している。J-onlyとMIの両水準において頻度の単純主効果が有意であることが確認された。つまり、J-onlyとMIの両水準において、高頻度コロケーションは低頻度コロケーションより、平均得点が有意に高い（高頻度は低頻度より平均が高いことは表8-11と図8-3で確認済み）。それに対し、中国語と語彙的に一致するC-Jには頻度の単純主効果が見られなかった。このことから、中国語と語彙的に一致するC-Jの場合、上級CJLは頻度の影響を受けず、同じ程度できているといえる。

---

[①] 2水準の3要因分散分析において、2次交互作用があるかどうかによって、その後に行う下位検定が異なる。受容調査においては、2次交互作用が見られなかったため、その後の検定は、単純主効果の検定のみで済む。なお、3要因分散分析に関する詳しい説明は竹原（2010）を参照されたい。

表8-13 単純主効果の検定結果（受容調査）

| 単純主効果 | 要因 | 水準 | 平方和 | 自由度 | 平均平方 | $F$値 | $p$値 | $\eta^2$ |
|---|---|---|---|---|---|---|---|---|
| 一致性 | 頻度 | 高頻度 | 1.57 | 1 | 1.57 | 5.80 | .200 | .010 |
| | | 誤差 | 12.18 | 45 | .27 | | | |
| | | 低頻度 | 42.09 | 1 | 42.09 | 66.66 | **.000** | .269 |
| | | 誤差 | 28.41 | 45 | .63 | | | |
| | MI | 高MI | 22.26 | 1 | 22.26 | 48.30 | **.000** | .142 |
| | | 誤差 | 20.74 | 45 | .46 | | | |
| | | 低MI | 9.14 | 1 | 9.14 | 19.94 | **.000** | .059 |
| | | 誤差 | 20.61 | 45 | .46 | | | |
| 頻度 | 一致性 | C-J | .09 | 1 | .09 | .49 | .486 | .001 |
| | | 誤差 | 7.91 | 45 | .18 | | | |
| | | J-only | 30.57 | 1 | 30.57 | 50.61 | **.000** | .250 |
| | | 誤差 | 27.18 | 45 | .60 | | | |
| | MI | 高MI | 2.63 | 1 | 2.63 | 6.81 | **.012** | .022 |
| | | 誤差 | 17.37 | 45 | .39 | | | |
| | | 低MI | 17.66 | 1 | 17.66 | 41.62 | **.000** | .145 |
| | | 誤差 | 19.09 | 45 | .42 | | | |
| MI | 一致性 | C-J | .09 | 1 | .09 | .80 | .377 | .002 |
| | | 誤差 | 4.91 | 45 | .11 | | | |
| | | J-only | 1.96 | 1 | 1.96 | 2.96 | .092 | .026 |
| | | 誤差 | 29.79 | 45 | .66 | | | |
| | 頻度 | 高頻度 | 3.40 | 1 | 3.40 | 14.76 | **.000** | .045 |
| | | 誤差 | 10.35 | 45 | | | | |
| | | 低頻度 | .54 | 1 | .54 | .98 | .328 | .008 |
| | | 誤差 | 24.96 | 45 | .55 | | | |

表8-13の下側は、MIの単純主効果に関する検定結果を示している。MIの単純主効果は、高頻度の場合にのみ有意であった。つまり、受容調査の結果から見ると、中国語との語彙的一致性、コロケーションの頻度と共起強度のうち、共起強度の影響が最も弱い。有意な差が見られた高頻度グループにおいては、低MIグループは高MIグループより平均得点が有意に高く（低MIの平均が高MIより高いことは表8-11と図8-3で確認済み）、産出調査と同じ結

第8章　研究3：影響要因の検証

果が得られている。受容調査の各グループは4項目しかなかったため、MIの高低によって、有意な差が見られなかったところが多かったが、上級CJLの「名詞＋動詞」コロケーションの受容知識はMIの影響を受けないと結論付けることについて慎重であるべきだと考える。

表8-13に示した受容調査の結果を表8-14のようにまとめることができる。表8-14にある不等号は有意差があること、等号は有意差がないことを意味している。例えば、「C-J>J-only」は、C-JはJ-onlyより得点が有意に高いこと、一致性の行にある「C-J>J-only」はC-JとJ-onlyの間に有意差が見られなかったことを意味する。受容調査において、C-JとJ-onlyは項目数が少なかったこともあり、有意差が出ないところは産出調査より多かった。なお、有意差が出ているところは、産出調査と同じ結果になっている。このことから、上級CJLの受容知識は、中国語との語彙的一致性、コロケーションの頻度と共起強度によって変わることも確認されたといえよう。なお、MIの影響が最も弱く、高頻度にしか有意差が見られなかった。

表8-14　受容調査の結果のまとめ

| 要因 | | 比較結果 | | | |
|---|---|---|---|---|---|
| C-J、J-only、C-only、存在無 | | C-J＞J-only≒C-only＞存在無 | | | |
| C-JとJ-only 各グループ | 一致性 C-JとJ-only | 高頻度 | 低頻度 | 高MI | 低MI |
| | | C-J=J-only | C-J>J-only | C-J>J-only | C-J>J-only |
| | 頻度 高頻度と低頻度 | C-J | J-only | 高MI | 低MI |
| | | 高頻度=低頻度 | 高頻度>低頻度 | 高頻度>低頻度 | 高頻度>低頻度 |
| | MI 高MIと低MI | C-J | J-only | 高頻度 | 低頻度 |
| | | 高MI=低MI | 高MI=低MI | 高MI<低MI | 高MI=低MI |

・網掛けをしている部分は結果である。

## 8.4　考察

研究3では、産出調査と受容調査において、中国語との語彙的一致性、コロケーションの頻度と共起強度によって選定された64項目を分析し、中国語

との語彙的一致性、コロケーションの頻度と共起強度が上級CJLの「名詞＋動詞」コロケーションの習得に与える影響について検証した。以下、研究3の結果について、中国語との語彙的一致性を調査した課題1-1と課題2-1、コロケーションの頻度の影響を調査した課題1-2と課題2-2、コロケーションの共起強度の影響を調査した課題1-3と課題2-3の順に考察していく。

### （1）課題1-1と課題2-1の考察

　課題1-1と課題2-1では、中国語との語彙的一致性が上級CJLのコロケーションの産出と受容知識に与える影響について調査した。その結果、課題1-1の産出調査においては、コロケーションの頻度と共起強度の両水準において、中国語と語彙的に一致するC-Jは中国語と語彙的に一致しないJ-onlyより平均得点が有意に高かった。課題2-1の受容調査においては、C-JとJ-onlyを対象に分析した結果、高頻度グループにおいては、中国語と語彙的に一致しないJ-onlyは中国語と語彙的に一致するC-Jと同程度にできているが、それ以外の場合、C-JはJ-onlyより平均得点が有意に高かった。つまり、全体的には中国語と語彙的に一致するC-Jは語彙的に一致しないJ-onlyより習得しやすいが、コロケーションの頻度が十分に高ければ、J-onlyでも、C-Jと同程度に習得できるといえる。

　中国語と語彙的に一致するC-Jは語彙的に一致しないJ-onlyより習得しやすいことについては、まず、C-Jの場合は学習者がすでに持っている母語の知識を生かすことができることが考えられる。Wolter（2006）は、成人L2学習者はすでに高度で洗練されたL1語彙知識と概念知識を持っており、このL1の語彙的・概念的知識は彼らのコロケーションの習得に大きな影響を与えていると論じた。また、ある語がどのような語とともに使用されるかというシンタグマティックな関連（例：犬→吠える）にあるコロケーションは、類義語や上位・下位の範疇を表すパラディグマティックなつながり（例：部屋→事務室）より習得が難しいと指摘している。コロケーションの習得においては、L1語彙ネットワークとL2語彙ネットワークが一致していれば母語の正

の転移が起こるが、一致していなければ母語の負の転移が生じると述べている。例えば、日本語において「狭い部屋」は「小さい部屋」より使用頻度が高いため、日本人学習者は*small*という語を知っていても、*narrow*で*room*を修飾する傾向が見られると具体的な例を用いて説明した。

　また、第7章に掲載された産出調査の対象項目の一覧（表7-4）からも分かるが、中国語と語彙的に一致するC-Jは、コロケーションを構成する動詞が本義か、本義に近い意味で使用されているものがほとんどである。一方、J-onlyの場合は「けんかを売る」「音を立てる」などのように、動詞のほうが本来の意味から離れた派生義で用いられている場合が多い。大曽・滝沢（2003）では、日本語の場合は、中級、上級になると、「反発を買う」「話題を呼ぶ」などのような初級で覚えた簡単な動詞の異なる用法が出てくるため、これらのコロケーションを特に注意する必要があると指摘されている。日本語をL2とする子どもを対象に、日本語の多義動詞の習得について調査した池田（三浦）（2017）は、動詞の本義に比べ、派生的な意味の習得が遅れていると報告した。このことから、中国語と語彙的に一致するC-Jは語彙的に一致しないJ-onlyより習得しやすいもう1つの理由として、語彙的に一致するC-Jに用いられる動詞の意味がJ-onlyに用いられる動詞の意味より先に習得されていることが考えられる。

　一方、高頻度コロケーションは学習者が受けた実際のインプットの量も多い可能性が高いと考えられる。中国語と語彙的に一致しないJ-onlyは、インプットの量が十分であれば、語彙的に一致するC-Jと同程度に習得できるといえよう。

　上記のC-JとJ-only項目以外に、課題2-1の受容調査では中国語のみにあるC-onlyと、中国語と日本語のどちらにもない存在無の項目も調査した。研究2のコーパス研究では、上級CJLのコロケーションの誤用のうち、中国語のコロケーションをそのまま日本語として使うことによる誤用が見られた。そこで、今回の誘発テスト調査では、中国語の負の転移が起こるかを確認

するために、中国語のみにあるC-onlyも調査項目に入れた。C-onlyは中国語においては適切な表現であるため、中国語の負の転移が起こった場合、中国語と日本語のどちらにおいても存在無の項目以上に、適切な表現だと間違えて判断されることが考えられる。そのため、中国語の負の転移が起こった場合、C-onlyの平均得点は存在無より低いことが予測される。日本人英語学習者のV-Nコロケーションの受容知識を測ったMurao（2004）は、学習者の平均得点は日本語のみにあるL1-onlyの場合、最も低かったため、母語の負の転移が見られたと報告した。しかし、本研究では、上級CJLの平均得点はC-J＞J-only≒C-only＞存在無の順であり、中国語のみにあるC-onlyは、中国語と日本語の両方にない存在無より平均得点が有意に高く、Muraoと異なる結果が得られた。今回の受容調査で調査したC-only項目を見ると、「傘を打つ」（打傘）、「夢を作る」（做夢）など、動詞の"打"と"做"は、中国語において、中心義から離れた派生義で使用されている。"打"と"做"の中心義は日本語の「打つ」「作る」の中心義と同じである。Biskup（1992）は、L1からL2への意味転移は、単語の中心義と学習者が認識するL1とL2の言語間の距離に依存し、中心義が先に転移すると論じた。"打傘""做夢"は動詞の意味が中心義から離れているため、転移が起こりにくいだろう。また、この2つの項目が対応している適切な日本語は「傘をさす」「夢を見る」であり、日本語の動詞も本義から離れた派生義で使用されている。「打つ」と「さす」、「作る」と「見る」の意味範囲は、日本語においても中国語においてもほとんど重なりがないため、転移が起こりにくいのかもしれない。

### （2）課題1-2と課題2-2の考察

課題1-2と課題2-2では、コロケーションの頻度が上級CJLのコロケーションの産出と受容知識に与える影響について調査した。その結果、課題1-2の産出調査では、【C-J・低MI】グループは頻度の高低に関係なく最も習得しやすいのに対し、それ以外の場合は、高頻度コロケーションが低頻度コロケ

ーションより習得しやすいことが確認された。課題2-2の受容調査では、中国語と語彙的に一致するC-Jグループは頻度の高低に関係なく、同じ程度できているが、それ以外の場合は、高頻度グループが低頻度グループより習得しやすいことが確認された。このことから、上級CJLにとっては、おおむね高頻度コロケーションは低頻度コロケーションより習得しやすいが、中国語と語彙的に一致するC-Jは、頻度の影響を受けず、最も習得しやすいといえる。

逐語訳をすればできるとBahns（1993）が指摘したように、学習者の母語と語彙的に一致するコロケーションは、インプットの量に関係なく習得しやすいことが考えられる。一方、中国語と語彙的に一致しないJ-onlyは頻度の影響を受け、頻度が高いほど習得しやすい。前述のように、頻度が高い場合インプットの量も多い可能性が高いため、インプットがその習得を促進したのではないかと考える。

### （3）課題1-3と課題2-3の考察

課題1-3と課題2-3では、コロケーションの共起強度が上級CJLのコロケーションの産出と受容知識に与える影響について調査した。その結果、課題1-3の産出調査では、中国語との語彙的一致性とコロケーションの頻度に関係なく、共起強度の高いコロケーションが習得しにくいことが確認された。課題2-3の受容調査では、高頻度グループにおいてのみ有意差が確認され、共起強度の高いコロケーションが習得しにくいことが示された。受容調査の結果から見ると、中国語との語彙的一致性、コロケーションの頻度と共起強度のうち、共起強度の影響が最も弱いといえるが、受容調査の各グループは産出調査より項目数が少ないため、受容調査の結果に基づいて結論付けることに慎重であるべきだと考える。以上のことから、共起強度については、有意差が見られたところは、例外なく、共起強度の高いコロケーションが共起強度の低いコロケーションより習得しにくい結果となっている。この結果は、上級英語学習者は母語話者より共起強度の高いコロケーションの使用が

有意に少ないと報告したDurrant and Schmitt（2009）や、本書の研究1のコーパス研究で得られた、上級CJLはJNSに比べ共起強度の高いコロケーションの使用が有意に少ないという結果と一致している。また、ベトナム語を母語とする英語学習者を対象に、コロケーションの共起強度がその受容知識に与える影響を検証したNguyen and Webb（2017）においても同じ結果が報告されている。

　共起強度の高いコロケーションが共起強度の低いコロケーションより習得しにくい理由として、Durrant and Schmitt（2009）はこれらのコロケーションの頻度が低いことを指摘している。つまり、高MI項目は低MI項目より頻度が低いため、習得が困難であるという考え方であった。しかし、本研究では、細かくグループ分けを行い、精査した結果、頻度が同程度である場合においても、その高低に関わらず、高MI項目の得点が有意に低いことが明らかになった。このことから、共起強度の高いコロケーションの習得が困難なのは、必ずしもそのコロケーションの頻度が低いわけではないということが示唆される。

　では、なぜ共起強度の高いコロケーションは共起強度の低いコロケーションより習得しにくいのだろうか。本書では、任意の語が与えられたとき、どの程度その共起語が予測できるかという共起強度を示す指標であるMI-scoreの計算式から考えたい。第2章で掲載されたMI-scoreの計算式を以下に再掲する。

$$\text{MI-score} = \log_2 \frac{\text{共起頻度} \times \text{コーパス総語数}}{\text{中心語頻度} \times \text{共起語頻度}}$$

［計算式は石川（2006, p. 7）より引用］

　計算式にある「共起頻度」は当該コロケーションがコーパスでの出現頻度である。共起強度が高い（＝MI-scoreの値が大きい）というのは、中心語と共起語が共起する確率が高いことを意味している。つまり、計

# 第8章 研究3：影響要因の検証

算式の分子の部分は相対的に大きい値になる。コロケーションを構成する語の一方が出たら、その共起語が他方である可能性が高い。このことから、中心語と共起語はそれぞれほかの語との共起が少ないことが考えられる。つまり、当該コロケーションを構成する中心語と共起語は汎用性の低い語であり、その2語によって構成されるコロケーションは慣用的な表現に近い表現である。一般的にはこの場合も習得しやすいのではないかと思われることが多い。Sinclair（1987）は、語の共起について自由選択原則（Open-choice Principle）と慣用原則（Idiom Principle）を提唱した。母語話者の場合は、文法規則ではなく、語と語の共起を1つの語として記憶する慣用原則に従うが、L2学習者の場合は、文法規則に基づいて語の組み合わせを行う自由選択原則をとると報告されている（Schmitt et al., 2004）。つまり、学習者は母語話者と違い、かたまりではなく、構成語を個別に覚えている可能性が高い。コロケーションを取り上げた本研究でも同じことがいえるのではないかと筆者は考える。例えば、本研究の産出調査にある共起強度の高い「音をたてる」（表7-4の産出調査項目の42番）は、JNSの予備調査では正答率が100%であるのに対し、上級CJLの本調査では正答率が43.48%にとどまる。上級CJLの回答例を見ると、動詞「たてる」以外に「つくる」「おこす」「あげる」「かける」など14個の動詞もあった（産出調査の回答一覧は稿末資料7を参照されたい）。つまり、母語話者のJNSは、「音をたてる」を1つのかたまりとして覚えているのに対し、上級CJLは意味が用例の文脈に合った動詞を考えていることを示唆している。このように、コロケーションは「道草を食う」のような慣用句ほど固定的ではないため、学習者はその共起強度に対する認識が弱く、意味に従って名詞と動詞をくっつければ良いという認識があることも、構成語を個別に覚えている理由の1つであろう。このことから、母語の習得においては共起強度が高いほど習得しやすいかもしれないが、L2習得においては、共起強度が高いほど習得しにくいことが考えられる。

一方、共起強度が低いというのは、中心語と共起語が共起する確率が低いことを意味している。つまり、中心語と共起語はそれぞれほかのいろいろな語とも共起できる。このことから、中心語と共起語はどちらも汎用性の高い語であり、それぞれのインプットも多い可能性が高いため、習得が進んだと考えられる。松下（2011）「重要度順語彙リスト60894語」を利用し、本研究の産出調査のコロケーションを構成する動詞の頻度レベルを調べたところ、共起動詞は頻度上位1,000語から頻度上位5,000語へと、頻度レベルが下がるにつれ、コロケーションの共起強度の平均が上がる傾向があることが分かった。具体的には、動詞が頻度上位1,000語レベル、2,000語レベル、3,000語レベル、4,000語レベル、5,000語レベルである場合、コロケーションの共起強度（MI-score）の平均値は、それぞれ10.44、10.42、11.01、12.00、14.45であった。つまり、動詞の頻度が低いほどその動詞からなる「名詞＋動詞」コロケーションの共起強度が高い。このことから、構成語の頻度が低いことは、共起強度の高いコロケーションが習得しにくいもう1つの理由として挙げられるのではないかと考える。

## 8.5　結論

　研究3では、中国語との語彙的一致性、コロケーションの頻度と共起強度によって8グループに分けられた64項目を分析の対象とし、中国語との語彙的一致性、コロケーションの頻度と共起強度が上級CJLの「名詞＋動詞」コロケーションの習得に与える影響について量的に分析した。その結果、以下のことが明らかになった。まず、おおむね中国語と語彙的に一致するC-Jは語彙的に一致しないJ-onlyより習得しやすいが、コロケーションの頻度が高い場合、中国語と語彙的に一致しないJ-onlyであっても、C-Jと同じ程度できることが明らかになった。次に、コロケーションの頻度については、おおむね高頻度コロケーションは低頻度コロケーションより習得しやすいが、中国語と語彙的に一致するC-Jはそのまま母語の知識を利用できるため、頻度の

影響を受けず、最も習得しやすい。最後に、中国語との語彙的一致性、コロケーションの頻度と共起強度のうち、共起強度の影響が最も弱いと考えられるが、共起強度の高いコロケーションであるほど習得が難しいことも確認された。

　以上、中国語との語彙的一致性、コロケーションの頻度と共起強度が上級CJLの「名詞＋動詞」コロケーションの習得に与える影響について量的な分析を通して検討した。上級CJLにとっては、中国語と語彙的に一致した高頻度で共起強度の低いコロケーション【C-J・高頻度・低MI】が最も習得しやすいのに対し、中国語と語彙的に一致しない低頻度で共起強度の高いコロケーション【J-only・低頻度・高MI】が最も習得しにくいことが明らかになった。また、C-Jの場合は中国語との語彙的一致性の影響が最も大きいのに対し、J-onlyの場合はコロケーションの頻度の影響が最も大きいと考えられる。3つの要因のうち、共起強度の影響は最も弱い可能性があるが、本章の結果のみではまだ断言できない。

　次章では、項目別の正答率から、上級CJLが苦手な項目について具体的に見ていく。

# 第9章 研究4：学習者が苦手とする項目の特徴

　第8章の研究3においては、中国語との語彙的一致性、コロケーションの頻度と共起強度が上級CJLのコロケーション習得に与える影響について、量的に分析した。本章の研究4では、各項目の正答率に目を向け、上級CJLが苦手な項目の具体的な特徴について検討する。

## 9.1　研究課題

　研究4の課題は以下の2つである。
　課題1：上級CJLが産出調査において苦手な項目の特徴は何か。
　課題2：上級CJLが受容調査において苦手な項目の特徴は何か。

## 9.2　研究方法

### 9.2.1　分析データ

　研究4では、産出と受容調査の全75項目を分析の対象とする。課題1では、産出調査の75項目を分析し、上級CJLが産出調査において苦手な項目の特徴

第9章　研究4：学習者が苦手とする項目の特徴

を明らかにする。課題2では、受容調査の75項目を分析し、上級CJLが受容調査において苦手な項目の特徴を明らかにする。

### 9.2.2　分析方法

　産出調査の項目は、JNS予備調査で項目正答率が70%以上の項目である。また、産出調査において、上級CJLの全75項目の平均正答率は60.70%である。本研究の「上級CJLが産出調査において苦手な項目」とは、上級CJLの平均正答率60.70%を基準に、それより正答率が低いものとする。これらはJNSの最低正答率70%を10ポイント下回る項目でもある。それに対し、JNS予備調査の平均正答率93%とほぼ同等のレベルに達している項目ということで、項目正答率が95%以上の項目を「上級CJLが産出調査において得意な項目」とする。

　受容調査の項目は、JNSの予備調査で項目正答率が90%以上の項目である[1]。また、受容調査において、上級CJLの全75項目の平均正答率は80.85%である。そのため、本研究の「上級CJLが受容調査において苦手な項目」とは、上級CJLの平均正答率80.85%を基準に、それより正答率が低いものとする[2]。これらはJNSの最低正答率90%を10ポイント下回る項目でもある。それに対し、JNS予備調査の平均正答率99%とほぼ同等のレベルに達している項目ということで、項目正答率が100%の項目を「上級CJLが受容調査において得意な項目」とする。

## 9.3　結果

### 9.3.1　学習者が産出において苦手とする項目

　上級CJLが産出調査において苦手な項目、すなわち項目正答率が60.70%未満の項目（35項目）を上から下へ正答率の低い順に表9-1に示す。表9-1に

---

[1]　正答率が80%の項目はC-only項目「速度を減らす」の1つである。
[2]　JNSの正答率が80%の「速度を減らす」は、上級CJLの正答率が70%未満を基準とした。

は、各項目の正答率のほか、NLBにおける頻度と共起強度、中国語との語彙的一致性の情報も提示した。

表9-1　上級CJLが産出調査において苦手な項目（35項目）

| コロケーション | NLB | | 分類 | | 一致性 | 正答率(%) |
|---|---|---|---|---|---|---|
| | 頻度 | MI | 頻度 | MI | | |
| 涙をさそう | 38 | 9.46 | L | L | J-only | 2.17 |
| トンネルをぬける | 76 | 12.51 | L | H | J-only | 8.70 |
| 梅雨が（あ）ける | 46 | 15.37 | L | H | J-only | 10.87 |
| 速度をおとす | 89 | 11.31 | L | H | J-only | 10.87 |
| トランプをきる | 2 | 8.19 | L | L | J-only | 10.87 |
| 遅れをとる | 190 | 10.64 | ― | H | J-only | 10.87 |
| ほこりをかぶる | 38 | 13.25 | L | H | J-only | 10.87 |
| 油をひく | 55 | 10.87 | L | H | J-only | 15.22 |
| 命をおとす | 251 | 10.30 | H | H | J-only | 15.22 |
| けんかをうる | 55 | 9.94 | L | L | J-only | 15.22 |
| 反感をかう | 51 | 9.82 | L | L | J-only | 15.22 |
| タクシーを（ひ）ろう | 81 | 13.02 | L | H | J-only | 15.22 |
| 肺炎にかかる | 16 | 10.08 | L | H | J-only | 19.57 |
| 力をぬく | 303 | 9.03 | H | L | J-only | 26.09 |
| お金をおろす | 19 | 7.53 | L | L | J-only | 28.26 |
| スピードをだす | 68 | 8.31 | L | L | J-only | 28.26 |
| 別れをおしむ | 67 | 14.07 | L | H | C-J | 30.43 |
| 非難を（あ）びる | 59 | 13.49 | L | H | J-only | 30.43 |
| 汗をかく | 565 | 13.27 | H | H | J-only | 30.43 |
| 鉛筆をけずる | 10 | 11.61 | L | H | C-J | 32.61 |
| お茶をいれる | 74 | 16.31 | L | H | J-only | 34.78 |
| 機会をあたえる | 312 | 9.66 | H | L | C-J | 36.96 |
| 凧をあげる | 18 | 10.65 | L | H | J-only | 39.13 |
| 条件をみたす | 439 | 12.33 | H | H | C-J | 41.30 |
| 音をたてる | 1365 | 12.91 | H | H | J-only | 43.48 |
| 注意を（は）らう | 487 | 11.79 | H | H | J-only | 43.48 |
| 目標を（さ）だめる | 74 | 8.41 | L | L | C-J | 45.65 |
| 花火をあげる | 26 | 9.77 | L | L | J-only | 45.65 |
| 目をとおす | 440 | 9.55 | H | L | J-only | 47.83 |
| 相談にのる | 383 | 12.08 | H | H | J-only | 50.00 |
| 家庭をこわす | 34 | 11.55 | L | H | C-J | 52.17 |
| 責任をおう | 843 | 12.36 | H | H | C-J | 54.35 |
| アイロンをかける | 75 | 11.34 | L | H | J-only | 54.35 |
| 傘をさす | 87 | 12.83 | L | H | J-only | 54.35 |
| 時間を（か）ける | 920 | 9.01 | H | L | J-only | 56.52 |

- 「遅れをとる」は低頻度（L＜100回）と高頻度（H＞250回）の間にある項目である。
- （　）の中にある仮名は本調査で指定された動詞の頭文字である。

## 第 9 章　研究 4：学習者が苦手とする項目の特徴

　表9-1を見ると、上級CJLが産出調査において苦手な項目は中国語と語彙的に一致しないJ-onlyが大半を占めることが分かる。特に正答率が30％未満の項目はJ-onlyに集中している。また、正答率が30％未満のJ-onlyのうち、NLBでの出現頻度が低頻度（<100回）のものがほとんどである。「命を落とす」と「力を抜く」は、NLBにおける出現頻度が250回以上であるため、高頻度のグループに振り分けられたが、その頻度を実際に見ると、それぞれ251回と303回で、それほど高くない。下へ行くと、C-Jや高頻度コロケーション（頻度>250回）も出てくるが、全体的な傾向として、上級CJLにとっては、J-onlyで低頻度のコロケーションが難しいといえる。共起強度に目を向けると、上級CJLが産出調査において苦手な項目のうち、共起強度の高いもの（23例、65.71％）が半分以上あるが、共起強度が低くても、正答率のかなり低い項目（「涙を誘う」「トランプを切る」「けんかを売る」など）も多数ある。各項目の動詞を見ていくと、「涙を誘う」「タクシーを拾う」など、本義から離れた派生義で使用されているものがほとんどである。

　以上、上級CJLが産出調査において苦手な「名詞＋動詞」コロケーションの全体的な傾向を分析した。次に、具体的な項目を取り上げ、見ていく。

　まず、上級CJLが産出調査において苦手な項目のうち、第5章のコーパス研究で観察された、JNSが3回以上使用し、上級CJLが1回も使用しなかった項目（表9-1網掛けの部分）があることに注目する。「遅れを取る」「ほこりを被る」「音を立てる」の3つは、産出調査での正答率がどれも50％未満であった。特にNLBでの出現頻度の低い「遅れを取る」「ほこりを被る」は、正答率がどちらも10.87％しかなく、極めて低かった。「時間をかける」は、正答率が50％を超えているが、高いとはいえない。この4つに関しては、コーパス分析と誘発テスト調査の調査対象者が異なるため、断言できないが、YNU書き言葉コーパスでの上級CJLはその知識を持っていない可能性が高い。表9-1から分かるように、この4つはいずれもJ-onlyで、「時間をかける」と「音を立てる」を除き、NLBでの出現頻度が比較的低いものであり、第8章で指摘された上級CJLにとって習得しにくい項目である。

次に、上級CJLが産出調査において苦手な項目には、習得しやすいと思われる中国語と語彙的に一致するC-J項目が7例もあることも注目に値する。上級CJLが苦手なC-J項目のうち、正答率が30%に近い項目として、「別れを惜しむ」「鉛筆を削る」があるが、どちらも低頻度で共起強度の高いものである。一方、「機会を与える」「条件を満たす」「責任を負う」の3つは高頻度コロケーションである。第8章では、高頻度コロケーションが低頻度コロケーションより習得しやすいという結果が得られている。なぜ上級CJLは高頻度の「機会を与える」「条件を満たす」「責任を負う」の産出が苦手なのかについては、9.4の考察で、上級CJLの回答例を通して答えを探る。

以上、上級CJLが産出調査において苦手な項目の特徴について検討した。上級CJLが産出調査において得意な項目はどのような項目であろうか。表9-2は上級CJLが産出調査において得意な項目、すなわち項目正答率が95%以上の項目（17項目）である。

表9-2　上級CJLが産出調査において得意な項目（17項目）

| コロケーション | NLB | | 分類 | | 一致性 | 正答率(%) |
| --- | --- | --- | --- | --- | --- | --- |
| | 頻度 | MI | 頻度 | MI | | |
| タバコをすう | 753 | 13.32 | H | H | C-J | 100.00 |
| 音楽をきく | 354 | 8.93 | H | L | C-J | 100.00 |
| 手紙をかく | 628 | 9.47 | H | L | C-J | 100.00 |
| 教育をうける | 698 | 9.67 | H | L | C-J | 100.00 |
| 映画をみる | 615 | 8.42 | H | L | C-J | 100.00 |
| 新年をむかえる | 81 | 13.31 | L | H | C-J | 100.00 |
| 記憶をうしなう | 40 | 9.30 | L | L | C-J | 100.00 |
| 道をえらぶ | 266 | 8.53 | H | L | C-J | 97.83 |
| 荷物をとる | 33 | 6.81 | L | L | C-J | 97.83 |
| 自信をうしなう | 72 | 9.36 | L | L | C-J | 97.83 |
| 迷惑をかける | 825 | 11.46 | H | H | J-only | 97.83 |
| 例をあげる | 506 | 11.26 | H | H | C-J | 97.83 |
| ボタンをおす | 960 | 12.18 | H | H | C-J | 95.65 |
| 足にあう | 32 | 9.09 | L | L | C-J | 95.65 |
| タクシーをよぶ | 72 | 9.26 | L | L | C-J | 95.65 |
| 薬をのむ | 606 | 10.52 | H | H | — | 95.65 |
| 粥をたべる | 23 | 9.24 | L | L | | 95.65 |

## 第9章 研究4：学習者が苦手とする項目の特徴

　表9-2を見ると、上級CJLが産出調査において得意な項目は、中国語と語彙的に一致するC-Jがほとんどであることに気づくだろう。中国語と語彙的に一致しないJ-only項目は「迷惑をかける」のみであった。「迷惑をかける」は、NLBにおける出現頻度が高く、日常生活でもよく使用される表現である。日本語の教科書においても初級の段階から導入されているため、上級CJLはすでに習得できている項目だと考えられる。「薬を飲む」「粥を食べる」は中国語との語彙的一致性の判断に揺れがある項目[①]であり、中国語においても許容範囲内だと考えていいだろう。中国語において、「粥を食べる」はよく"喝粥"[②]（粥を飲む）、「薬を飲む」はよく"吃药"[③]（薬を食べる）と表現するが、今回の産出調査では、「粥を<u>のむ</u>」「薬を<u>たべる</u>」の表現が出なかったのは、動詞の文字数が指定されているからかもしれない。また、正答率が100%の項目は7項目あるが、すべて中国語と語彙的に一致するC-Jであり、NLBでの出現頻度が高く、共起強度の低いものが大半を占めている。第8章ですでに述べたように、中国語と語彙的に一致するC-Jで、NLBでの出現頻度が高く、共起強度の低いコロケーションは、上級CJLにとって最も習得しやすい。本章での項目正答率から見ても同様のことがいえる。

### 9.3.2　学習者が受容において苦手とする項目

　9.3.1では、上級CJLが産出調査において苦手な項目を分析した。本節では、上級CJLが受容調査において苦手な項目について報告する。

　表9-3は上級CJLが受容調査において苦手な項目、すなわち正答率が80.85%未満の項目（29項目）である。

---

[①] この2項目は、受容調査のC-only項目である「薬を食べる」「粥を飲む」を作成するために使用した。
[②] 北京語言大学の中国語コーパスBCCコーパス（URL：http://bcc.blcu.edu.cn/）（多領域）で検索した結果、"喝粥"は1,645回であるのに対し、"吃粥"（粥を食べる）は657回である。
[③] 北京語言大学の中国語コーパスBCCコーパス（多領域）で検索した結果、"吃药"は10,115回であるのに対し、"喝药"（薬を飲む）は559回である。

表9-3　上級CJLが受容調査において苦手な項目（29項目）

| コロケーション | NLB 頻度 | NLB MI | 分類 頻度 | 分類 MI | 一致性 | 正答率(%) |
|---|---|---|---|---|---|---|
| 沈黙をつぶす | 0 | 0.00 | — | — | 存在無 | 19.57 |
| 速度を減らす | 0 | 0.00 | — | — | C-only | 32.61 |
| スピードを立てる | 0 | 0.00 | — | — | 存在無 | 34.78 |
| 家庭を砕く | 0 | 0.00 | — | — | 存在無 | 36.96 |
| お金を取る | (65) | (6.24) | — | — | C-only | 43.48 |
| 相談に合う | 0 | 0.00 | — | — | 存在無 | 50.00 |
| アイロンを押す | 0 | 0.00 | — | — | 存在無 | 52.17 |
| 凧を放す | 0 | 0.00 | — | — | C-only | 52.17 |
| 肺炎に落ちる | 0 | 0.00 | — | — | 存在無 | 54.35 |
| トランプを洗う | 0 | 0.00 | — | — | C-only | 54.35 |
| トンネルを抜ける | 76 | 12.51 | L | H | J-only | 56.52 |
| 涙を誘う | 38 | 9.46 | L | L | J-only | 56.52 |
| 油を引く | 55 | 10.87 | L | H | J-only | 63.04 |
| 反感を買う | 51 | 9.82 | L | L | J-only | 63.04 |
| 花火を放す | 0 | 0.00 | — | — | C-only | 63.04 |
| 嘘を作る | 0 | 0.00 | — | — | 存在無 | 67.39 |
| けんかを売る | 55 | 9.94 | L | L | J-only | 67.39 |
| 時間をかける | 920 | 9.01 | H | L | J-only | 69.57 |
| 教育を取る | 0 | 0.00 | | | 存在無 | 71.74 |
| 梅雨が明ける | 46 | 15.37 | L | H | J-only | 71.74 |
| 点数を打つ | 0 | 0.00 | — | — | C-only | 71.74 |
| 遅れを取る | 190 | 10.64 | — | H | J-only | 71.74 |
| ほこりを被る | 38 | 13.25 | L | H | J-only | 71.74 |
| 責任を負う | 843 | 12.36 | H | H | C-J | 73.91 |
| 目標を定める | 74 | 8.41 | L | L | C-J | 73.91 |
| 命を落とす | 251 | 10.30 | H | H | J-only | 73.91 |
| 傘を打つ | 0 | 0.00 | — | — | C-only | 73.91 |
| 目を通す | 440 | 9.55 | H | L | J-only | 76.09 |
| 会議を開く | 0 | 0.00 | — | — | C-only | 78.26 |

　まず、正答率が55%未満の項目は中日両言語にない表現である存在無と中国語のみにあるC-onlyに集中していることが分かる。これらの項目は日本語

## 第9章 研究4：学習者が苦手とする項目の特徴

にない表現①であるが、統語的な接続に問題がなく、意味理解も可能であるものが多い。例えば、正答率が50%未満の「速度を減らす」「お金を取る」はJNSなら使わない表現である。しかし、個々の語の意味からどちらの意味も理解でき、しかもその逐語訳が中国語において適切な表現であるため、上級CJLは日本語として共起可能だと判断したと考えられる。これらの項目に対応している適切な日本語の産出正答率を見ると、「沈黙を破る」以外に、すべて表9-1の上級CJLが産出調査において苦手な項目、すなわち正答率60.70%未満の項目に入っている。つまり、これらの項目に対応している適切な日本語のコロケーションは、上級CJLの大半がまだ習得できていないのである。上級CJLが受容調査において苦手な項目のうち、C-only、存在無といった日本語にない16項目に次いで多いのは、中国語と語彙的に一致しないJ-onlyで、11項目もある。これらの項目は上級CJLが受容調査において苦手な項目の9割以上を占める。つまり、上級CJLが受容調査において苦手とする項目は、日本語にない表現や中国語と語彙的に一致しない表現がほとんどである。

　次に、上級CJLが受容調査において苦手な項目のうち、第5章のコーパス研究において観察されたJNSが3回以上使用し、上級CJLが1回も使用しなかった項目（表9-3網掛けの部分）があることも注目に値する。「時間をかける」「遅れを取る」「ほこりを被る」の3つは、受容調査での正答率が50%を超えているが、どれも80%未満であった。特にNLBでの出現頻度の高い「時間をかける」は、正答率が69.57%で、3つの項目のうち最も低かった。「時間をかける」「遅れを取る」「ほこりを被る」の3つはすべて表9-1に入っており、上級CJLが産出調査においても苦手な項目でもある。この3つの項目は、上級CJLの大半が受容と産出の両方においてまだ習得できていない項目だといえよう。産出調査で正答率が43.48%しかない「音を立て

---

① C-only項目の「お金を取る」はNLBにも見られるが、中国語の"取钱"と異なる文脈で使用されており、意味も異なる。

る」は、受容調査での正答率が93.48%で高かったため、上級CJLが受容調査における苦手な項目に入っていない。つまり、「音を立てる」というコロケーションは、上級CJLにとっては、理解はできるが、産出できない項目であるといえる。

　また、上級CJLが受容調査で苦手な項目のうち、第8章の結果から、習得しやすいと考えられる中国語と語彙的に一致するC-Jは、「責任を負う」「目標を定める」の2つあるが、非常に少ない。この2項目は表9-1の上級CJLが産出調査において苦手な項目にも入っている。つまり、「責任を負う」「目標を定める」は上級CJLが産出調査と受容調査の両方において苦手なC-J項目である。この2項目はなぜ上級CJLにとって難しいのかについては、9.4の考察で検討する。

　以上、上級CJLが受容調査において苦手な項目について報告した。次に、上級CJLが受容調査において得意な項目を見る。上級CJLが受容調査において得意な項目、すなわち項目正答率が100%の項目は12項目あった。表9-4はその一覧である。

表9-4　上級CJLが受容調査において得意な項目（12項目）

| コロケーション | NLB | | 分類 | | 一致性 | 正答率(%) |
|---|---|---|---|---|---|---|
| | 頻度 | MI | 頻度 | MI | | |
| 例をあげる | 506 | 11.26 | H | H | C-J | 100.00 |
| 理解を深める | 485 | 13.53 | H | H | C-J | 100.00 |
| ボタンを押す | 960 | 12.18 | H | H | C-J | 100.00 |
| 新年を迎える | 81 | 13.31 | L | H | C-J | 100.00 |
| 規則を守る | 34 | 15.80 | L | H | C-J | 100.00 |
| 結果が出る | 552 | 8.67 | H | L | C-J | 100.00 |
| 音楽を聞く | 354 | 8.93 | H | L | C-J | 100.00 |
| 手紙を書く | 628 | 9.47 | H | L | C-J | 100.00 |
| 記憶を失う | 40 | 9.30 | L | L | C-J | 100.00 |
| 道を選ぶ | 266 | 8.53 | H | L | C-J | 100.00 |
| タバコを食べる | 0 | 0 | — | — | 存在無 | 100.00 |
| タクシーを打つ | 0 | 0 | — | — | C-only | 100.00 |

表9-4を見ると、例外として、存在無の「タバコを食べる」とC-onlyの「タクシーを打つ」があるが、上級CJLが受容調査において得意な項目は、中国語と語彙的に一致するC-Jがほとんどであることが分かる。このことから、上級CJLが受容調査において得意な項目は、産出調査と同様に、中国語と語彙的に一致するコロケーションであるといえよう。また、共起強度は高MIと低MIの両方が半々に分かれているが、頻度は高頻度のものが大半を占める。つまり、高頻度で中国語と語彙的に一致するC-Jは、上級CJLにとって最も習得しやすい。これは第8章の結果とも一致している。

## 9.4　考察

　以上、項目別の正答率から、上級CJLが産出調査において苦手な項目と受容調査において苦手な項目について報告した。その結果、課題1においては、上級CJLが産出調査において苦手な項目として、中国語と語彙的に一致するC-Jもあったが、中国語と語彙的に一致しないJ-onlyで低頻度のものが多かった。課題2では、上級CJLが受容調査において苦手な項目として、中国語と語彙的に一致するC-Jも見られたが、日本語にない表現または中国語と語彙的に一致しない表現がほとんどであった。つまり、全体的には、第8章の研究3と同様の結果が得られている。高頻度で中国語と語彙的に一致するC-Jが習得しやすく、低頻度で中国語と語彙的に一致しないJ-onlyが習得しにくい理由については、第8章の研究3ですでに考察した通りである。以下、研究4で見られた例外（習得しにくいC-J項目）をメインに考察していく。

　課題1では、上級CJLが産出調査において苦手な項目のうち、高頻度で中国語と語彙的に一致するC-Jとして、「機会をあたえる」「条件をみたす」「責任をおう」の3つがある。表9-5は、この3つの項目の調査問題及び調査対象者の回答をまとめたものである。

表9-5　上級CJLが産出調査において苦手な高頻度C-J項目の調査問題と回答

| 調査問題 | 回答 |
|---|---|
| 中：最重要的是为了给留学生提供学习日本的机会。<br>日：留学生たちに日本について学ぶ機会を（　）（　）（　）（　）というのが第一の理由だった。 | あたえる（17）、そなえる（5）、ささげる（3）、ていきょう（2）、あげれる（1）、くださる（1）、さしだす（1）、そびえる（1）、とどめる（1）、となえる（1）、とりだす（1）、ひきだす（1）、提供する（1）、未回答（10） |
| 中：只有满足下列前提条件才行。<br>日：次のような前提条件を（　）（　）（　）ことではじめて可能になります。 | みたす（19）、みちる（9）、たりる（3）、いたる（1）、かける（1）、そろう（1）、にあう（1）、はたす（1）、みかす（1）、みだす（1）、みたる（1）、みだる（1）、みつる（1）、満足（1）、未回答（4） |
| 中：也就是说我们不需要负任何责任。<br>日：つまり、われわれは一切責任を（　）（　）ことがないのです。 | おう（25）、とる（19）、かう（1）、する（1） |

　まず、「機会を与える」は、対応している中国語訳が"给与机会"または"提供机会"である。動詞の"给与"と"提供"に対応する日本語の動詞は「与える」のほかに、「あげる」「提供する」もある。本研究では、中国語訳として"提供"が用いられたことから、回答を見ると、日本語に存在しない回答が多く、学習者は漢字「提」と「供」の訓読みを書こうとしていた可能性が考えられる。

　次に、「条件を満たす」は中国語訳が"满足条件"であるため、「機会を与える」と同様に、学習者が最初に思い出した動詞は漢語動詞の「満足する」かもしれない。調査問題の指示文では「和語動詞」と明確に書いていたにも関わらず、「機会を与える」の回答においては「ていきょう」2回、「提供する」1回で、「条件を満たす」の回答においては「満足」が1回あった。この結果は、中国語訳に影響されたことは完全に否めないが、日本語と母語に共有する同形漢語が多い中国人学習者は漢語動詞を好む傾向も見られる。また、「満たす」は旧JLPT 1級レベルの語である（第7章の表7-4を参照）。学習者の回答には「みちる」「みかす」「みたる」など、「み」で始まる回答が多かった。「満たす」という動詞自体がまだ習得できていない可能性も窺える。9.3.2の上級CJLが受容調査において得意な項目に入ってい

## 第9章 研究4：学習者が苦手とする項目の特徴

ないが、受容調査でC-J項目として提示された「条件を満たす」の受容正答率は95.65%（46名のうち44名が正答）で高かった。つまり、「条件を満たす」は中国語と語彙的に一致する表現であるため、上級CJLはその意味を容易に理解できる。しかし、和語動詞である「満たす」は旧JLPT 1級レベルの動詞であり、その読み書きが上級CJLにとっても難しい。

　最後に、「責任を負う」は、日本語では「責任をとる」「責任を持つ」など類義表現が多い。どれも中国語に訳すと"負責任"であるが、中国語と語彙的に一致するのは「責任を負う」である。46名のうち、中国語と語彙的に一致しない「とる」と回答した人は19名で、圧倒的に多かった。表9-5にある動詞の難易度を見ると、「負う」は旧JLPT 1級レベルであることが分かる。基本的な動詞である「取る」は先に習得された可能性が高い。

　以上のことから、日本語に類義表現が多い場合や対応する中国語が2字漢語である場合、C-Jで高頻度のコロケーションであっても習得が進まない可能性がある。

　課題2では、上級CJLが受容調査において苦手な項目について報告した。上級CJLが受容調査において苦手なC-J項目は、「責任を負う」「目標を定める」の2つであった。この2つは表9-1の上級CJLが産出調査において苦手な項目にも入っており、上級CJLが産出と受容の両方で苦手なC-J項目だといえる。以下、この2つの項目の特徴について詳しく見ていく。

表9-6　上級CJLが受容調査において苦手なC-J項目

| 調査問題 | 判断結果まとめ | | | | |
| --- | --- | --- | --- | --- | --- |
| | 適切 | 翻訳 | 不適切 | 修正 | 未回答 |
| つまり、われわれは一切責任を負うことがないのです。<br>□適切　□不適切 | 34 | 負責（任）28例<br>承担責任5例<br>未回答1例 | 10 | 責任を取る9例<br>責任を担う1例 | 2 |
| 大枠の目的に到達するためには、より具体的な目標を定める必要があります。<br>□適切　□不適切 | 34 | （制）定目標27例<br>確定目標4例<br>未回答3例 | 10 | 目標を立てる4例<br>目標を決まる1例<br>目標を決める2例<br>目標を作る3例 | 2 |

表9-6は、上記の2項目に関する調査問題と学習者の判断結果をまとめたものである。どちらも「適切」が正しい回答で、「不適切」が間違った回答である。適切だと判断された場合の中国語訳は2通り出ているが、どちらも意味の通じる適切な表現である。「不適切」だと間違えて判断した学習者の訂正例を見ると、「責任を負う」は、「責任を担う」に訂正した学習者もいるが、初級で学習した簡単な動詞「取る」への訂正がほとんどである。「目標を定める」も、初級で学習した簡単な動詞「立てる」「決める」などへの修正がほとんどであった。「責任を負う」「目標を定める」の類義表現である「責任を取る」「目標を立てる」は、すでに習得されている可能性が考えられる。なお、調査問題を見ると、「目標を定める」は、「目標を立てる」や「目標を決める」などに置き換えても自然な表現であるが、「責任を負う」は、副詞「一切」が前に来ているため、「責任を取る」より適切な表現とされる。このことから、意味が類似したコロケーションについては、上級学習者であっても、その使用上の区別がつかない人が多いといえよう。

　一方、上級CJLが受容調査において得意な項目のうち、存在無の「タバコを食べる」とC-onlyの「タクシーを打つ」を除き、すべて中国語と語彙的に一致するC-Jであった。

　「タバコを食べる」の適切な表現は「タバコを吸う」であり、中国語と語彙的に一致する表現である。「タバコを吸う」は、産出調査における正答率（表9-2参照）が100.00%であり、すでに習得されていると考えられる。そのため、受容調査で「タバコを食べる」が不適切な表現だと判断できたと思われる。「タクシーを打つ」は中国語の"打的"或いは"打出租車"の逐語訳である。調査問題文の「タイでは、タクシーを打つ時、手を振るそうです。」と対応する適切な日本語の表現は「タクシーを拾う」である。中国語で使用する動詞"打"と日本語で使用する動詞「拾う」は、意味の関連性が全くない別の語である。このような中国語と日本語とで完全に意味関連のない別の共起語を用いるコロケーションは母語の転移が起こりにくい可能性が

高いと考える。また、中国語の"打"と日本語の「打つ」は、意味的に対応している語であるものの、"打的""打出租車"で使用される「打」は中国語での本義から離れており、中心義で予測できない意味である。このように、母語では、動詞が本義から離れた抽象化した意味で特定の名詞としか共起できない場合、転移が起こりにくいと考えられる。「タクシーを打つ」については、学習者が書いた訂正案を見ると、その内訳は、タクシーを呼ぶ（34）、タクシーを拾う（5）、タクシーをとめる（1）、タクシーを叫ぶ（1）、未回答（5）となっており、「タクシーを呼ぶ」がすでに定着していると窺える。類義表現の「タクシーを呼ぶ」がすでに習得されていることも「タクシーを打つ」が適切な表現ではないという正しい判断につながったかもしれない。

## 9.5　結論

　研究4では、項目別の正答率に目を向け、上級CJLが産出調査と受容調査において苦手な項目について検討した。

　課題1では、上級CJLが産出調査で苦手な項目の特徴について検討した。全体的な傾向として、上級CJLが産出調査で苦手な項目は中国語と語彙的に一致しておらず、頻度の低いコロケーションが多かったが、日本語に類義表現が多い場合や対応する中国語が2字漢語である場合、C-Jで高頻度のコロケーションであっても習得が進まない可能性があることが分かった。

　課題2では、上級CJLが受容調査で苦手な項目の特徴を明らかにした。上級CJLが受容調査で苦手な項目のうち、日本語にない表現（C-onlyと存在無）や中国語と語彙的に一致しないJ-onlyがほとんどであったが、中国語と語彙的に一致するC-Jも見られた。類義表現を先に習得している学習者は、新しい表現を受け入れるのが困難であり、C-J項目であっても習得が進まないケースが観察された。

　以上のような例外も見られたものの、課題1と課題2の結果をまとめると、

第8章で得られた結果と同様に、全体的には、中国語と語彙的に一致するC-Jは中国語と語彙的に一致しないJ-onlyより習得しやすい、高頻度コロケーションは低頻度コロケーションより習得しやすいということが確認された。一方、本章の分析では、コロケーションの共起強度の影響はあまり見られなかった。このことから、中国語との語彙的一致性、コロケーションの頻度と共起強度のうち、共起強度の影響が最も弱いといえよう。

# 第10章　結果のまとめと総合的考察

　本研究では、中国語との語彙的一致性、コロケーションの頻度と共起強度の影響に着目し、上級CJLの「名詞＋動詞」コロケーションの習得について、コーパス分析と誘発テスト調査の2つの手法を用いて調査した。本章では総合的考察を行うが、その前に、まず研究1から研究4の各研究で明らかになったことをまとめる。

## 10.1　各研究のまとめ

### 10.1.1　研究1のまとめ

　研究1は、上級CJLとJNSの「名詞＋動詞」コロケーション使用上の違いを明らかにすることを目的としている。各課題の結果は以下の通りである。

　課題1では、上級CJLが使用したコロケーションを延べ頻度と異なり頻度別にJNSと比較した。その結果、上級CJLは「名詞＋動詞」コロケーションの使用において、母語話者のJNSに比べ、L2英語に関する研究（e.g., Granger, 1998; Howarth, 1998; Laufer & Waldman, 2011）で指摘されている過少使用が見られなかった。この結果は日本語より動詞的表現を好む中国語の言

語的特性と関連していることが考えられる。

　課題2では、上級CJLとJNSが使用した「名詞＋動詞」コロケーションをNLBにおける頻度と共起強度の観点から比較した。その結果、上級CJLはJNSに比べ、高頻度コロケーションを有意に多く使用し、低頻度コロケーションの使用が有意に少ないことが確認された。また、上級CJLはJNSに比べ、共起強度の高いコロケーションの使用が有意に少なく、共起強度の低いコロケーションの使用が有意に多いことも確認された。このことから、上級CJLはコロケーションの頻度に敏感であり、高頻度コロケーションを先に習得するが、共起強度の高いコロケーションの習得が遅れていると推測できる。

　課題3では、上級CJLとJNSが使用した「名詞＋動詞」コロケーションのうち、それぞれ使用頻度上位30位のコロケーションを取り上げ、比較した。その結果、Granger（1998）の指摘と同様に、上級CJLはJNSに比べ、使用範囲が広く、使用制限の少ない共起語を選ぶ傾向が見られた。また、JNSが3回以上使用し、上級CJLが1回も使用しなかったコロケーションのうち、中国語と語彙的に一致しないコロケーション、特にNLBにおける出現頻度の低いコロケーションが多かった。このことから、上級CJLにとって、低頻度で中国語と語彙的に一致しないコロケーションは習得が難しいと推測できる。

### 10.1.2　研究2のまとめ

　研究2では、上級CJLの「名詞＋動詞」コロケーションの使用に見られた誤用と、誤用における母語の影響について分析した。各課題の結果は次のようにまとめられる。

　課題1では、Nesselhauf（2003）の分類方法に倣い、上級CJLの「名詞＋動詞」コロケーションの誤用を分類した。その結果、上級CJLの「名詞＋動詞」コロケーションの誤用には、【動詞】【名詞】【助詞】【形式】【文脈】【使用】の6タイプが観察され、【動詞】による誤用が最も多いことが

明らかになった。このことから、日本語の「名詞＋動詞」コロケーションの習得においては、動詞の意味・用法の習得が最も難しいことが分かる。

　課題2では、上級CJLに見られたコロケーションの誤用が中国語の影響を受けているかどうかを、中国語母語話者に直感的に判断してもらった。その結果、上級CJLの誤用のうち、中国語の影響を受けていると思われるものは25％あった。先行研究のKomori（2003）よりは低い割合であるが、本研究での調査対象者は日本の大学で講義を受けることのできる上級学習者であり、先行研究の対象者より日本語レベルの高い学習者である。日本語習熟度のかなり高い上級CJLであるにも関わらず、母語の影響を受けていると思われる誤用は25％もあり、無視できない割合だといえる。

　課題3では、課題2で中国語の影響を受けていると思われる誤用がKJLにも見られるかを調べることで、母語の影響を検証した。KJLの産出と照らし合わせた結果、課題2で中国語の影響を受けていると思われる誤用のうち、「だしを作る」のような、韓国語にない表現にも関わらず、KJLにも見られた誤用もあった。また、中国語の影響を受けている可能性の高い誤用を分析した結果、中国語で典型的なコロケーションをそのまま日本語として使用したケースが多かった。

## 10.1.3　研究3のまとめ

　研究3では、研究1と研究2のコーパス分析の結果を踏まえ、中国語との語彙的一致性、コロケーションの頻度と共起強度が上級CJLのコロケーション習得に与える影響について、コロケーションの産出知識と受容知識の両方から調査を行った。以下、課題1-1と課題2-1（中国語との語彙的一致性）、課題1-2と課題2-2（コロケーションの頻度）、課題1-3と課題2-3（コロケーションの共起強度）の順で、各課題の結果についてまとめる。

　課題1-1では、中国語と語彙的に一致するC-Jは語彙的に一致しないJ-onlyより習得しやすいことが確認された。課題2-1では、高頻度コロケーション

の場合、中国語と語彙的に一致しないJ-onlyであっても語彙的に一致するC-Jと同じ程度に習得可能であるが、その他の場合には、中国語と語彙的に一致するC-Jが語彙的に一致しないJ-onlyより習得しやすいことが明らかになった。C-Jは、学習者が持っている母語の知識をそのまま利用できるため、母語知識が利用できないJ-onlyより習得しやすいと考えられる。

課題1-2では、【C-J・低MI】はコロケーションの頻度の高低に関係なく最も習得しやすいが、それ以外の場合は、高頻度コロケーションが低頻度コロケーションより習得しやすいことが明らかになった。課題2-2では、C-Jはコロケーションの頻度の高低に関係なく最も習得しやすいが、それ以外の場合は、高頻度コロケーションが低頻度コロケーションより習得しやすいことが分かった。課題1-2と課題2-2の結果を総合的に考えると、中国語と語彙的に一致するC-Jはその頻度が低くても習得しやすいことが分かる。C-Jは中国語にも同じ表現があり、逐語訳すればできるため、頻度の影響を受けないが、中国語と語彙的に一致しないJ-onlyは、コロケーションの頻度が習得の決め手であるといえよう。

課題1-3では、共起強度の高いコロケーションが共起強度の低いコロケーションより習得が難しいことが示された。課題2-3では、高頻度コロケーションにおいてのみ有意な差が認められ、共起強度の高いコロケーションのほうが習得が難しいという結果が得られた。この結果は、研究1の課題2と一致した結果であり、先行研究のNguyen and Webb（2017）の結果とも一致している。これらのコロケーションが習得が難しい理由として、共起強度の高いコロケーションは構成語の頻度が低いことや、学習者はコロケーションの共起強度に対する認識が弱く、構成語を個別に覚えていることなどが考えられる。

### 10.1.4 研究4のまとめ

研究4では、産出と受容調査の全75項目に対し、項目別の正答率をもとに上級CJLが苦手とする「名詞＋動詞」コロケーションの具体的な特徴について検

討した。

　課題1では、産出調査全75項目を分析の対象とし、上級CJLが産出調査で苦手な項目と得意な項目を取り上げ、分析した。その結果、低頻度で中国語と語彙的に一致しないJ-onlyが習得しにくいことが分かった。また、日本語に類義表現が多い場合や対応する中国語が2字漢語である場合、高頻度C-Jであっても習得が進まない可能性が示唆された。それに対し、上級CJLが産出調査で得意な項目は、中国語と語彙的に一致するC-Jがほとんどであった。

　課題2では、受容調査全75項目を分析の対象とし、上級CJLが受容調査で苦手な項目と得意な項目を取り上げ、分析した。その結果、上級CJLが受容調査で苦手な項目の大半は、日本語にない表現や中国語と語彙的に一致しない表現であった。それに対し、受容調査で得意な項目は、中国語と語彙的に一致するC-Jに集中していた。

## 10.2　総合的考察

　本節では、10.1でまとめた結果を踏まえ、総合的な考察を行う。研究1から研究4は、コーパス分析と誘発テスト調査という異なる研究手法を用いたが、中国語との語彙的一致性、コロケーションの頻度と共起強度の影響について調査している点においては、共通している。そのため、本節では、(1) 中国語との語彙的一致性の影響；(2) コロケーションの頻度の影響；(3) コロケーションの共起強度の影響、という3つの側面から総合的な考察を行うことにする。

### 10.2.1　中国語との語彙的一致性の影響

　中国語との語彙的一致性と上級CJLのコロケーション習得との関係については、主に研究2、研究3と研究4で検討した。

　中国語と語彙的に一致するコロケーションは語彙的に一致しないコロケー

ションより習得しやすいことが明らかになった。これは、これまでの先行研究と一致した結果であり、初期の研究であるBahns（1993）においてすでに指摘されていることでもある。なお、Bahns（1993）は、学習者データを分析したのではなく、ドイツ語のN-Vと英語のV-Nコロケーションを対照言語学の観点から論じている。これまで、L1との語彙的一致性とL2コロケーションの習得との関係については、英語学習者のコロケーションの受容知識を測定した研究（Murao, 2004; Nguyen & Webb, 2017）と、L2コロケーションのOn-line処理に関する研究（Wolter & Gyllstad, 2011, 2013; Wolter & Yamashita, 2018; zhao et al., 2018）で検証されている。本研究では、学習者のコロケーションの産出知識もL1との語彙的一致性によって変わることが確認された。

小森ほか（2012）は、中国語と同じ共起語を取らない「名詞＋動詞」コロケーションは、旧JLPT 1級以上の上級CJLであっても習得が進んでいないことを指摘した。なお、小森ほか（2012）は、中国語として適切な表現であるC-JとC-onlyの2種類のみを対象項目としていた。L2英語コロケーションの研究において習得が難しいと指摘されているL2-only項目については調査していない。一方、日本語において、「反発を買う」「けんかを売る」などのような、中国語と同じ共起語を取らない「名詞＋動詞」コロケーションは数多く存在する。本研究では、これらの項目についても調査を行い、上級CJLにとってその習得が極めて難しいことをデータで示すことができた。

L1と語彙的に一致するコロケーションがL1と語彙的に一致しないコロケーションより習得しやすい理由として、まず母語と語彙的に一致する場合、学習者はすでに持っている母語知識が生かせることが挙げられる。前述したBahns（1993, p. 56）は、L1と語彙的に一致するコロケーションは逐語訳をすれば簡単にできるため、「教える必要がない」（do not have to be taught）とも論じた。もう1つは、一般的には本義が派生義より先に習得されると言われている（池田（三浦）, 2017）。中国語と日本語とで語彙的に一致する「名詞＋動詞」コロケーションは、動詞が本義または本義に近い意味で使用

されている場合が多いため、語彙的一致性の効果を強めた可能性も考えられる。

### 10.2.2 コロケーションの頻度の影響

コロケーションの頻度と上級CJLのコロケーション習得との関係については、研究1、研究3と研究4の3つの研究で検討した。

言語使用者は音素からmultiword unitsまで頻度に敏感であると多くの研究で報告されている（Ellis（2002）のレビューを参照）。言語習得における頻度効果は用法基盤モデル（Usage-Based Model）を用いて説明されている（e.g., Croft & Cruse, 2004; Wolter & Gyllstad, 2013）。用法基盤モデルは言語を実際に聞いたり使用したりすることによってその習得が進むと主張するモデルである。Croft and Cruse（2004）は、語の延べ頻度（token frequency）が語の定着度を決めると述べ、語の頻度ネットワークパターンを提示した。Wolter and Gyllstad（2013）は、Croft and Cruse（2004）で論じられた語の頻度ネットワークパターンをコロケーションまで発展させ、コロケーションの頻度とその定着度の関係について、図10-1のように示した。図10-1から分かるように、*fake teeth*は*false teeth*より頻度が低く、定着度も弱い。頻度の高いコロケーションであるほどインプットが多い可能性が高いため、あまり使用されない低頻度コロケーションより習得しやすいことが容易に分かるだろう。

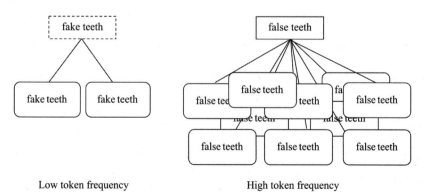

図10-1　高・低頻度使用のネットワークパターン
（Wolter & Gyllstad, 2013, p. 453）

これまで、L2コロケーションの習得における頻度効果については、母語話者のコロケーション使用と比較した研究でも言及されているが、コロケーションの頻度を統制し、その影響を検証した研究は、L2コロケーションのOn-line処理に関する研究（e.g., Wolter & Gyllstad, 2013; Wolter & Yamashita, 2018; 李, 2012）がほとんどである。本研究では、上級CJLのコロケーション使用（研究1）と上級CJLのコロケーション知識（研究3と研究4）の両方から、コロケーションの頻度と上級CJLのコロケーション習得との関係について検討した。一律高頻度が低頻度より習得しやすいというわけではなく、中国語との語彙的一致性によって、頻度効果のある場合とない場合があることを明らかにした点は従来の理解を進展させる新しい成果である。

### 10.2.3　コロケーションの共起強度の影響

　コロケーションの共起強度と上級CJLのコロケーション習得との関係については、研究1と研究3で検討した。中国語との語彙的一致性や頻度の影響ほどではないが、コロケーションの共起強度も上級CJLのコロケーション知識に影響を与えており、共起強度の高いコロケーションが共起強度の低いコロケーションより難しいことが明らかにされた。

　L2学習者にとって共起強度の高いコロケーションが共起強度の低いコロケーションより難しい理由の1つとして、第8章ですでに述べたように、学習者は母語話者と異なり、語と語の共起を1つの語として記憶するのではなく、構成語を個別に覚えるというSinclair（1987）が提唱した自由選択原則に従うことが考えられる。母語の習得においては語と語の共起を1つのかたまりとして覚えるという慣用連語原則に従うため、共起強度が高いほど習得が容易になるかもしれないが、L2習得においては共起強度が高いほど習得が難しくなる傾向がある。Sinclair（1987）の慣用連語原則と自由選択原則は、On-line処理の速さで検証されている。慣用句の処理についてアイトラッキング（eye-tracking）の実験を行ったSiyanova-Chanturia et al.（2011）

は、母語話者は、慣用句（*at the end of the day*）を自由な句（*at the end of the war*）より速く処理するのに対し、L2学習者は自由な句と慣用句を同程度のスピードで処理すると報告した。第3章の3.4.2で取り上げた日本語の慣用句のOn-line処理について実験を行った蘇・畑佐（2018）でも、JNSは慣用句を統制群の自由結合より有意に速く処理するのに対し、上級CJLは慣用句と統制群の自由結合の処理に有意差が見られなかったと報告されている。このように、母語話者と学習者とは異なる処理プロセスを経ていることが先行研究からも窺える。

　もう1つの理由として、構成語の頻度が低いことが考えられる。第8章で考察したように、産出調査の各項目の動詞の頻度レベルに基づいてコロケーションの共起強度の平均を算出した結果、頻度の高いレベルにある動詞を含むコロケーションは共起強度の平均が小さい。一方、共起強度が同じ程度である場合、構成語の頻度がコロケーションの習得にどのような影響を与えるかは、本研究では検討できなかった。今後の課題としたい。

# 第11章　結　論

　本研究では、学習者コーパス分析と誘発テスト調査という2つの研究手法を用いて上級CJLの「名詞＋動詞」コロケーションの習得について検討した。本章では、結論として、本研究で得られた知見を述べ、それが日本語教育に与える示唆について議論してから、本研究の限界及び今後の課題を示す。

## 11.1　本研究で得られた知見

　研究1と研究2では、上級CJLの「名詞＋動詞」コロケーションの使用実態について調査した結果、以下のことが明らかになった。

1) 上級CJLはJNSに比べ、頻度の高いコロケーションを多く使用するのに対し、共起強度の高いコロケーションを過少使用する傾向が見られた。YNU書き言葉コーパスにおける使用頻度上位30位のコロケーションを見ると、上級CJLはJNSに比べ、使用範囲が広く、制限の少ない共起語を選ぶ傾向が見られた。また、JNSが3回以上使用し、上級CJLが1回も使用しなかったコロケーションは、低頻度

で中国語と語彙的に一致しないものが多かった。

2) 上級CJLのコロケーションの誤用には、動詞による誤用が最も多く、日本語の「名詞＋動詞」コロケーションの習得において動詞の意味・用法をきちんと理解することが大切だと示唆されている。

3) コロケーションの誤用のうち、母語である中国語の影響を受けていると思われるものは25%あるため、学習者の母語がコロケーションを誤る要因の1つであり、上級になっても、その影響が大きいと指摘できる。

研究3と研究4では、中国語との語彙的一致性、コロケーションの頻度と共起強度が上級CJLのコロケーションの習得に与える影響について検証した。その結果、以下のことが分かった。

1) 中国語と語彙的に一致しており、高頻度で共起強度の低いコロケーションは最も習得しやすい。一方で、中国語と語彙的に一致しておらず、低頻度で共起強度の高いコロケーションは習得が最も難しい。

2) 中国語との語彙的一致性、コロケーションの頻度と共起強度のうち、共起強度の影響が最も弱いといえるが、共起強度の高いコロケーションであるほど習得が難しくなる傾向が見られた。

3) 具体的な項目においては、日本語に類義表現が多い場合や対応する中国語が2字漢語である場合、高頻度で中国語と語彙的に一致するコロケーションであっても習得が進まない可能性が示唆された。

## 11.2 日本語教育への示唆

本研究の結果から得られた日本語教育への示唆として、以下の点が挙げられる。

まず、中国語と語彙的に一致するコロケーションが習得しやすく、中国語と語彙的に一致しないコロケーションが難しいという結果に基づき、母語との語彙的一致性を考慮した指導法が効果的だと考えられる。具体的には、母語と語彙的に一致するコロケーションについては、L1との一致性を強調し、母語の知識を生かしてもらうことが効果的であろう。それに対し、母語と語彙的に一致しないコロケーションはインプットの量が習得の決め手であるため、授業で母語と語彙的に一致しないことを明示し、特に低頻度のものに目を向け、意図的にそのインプットを増やすことが習得を促進すると考えられる。また、母語と共起語のずれがあるコロケーションや、使用文脈が異なるコロケーションは、明示的に指導する必要があると思われる。この点については、先行研究（e.g., Nesselhauf, 2003）でも指摘されてきていることであるが、本研究を通じて、これらの指摘がより具体的になった。

次に、共起強度の高いコロケーションの習得が難しいことを踏まえて、具体的にどのようなコロケーションを授業に取り入れるべきかを考える際に、学習者の母語との語彙的一致性やコロケーションの頻度に加え、共起強度も1つの指標として考慮すべきであろう。特に、学習者の母語と語彙的に一致しておらず、低頻度で共起強度の高いコロケーションは習得が難しいため、授業に積極的に取り入れ、重点的に指導することが望ましい。

最後に、コロケーションの頻度や共起強度の情報を取り入れたコロケーションリストや教材の提供は、コロケーションの自律学習を目指す学習者にとっても、現場の日本語教師にとっても有益であろう。

## 11.3　本研究の意義と今後の課題

### 11.3.1　本研究の意義

本研究の意義として、以下のことが挙げられる。

まず、上級CJLの「名詞＋動詞」コロケーションの使用実態を明らかにした点である。上級CJLの「名詞＋動詞」コロケーション使用の実態につい

# 第 11 章　結　論

て、十分に明らかにされていない、特にJNSとの使用上の違いについてまだ調査されていないという先行研究で残された課題を踏まえ、本書の研究1と研究2では、上級CJLの「名詞＋動詞」コロケーションの使用実態に焦点を当てることにした。本書で明らかになった点は、日本語学習者のコロケーション使用の実態に関する研究成果を充実させたとともに、上級CJLを対象とした日本語のコロケーション教育にも有益な示唆を与えることができた。

次に、中国語との語彙的一致性、コロケーションの頻度と共起強度が上級CJLの「名詞＋動詞」コロケーションの習得に与える影響を明らかにすることができたほか、上級CJLにとって習得が難しい「名詞＋動詞」コロケーションの具体的な特徴を示すこともできた点である。日本語学習者のコロケーション習得に関する研究が非常に少ない中、本研究の意義は極めて大きいと考える。

最後に、本研究は、基礎的な研究として、「どのようなコロケーションを授業に取り入れるべきか」という教育現場で直面する課題の解決にも有用な知見を提供することができたと思われる。

## 11.3.2　今後の課題

本研究は日本語学習者のコロケーション習得の実態の解明や現場のコロケーション教育に貢献できたと考えられるが、いくつかの課題も残されている。

まず、コーパス分析の誤用タイプの分類と誘発テスト調査の調査形式という研究方法上の改善が必要である。コロケーションの誤用タイプはJNSが書いてくれた訂正案を参考にしたが、適切な表現は複数考えられる場合もある。誤用タイプをより正確に分類するためには、今後、誤用の分類方法について再検討する必要がある。誘発テスト調査の産出調査では、本研究の目的に応じて、産出調査の答えが唯一であるように、コロケーション全体ではなく文字数に合った動詞を記入してもらうように工夫したが、厳密には文字

数に合った動詞の産出になっている。場合によって文字数の指定が正しい答えを導くヒントになったかもしれない。例えば、中国語では「お粥を食べる」の代わりに、よく「お粥を飲む」と表現するが、答えが3文字であることから、「食べる」が正解であることが容易に分かる。そのため、産出調査で正答率が高くても、実際の言語使用においてそのコロケーションが正しく使用できるとは限らない。今後調査の形式を改善し、学習者のコロケーション知識をより正確に引き出すことを検討していく必要がある。

次に、コロケーションの頻度のみでなく、構成語の頻度もコロケーションの習得に大きな影響を与えることが考えられる。特に「名詞＋動詞」コロケーションにおいては、動詞の頻度が特に重要である。コロケーションの頻度が同じである一方で、構成する動詞の頻度に差がある場合の影響は興味深い課題であるが、本研究で実施した誘発テスト調査における多くの統制条件のため、構成語の頻度の影響については詳しく検討できなかった。今後、構成語の頻度についてさらに詳細な検討を行うことで、この分野における新たな知見が得られると期待される。

また、本研究で取り上げられたコロケーションの具体例からも分かるように、コロケーションには「お茶を入れる」のように、意味が比較的透明なコロケーションもあれば、「タクシーを拾う」「けんかを売る」のように、意味が予測可能であるものの、透明性の低いコロケーションもある。本研究では統制条件が多かったため、コロケーションの意味の透明性について検討できなかった。今後の課題としたい。

さらに、共起強度の高いコロケーションが習得が難しい要因の1つとして、学習者がコロケーションの共起強度を十分に認識せず、構成語を個別に覚えていることが挙げられる。L2学習者がかたまりではなく、構成語を個別に覚えるのは、ワーキングメモリの容量不足によるものなのか、それとも母語習得とL2習得の認知処理の違いによるものなのかについては、本研究では解明できなかった。今後の課題として検討していきたいと思う。

# 第11章 結　論

　最後に、日本語教育への示唆として、L1との語彙的一致性、コロケーションの頻度と共起強度の情報を取り入れたコロケーションリストや教材の提供が、学習者と教師にとって有益であると述べたが、このようなリストや教材はまだないようである。今後、このようなコロケーションリストの作成も期待される。

# 参考文献

秋元美晴 (1993).「語彙教育における連語指導の意義について」*Proceedings of the 4th Conference on Second Language Research in Japan*: 28-51.

秋元美晴 (2002).「連語の研究と語彙運用能力向上のためのその指導法」水谷修・李徳奉（編）『総合的日本語教育を求めて』東京: 国書刊行会, pp: 233-246.

池田（三浦）香菜子 (2017).「中国語を母語とするJSL生徒の語彙力調査—小・中学校で使われる多義動詞に着目して—」『日本語教育』166: 93-107.

石川慎一郎 (2006).「言語コーパスからのコロケーション検出の手法—基礎的統計値について—」『統計数理研究所共同研究レポート』190: 1-28.

大神千春 (2017).「多義動詞を中心語とするコロケーションの習得」『日本語教育』166: 47-61.

大曽美恵子・滝沢直宏 (2003).「コーパスによる日本語教育の研究—コロケーション及びその誤用を中心に—」『日本語学』22 (5): 234-244.

奥野由紀子 (2003).「上級日本語学習者における言語転移の可能性—『の』の過剰使用に関する文法性判断テストに基づいて—」『日本語教育』

116: 79-88.

小野正樹・小林典子・長谷川守寿 (2009).『コロケーションで増やす表現―ほんきの日本語Vol.1』東京: くろしお出版.

加藤晴子 (2014).「『中国語好み』の表現―名詞的表現と動詞的表現」『言葉とその周辺をきわめる3』東京外国語大学オープンアカデミー教養講座: http://www.tufs.ac.jp/common/fs/ilr/contents/koukai_kouza_2014/20141014kato_handout.pdf (2015年11月15日参照).

国広哲弥 (1985).「慣用句論」『日本語学』4 (1): 4-14.

小森和子・三国純子・徐一平・近藤安月子 (2012).「中国語を第一言語とする日本語学習者の漢語連語と和語連語の習得―中国語と同じ共起語を用いる場合と用いない場合の比較―」『小出記念日本語教育研究会論文集』20: 49-61.

国際交流基金 (2015).『海外の日本語教育の現状　2018年度日本語教育機関調査より』https://www.jpf.go.jp/j/project/japanese/survey/result/dl/survey2018/all.pdf (2022年8月30日参照).

齋藤俊雄・中村純作・赤野一郎 (2005).『英語コーパス言語学：基礎と実践（改訂新版）』東京: 研究社.

杉浦正利 (2001).「コーパスを利用した日本語学習者と母語話者のコロケーション知識に関する調査」『日本語電子化資料収集・作成：コーパスに基づく日本語研究と日本語教育への応用を目指して』名古屋大学国際言語文化研究科: 64-81.

鈴木綾乃 (2012).「日本語学習者による動詞『する』の使用状況―コロケーションに着目して―」『日本語教育国際研究大会名古屋2012』(予稿集第1分冊): 353.

鈴木綾乃 (2014).「日本語学習者のコロケーション習得に関する研究：動詞『する』を中心に」(公刊)東京外国語大学博士論文. http://hdl.handle.net/10108/77764 (2015年1月14日参照).

曹紅荃・仁科喜久子 (2006a).「中国人学習者の作文誤用例から見る共起表現の習得及び教育への提言—名詞と形容詞及び形容動詞の共起表現について—」『日本語教育』130: 70-79.

曹紅荃・仁科喜久子 (2006b).「自由産出調査から見る形容詞および形容動詞と名詞の共起表現—学習者と母語話者の対照を通して—」『信学技報』106 (363): 31-36.

蘇振軍・畑佐由紀子 (2018).「日本語定式表現の処理過程の研究—日本語母語話者と日本語学習者の比較をもとに—」『第二言語としての日本語の習得研究』21: 25-42.

竹内理・水本篤 (2014).『外国語教育研究ハンドブック—研究手法のより良い理解のために—（改訂版）』東京: 松柏社.

竹原卓真 (2010).『SPSSのススメ2：3要因の分散分析をすべてカバー』京都: 北大路書房.

豊田秀樹 (2009).『検定力分析入門—Rで学ぶ最新データ解析—』東京: 東京図書.

西川朋美・細野尚子・青木由香 (2016).「日本生まれ・育ちのJSLの子どもの和語動詞の産出—横断調査から示唆される語彙力の『伸び』—」『日本語教育』163: 1-16.

野田尚史 (2007).「文法的なコロケーションと意味的なコロケーション」『日本語学』26 (12): 18-27.

深田淳 (2008).「コーパス言語学の日本語研究・日本語教育への応用」*Princeton Japanese Pedagogy Forum*, 15: 1-18.

堀正広 (2012).「序章」堀正広(編)『これからのコロケーション研究』東京: ひつじ書房, pp.1-22.

宮地裕 (1985).「慣用句の周辺—連語・ことわざ・複合語—」『日本語学』4 (1): 62-75.

三好裕子 (2007).「連語による語彙指導の有効性の検討」『日本語教育』134, 80-89.

三好裕子 (2011).「共起表現による日本語中級動詞の指導方法の検討―動詞と共起する語のカテゴリー化を促す指導の有効性とその検証―」『日本語教育』150: 101-115.

村木新次郎 (1991).『日本語動詞の諸相』東京: ひつじ書房

村木新次郎 (2007).「コロケーションとは何か」『日本語学』26 (12): 4-17.

山田進 (2007).「コロケーションの記述と名詞の意味分類」『日本語学』26 (12): 48-57.

姚新宇・菅谷奈津恵 (2017).「中国人日本語学習者による動詞コロケーションの習得―明示的帰納法と暗示的帰納法の比較を中心に―」『国際文化研究』23: 1-14.

李文平 (2012).「コロケーション処理の影響要因に関する研究」『信学技報』112 (339): 65-70.

李文平 (2014).「日本語教科書におけるコロケーションの取り扱いに関する一考察―中国の日本語教科書と現代日本語書き言葉均衡コーパスとの比較―」『日本語教育』157: 63-77.

李文平 (2016).「中国人日本語学習者のためのコロケーション学習の指導法に関する基礎的研究―作文データに基づく『名詞＋を＋動詞』のコロケーションを中心に―」(公刊)名古屋大学博士論文. http://hdl.handle.net/2237/24238 (2016年8月30日参照).

劉瑞利 (2017).「日本語学習者の『名詞＋動詞』コロケーションの使用と日本語能力との関係―『YNU書き言葉コーパス』の分析を通して―」『日本語教育』166: 62-76.

劉瑞利 (2018).「中国語を母語とする上級日本語学習者の『名詞＋動詞』コロケーションの使用―日本語母語話者との使用上の違い及び母語の影響―」『日本語教育』169: 31-45.

费晓东，宋启超（2021）.《基于NIRS证据的日语语块加工机制研究》《外语教学与研究》53（1）：91-101.

宋启超，费晓东（2022）.《语义透明度、同译性及语境对日语二语语块加工的影响》《现代外语》45（5）：659-670.

张萍（2017）.《中国学生英语搭配加工中母语语义启动与词类效应研究》《外语教学与研究》49（6）：818-832.

张萍，方南（2020）.《词频、语义和语言水平对英语搭配加工的影响》《外语教学与研究》52（4）：532-545.

张萍，魏江山，胡兵，俞建耀，陈艳艳（2017）.《英语搭配加工中汉语母语知识的启动效应研究》《外语教学与研究》1：60-72.

Ackermann, K., & Chen, Y.-H. (2013). Developing the academic collocation list (ACL) – A corpus-driven and expert-judged approach. *Journal of English for Academic Purposes, 12(4)*, 235-247.

Bahns, J. (1993). Lexical collocations: a contrastive view. *ELT Journal, 47(1)*, 56-63.

Bahns, J., & Eldaw, M. (1993). Should we teach EFL students collocations? *System, 21(1)*, 101-114.

Begagić, M. (2014). English language students' productive and receptive knowledge of collocations. *ExELL (Explorations in English Language and Linguistics), 2(1)*, 46-67.

Benson, M., Benson, E., & Ilson, R. (Eds.) (1986) *The BBI Combinatory Dictionary of English* (1st eds). Amsterdam: John Benjamin.

Benson, M., Benson, E., & Ilson, R. (Eds.) (2010) *The BBI Combinatory Dictionary of English: Your Guide to Collocations and Grammar* (3rd eds). Amsterdam: John Benjamin.

Biber, D., Conrad, S., & Cortes, V. (2004). If you look at…: Lexical bundles in university teaching and textbooks. *Applied Linguistics, 25(3)*, 371-405.

Biber, D., Johansson, S., Leech, G., Conrad, S., & Finegan, E. (1999). *Longman Grammar of Spoken and Written English*. London: Longman.

# 参考文献

Biskup, D. (1992). L1 influence on learners' renderings of English collocations: A Polish/German empirical study. In P. J. L. Arnaud & H. Béjoint (Eds.), *Vocabulary and Applied Linguistics* (pp. 85-93). London: Palgrave Macmillan.

Brashi, A. (2009). Collocability as a problem in L2 production. *Reflections on English Language Teaching, 8(1)*, 21-34.

Chen, W. (2019). Profiling collocations in EFL writing of Chinese tertiary learners. *RELC Journal, 50(1)*, 53-70.

Chi Man-Lai, A., Wong Pui-Yiu, K. & Wong Chau-ping, M. (1994). Collocational problems amongst ESL learners: A corpus-based study. In L. Flowerdew and A.K.K. Tong, *Entering Text* (pp.157-165). Hong Kong: University of Science and Technology.

Cowie, A. P. (1981). The treatment of collocations and idioms in learners' dictionaries. *Applied Linguistics, 2(3)*, 223-235.

Croft, W., & Cruse, D. A. (2004). *Cognitive Linguistics*. Cambridge: Cambridge University Press.

Durrant, P. & Schmitt, N. (2009). To what extent do native and non-native writers make use of collocations?. *IRAL-International Review of Applied Linguistics in Language Teaching, 47(2)*, 157-177.

Durrant, P. (2009). Investigating the viability of a collocation list for students of English for academic purposes. *English for Specific Purposes, 28(3)*, 157-169.

Durrant, P. (2014). Corpus frequency and second language learners' knowledge of collocations: A meta-analysis. *International Journal of Corpus Linguistics, 19(4)*, 443-477.

Ellis, N. C. (2002). Frequency effects in language processing. *Studies in Second Language Acquisition, 24(2)*, 143-188.

Ellis, N. C., Simpson-vlach, R., & Maynard, C. (2008). Formulaic language in native and second language speakers: Psycholinguistics, corpus linguistics, and TESOL. *TESOL Quarterly, 42(3)*, 375-396.

Erman, B., & Warren, B. (2000). The idiom principle and the open choice principle. *Text-Interdisciplinary Journal for the Study of Discourse, 20(1)*, 29-62.

Fan, M. (2009). An exploratory study of collocational use by ESL students - A task based approach. *System, 37(1)*, 110-123.

Farghal, M., & Obiedat, H. (1995). Collocations: A neglected variable in EFL. *IRAL-International Review of Applied Linguistics in Language Teaching, 33(4)*, 315-332.

Firth, J. R. (1957a). A synopsis of linguistic theory, 1930-1955, in *Studies in Linguistic Analysis* (pp. 1-32). Oxford: Philological Society.

Firth, J. R. (1957b). *Papers in Linguistics 1934-1951*. London: Oxford University Press.

Fox, G. (1998). Using corpus data in the classroom. In B. Tomlinson (Ed.), *Materials Development in Language Teaching* (pp. 25-43). Cambridge: Cambridge University Press.

Fernández, B. G., & Schmitt, N. (2015). How much collocation knowledge do L2 learners have? *ITL - International Journal of Applied Linguistics, 166(1)*, 94-126.

Granger, S. (1998). Prefabricated patterns in advanced EFL writing: Collocations and lexical phrases. In A. P. Cowie (Ed), *Phraseology: Theory, Analysis, and Applications*. Oxford: Oxford University Press.

Granger, S., & Bestgen, Y. (2014). The use of collocations by intermediate vs. advanced non-native writers: A bigram-based study. *IRAL-International Review of Applied Linguistics in Language Teaching, 52(3)*, 229-252.

Howarth, P. (1998). The phraseology of learners' academic writing. In A. P. Cowie (ed.), *Phraseology: Theory, Analysis, and Applications*. Oxford: Clarendon.

Hunston, S. (2002). *Corpora in Applied Linguistics*. Cambridge: Cambridge University Press.

Hunston, S., & Francis, G. (2000). *Pattern Grammar: A Corpus-driven Approach to the Lexical Grammar of English*. Amsterdam: John Benjamin.

Hussein, R. F. (1990). Collocations: The missing link in vocabulary acquisition amongst EFL learners. *Papers and Studies in Contrastive Linguistics*, *26*, 123-136.

Jaén, M. M. (2007). A corpus-driven design of a test for assessing the ESL collocational competence of university students. *International Journal of English Studies, 7(2)*, 127-148.

Kellerman, E. (1979). Transfer and non-transfer: Where we are now. *Studies in Second Language Acquisition, 2(1)*, 37-57.

Komori, S. (2003). A study of L2 lexical collocations of English-speaking learners of Japanese, 『第二言語としての日本語の習得研究』6, 33-51.

Laufer, B., & Waldman, T. (2011). Verb-noun collocations in second language writing: A corpus analysis of learners' English. *Language Learning, 61(2)*, 647-672.

Lei, L., & Liu, D. (2018). The academic English collocation list. *International Journal of Corpus Linguistics, 23(2)*, 216-243.

Li, J., & Schmitt, N. (2010). The development of collocation use in academic texts by advanced L2 learners: A multiple case study approach. In D. Wood (Ed.), *Perspectives on Formulaic Language: Acquisition and Communication* (pp.23-46). London: Continuum.

Murao, R. (2004). L1 influence on learners' use of high-frequency verb+noun collocations. *ARELE: Annual Review of English Language Education in Japan, 15*, 1-10.

Nation, I. S. P. (2001). *Learning Vocabulary in Another Language* (1st ed.). Cambridge: Cambridge University Press.

Nation, I. S. P. (2013). *Learning Vocabulary in Another Language* (2nd ed.). Cambridge: Cambridge University Press.

Nation, I. S., & Webb, S. A. (2011). *Researching and Analyzing Vocabulary*. Boston: Heinle Cengage Learning.

Nesselhauf, N. (2003). The use of collocations by advanced learners of English and some implications for teaching. *Applied Linguistics, 24(2)*, 223-242.

Nesselhauf, N. (2005). *Collocations in a Learner Corpus*. Amsterdam: John Benjamin.

Nguyen, T. M. H., & Webb, S. (2017). Examining second language receptive knowledge of collocation and factors that affect learning. *Language Teaching Research, 21(3)*, 298-320.

Nishikawa, T. (2019). Non-nativelike outcome of naturalistic child L2 acquisition of Japanese: The case of noun-verb collocations. *IRAL-International Review of Applied Linguistics in Language Teaching*. Online Advance Access.

Paquot, M., & Granger, S. (2012). Formulaic language in learner corpora. *Annual Review of Applied Linguistics, 32*, 130-149.

Pawley, A., & Syder, F. H. (1983). Two puzzles for linguistic theory: Nativelike selection and nativelike fluency. In R. W. Schmidt & J. C. Richards (Eds.), *Language and Communication* (pp.191-226). London and Newyork: Longman.

Peters, E. (2016). The learning burden of collocations: The role of interlexical and intralexical factors. *Language Teaching Research, 20(1)*, 113-138.

Schmitt, N., Grandage, S., & Adolphs, S. (2004). Are corpus-derived recurrent clusters psycholinguistically valid?. In Norbert Schmitt (Ed.). *Formulaic Sequences: Acquisition, Processing and Use*. Amsterdam: John Benjamin.

Sinclair, J. (1987). Collocation: a progress report. in R. Steele and T. Threadgold (eds) *Language Topics* (pp. 319-331). Amsterdam: John Benjamin.

Sinclair, J. (1991). *Corpus, Concordance, Collocation*. Oxford: Oxford University Press.

Siyanova, A., & Schmitt, N. (2008). L2 learner production and processing of collocation: A multi-study perspective. *Canadian Modern Language Review, 64(3)*, 429-458.

Siyanova-Chanturia, A., Conklin, K., & Schmitt, N. (2011). Adding more fuel to the fire: An eye-tracking study of idiom processing by native and non-native speakers. *Second Language Research, 27(2)*, 251-272.

Wang, Y., & Shaw, P. (2008). Transfer and universality: Collocation use in advanced Chinese and Swedish learner English. *ICAME journal, 32*, 201-232.

Wolter, B. (2006). Lexical network structures and L2 vocabulary acquisition: The role of L1 lexical/conceptual knowledge. *Applied Linguistics, 27(4)*, 741-747.

Wolter, B., & Gyllstad, H. (2011). Collocational links in the L2 mental lexicon and the influence of L1 intralexical knowledge. *Applied Linguistics, 32*, 430–449.

Wolter, B., & Gyllstad, H. (2013). Frequency of input and L2 collocational processing. *Studies in Second Language Acquisition, 35(3)*, 451-482.

Wolter, B., & Yamashita, J. (2018). Word frequency, collocational frequency, L1 congruency, and proficiency in L2 collocational processing: What accounts for L2 performance? *Studies in Second Language Acquisition, 40(2)*, 395-416.

Wood, D. (2010). *Formulaic Language and Second Language Speech Fluency: Background, Evidence and Classroom Applications*: London and Newyork: Continuum.

Wray, A. (2000). Formulaic sequences in second language teaching: Principle and practice. *Applied Linguistics, 21(4)*, 463-489.

Yamashita, J., & Jiang, N. (2010). L1 Influence on the acquisition of L2 collocations: Japanese ESL users and EFL learners acquiring English collocations. *TESOL Quarterly, 44(4)*, 647-668.

Yoon, H. J. (2016). Association strength of verb-noun combinations in experienced NS and less experienced NNS writing: Longitudinal and cross-sectional findings. *Journal of Second Language Writing, 34*, 42-57.

Zhao, L., Yasunaga, D., & Kojima, H. (2018). Examining the influence of L1 on L2 during Chinese Japanese learners' collocation processing: The case of verb-noun collocation. *Human and Socio-environmental Studies, 35*, 91-98.

Zheng, L., & Xiao, R. Z. (2015). A corpus-based study of collocation in Chinese EFL learners' oral production. *Corpus Linguistics Research, 1*, 83-108.

**参考資料・辞書**

**【資料】**

金澤裕之編 (2014).『日本語教育のためのタスク別書き言葉コーパス』東京: ひつじ書房.

松下達彦 (2011).「日本語を読むための語彙データベース（VDRJ）Ver. 1.1（研究用）：重要度順語彙データベース（Top 60894）」http://www17408ui.sakura.ne.jp/tatsum/database.html よりダウンロード可能.

BCCコーパス：北京語言大学コーパスセンター（BLCU Corpus Center）が開発した現代中国語コーパス。http://bcc.blcu.edu.cn/ よりアクセス可能.

NLB：NINJAL-LWP for BCCWJ。『現代日本語書き言葉均衡コーパス』（Balanced Corpus of Contemporary Written Japanese: BCCWJ）を検索するためのオンライン検索システム。http://nlb.ninjal.ac.jp/ よりアクセス可能.

**【辞書】**

小池生夫監修 (2003).『応用言語学事典』東京：研究社

姫野昌子監修 (2012).『研究社 日本語コロケーション辞典』東京：研究社

米川明彦・大谷伊都子 (2005).『日本語慣用句辞典』東京：東京堂

三省堂 (2004).『新明解国語辞典 第六版』東京：三省堂

小学館 (1997).『中日・日中辞典（統合版）』東京：小学館

三省堂 (2006).『スーパー大辞林3.0』東京：三省堂

小学館 (1997).『大辞泉』（第1版）東京：小学館

# 稿末資料

# 目　次

**【コーパス研究】**

稿末資料1：コロケーションを抽出する際の具体的な処理ケース

稿末資料2：CJLとJNSの比較で検討したコロケーション（CJL頻度順）

**【誘発テスト調査】**

稿末資料3：頻度と共起強度の有意差検定結果（Tukey法）

稿末資料4：産出調査票

稿末資料5：受容調査票

稿末資料6：日本語学習歴に関するアンケート調査

稿末資料7：産出調査項目ごとの正答率と回答例・回答数

## 稿末資料1：コロケーションを抽出する際の具体的な処理ケース

| 種類 | 番号 | 項目 | 処理方法 | 具体例 | 抽出結果 | 参考文献 |
|---|---|---|---|---|---|---|
| 表記 | 1 | 表記の揺れ | 統一する | T05-C038：事故にあって以来、二ケ月が経ちましたね。 T05-C054：こんな微妙な時期に事故に遭うなんて最悪だと思っているでしょう。 | T05-C038：事故にあう T05-C054：事故にあう | 鈴木（2014） |
| 表記 | 2 | スペリングミス | ①スペリングミスである場合、訂正して抽出する ②判断できない場合はそのまま抽出する | T08-C054：鈴木が急救車に乗り、病院まで運ばれた。 T08-K035：それでおうきゅうしゃを呼んで、病院に運ばれて、次の日に意識が戻ったらしいよ。 T12-C038：しばらくして、二人の間に恋が芽いた。 | T08-C054：救急車に乗る T08-K035：救急車を呼ぶ T12-C038：恋が芽いた | Nesselhauf (2005) は明らかにスペリングミスである場合は無視（例：rised→raised）；鈴木（2014）もスペリングミスを訂正して入力していると書いている。 |
| 動詞 | 3 | 動詞の活用、アスペクト、テンス、ヴォイスなど | 基本形に変更する。ただし、助詞の変更を伴うような変更は抽出しない。助詞が省略された場合、取り立て助詞になっている場合抽出しない | T01-C002：今環境問題について論文を書いていますが T01-C039：コピーを取らせていただけますでしょうか T02-J027：まだ時間かかりそうだったら大丈夫よ。 T05-K026：食事もきちんと取り、リハビリのための運動も積極的に参加しました。 | T01-C002：論文を書く T01-C039：コピーをとる | Howarth (1998)：手作業でレンマ化（plays, playing, playedなどのplay活用形の頻度をplayの頻度に集約する） |
| 動詞 | 4 | 存在を表す「いる」、「ある」 | いる：すべて、抽出しない ある：いると同じ意味で使われる場合は抽出しない。物事の発生や、抽象的なものの場合は抽出する | T12-C043：昔々、織女という女神がいる。 T06-C040：みんなこの病院に入ったと思います。 T04-C010：最近、留学生から留学生奨学金のことにつきまして、さまざまの意見がありました。 | T04-C010：意見がある | 研究社（2012）『日本語コロケーション辞典』には「いる」が載っていない。本研究は「いる」も存在を表すを検討しない。それと同じ意味の「ある」も検討しない。 |

(続き)

| 種類 | 番号 | 項目 | 処理方法 | 具体例 | 抽出結果 | 参考文献 |
|---|---|---|---|---|---|---|
| 名詞 | 5 | 動詞「ある」の否定形：あ りません、ない | 抽出しない | T04-J012：アルバイトに追われて、研究活動に割く時間的経済的余裕がない。 | 抽出無 | ない：動詞ではなく、助動詞として分類されていたため。その「ます」形である「あ りません」も同様に処理する。 |
| | 6 | 敬語動詞 | 抽出しない | T06-C038：いつも貴社の新聞を拝見させていただいております。 | 抽出無 | 秋元（2002）も、連語を考慮する際、敬語動詞を除外した。 |
| | 7 | 形式名詞：「こと」「もの」「ところ」など | 抽出しない | T05-C058：結局何をしたいかというところに尽きます。 | 抽出無 | 村木（2007）もっぱら、文法的な意味を持ち、実質的な意味をかくため、コロケーションの対象からはずしてよいだろうと述べている。 |
| | 8 | 代名詞 | 文脈によって、指す名詞が明確：抽出する文脈によって、指す名詞が曖昧：抽出しない | T06-C046：最近、市民総合病院を閉院させる動きがあるというニュースが出てきたが、それを読んで、非常に不安を感じた。 | T06-C046：ニュースを読む | Nesselhauf (2005) |
| | 9 | 名詞が複数ある場合 | ①並列で非修飾関係：複数抽出する ②修飾関係：コア名詞を抽出する | T05-C050：本や資料を読んだりしてください。T03-C039：2004年から2006年にかけてA社のデジタルカメラの販売台数が100千台から60千台までに減り、下り坂傾向を示している。 | T05-C050：本を読む 資料を読む T03-C039：傾向を示す | Nesselhauf (2005) |

(続き)

| 種類 | 番号 | 項目 | 処理方法 | 具体例 | 抽出結果 | 参考文献 |
|---|---|---|---|---|---|---|
| | 10 | 名詞が省略されている場合 | ①違う文から推測できる：抽出しない ②同じ文に出ており、助詞も同じ：抽出する | T05-J014：就活に必要な一般教養やら時事の本を読んだり、えそうな本を読んだり、パソコンを持ち込んで、論文を書けている所から書いたりしていました。 | T05-J014：論文を書く | 英語では省略ではなく、代名詞を使っているが、Nesselhauf (2005) では同じような処理をしている |
| | 11 | 固有名詞 | 抽出しない（固有名詞と組み合わせる動詞は ほとんど本義（である） | 地名：北京、ハルピン、新潟 人名：織り姫、彦星、玉皇大帝 特有食べ物名：豆板醤、マーポ豆腐、熱干面、鴨脖子など | 抽出無 | Nesselhauf (2003, 2005) は固有名詞や専門的な名詞が出ないような論述文を選んでいるが、本研究で使うコーパスが小さいため、再選定はしないが、固有名詞を抽出しないこととにする。 |
| | 12 | 名詞−普通名詞−形状詞可能 | 「が、を」格：明らかに名詞であるため、抽出する 「に」格：形容動詞の可能性が高いため、抽出しない | T05-C038：だから元気を出して、 | T05-C038：元気を出す | 特になし |
| 助詞 | 13 | 助詞の省略 | 抽出しない | T02-C040：返事、待っています。 | | 助詞の誤用も分析に入れるため、助詞の変更、追加はしないようにする。また、このような助詞の省略はケースが少ないため、全体の分析に影響を与えないと思う。 |

229

(続き)

| 種類 | 番号 | 項目 | 処理方法 | 具体例 | 抽出結果 | 参考文献 |
|---|---|---|---|---|---|---|
| | 14 | 取り立て助詞 | 元の助詞がついている場合は抽出するが、元の助詞が省略されて取り立て助詞だけの場合は抽出しない。 | T12-C012：食事も取らないでした郎も悲しくてならないでした。T10-K010：そのようなことを考えず、ただ単に早期英語教育を実施すると、しても、それが根本的な学生の英語上達にはつながらないです。 | T10-K010：上達につながる | 取り立て助詞があるものは語結合の範囲を超えた結合である。村木 (1991) |
| | 15 | 元の動詞と名詞がある | 普通の形式に変更して、抽出する。 | T01-C002：突然のメールで、大変ご迷惑をおかけしますが、 | T01-C002：迷惑をかける | 参考文献は特にないが、本来の語結合「迷惑をかける」「返事を待つ」が直接抽出できる。 |
| 敬語形式 | 16 | お願いいたします お折りいたします | 抽出しない | T01-C050：ご返信をお願いいたします。 | 抽出無 | NLBにおいては、「お+動詞ます形+する」という敬語形式になっており、通常の和語動詞とは異なるものとして認識されている。 |
| 修飾成分 | 17 | 名詞と動詞の間にある修飾成分 | 修飾語を無視して、語結合を抽出する | T12-C054：自分がすべき仕事をすっかり忘れてしまった。 | T12-C054：仕事を忘れる | Nesselhauf (2005) |

## 稿末資料2：CJLとJNSの比較で検討したコロケーション（CJL頻度順）

| 番号 | コロケーション | YNU使用頻度 | | NLB | |
|---|---|---|---|---|---|
| | | CJL | JNS | 頻度 | MI-score |
| 1 | 論文を書く | 42 | 2 | 123 | 9.14 |
| 2 | 橋を作る | 15 | 7 | 21 | 6.11 |
| 3 | 必要がある | 15 | 4 | 12054 | 7.74 |
| 4 | お願いがある | 14 | 10 | 115 | 7.52 |
| 5 | 文句を言う | 12 | 0 | 723 | 7.91 |
| 6 | 本を持つ | 11 | 6 | 112 | 4.71 |
| 7 | 生活を送る | 10 | 4 | 894 | 10.12 |
| 8 | 恋に落ちる | 10 | 4 | 180 | 12.26 |
| 9 | 時間がある | 9 | 6 | 980 | 4.92 |
| 10 | 経験がある | 9 | 1 | 810 | 7.29 |
| 11 | 役に立てる | 7 | 5 | 212 | 11.48 |
| 12 | 興味がある | 7 | 4 | 819 | 7.32 |
| 13 | 本を読む | 6 | 10 | 1476 | 10.4 |
| 14 | 元気を出す | 6 | 1 | 86 | 9.23 |
| 15 | 時間がかかる | 6 | 1 | 2044 | 10.45 |
| 16 | メールを読む | 6 | 0 | 35 | 6.19 |
| 17 | 自信を持つ | 6 | 0 | 647 | 9.33 |
| 18 | 意見がある | 5 | 2 | 356 | 5.57 |
| 19 | 人気がある | 5 | 2 | 641 | 7.03 |
| 20 | 不安を感じる | 5 | 1 | 85 | 9.03 |
| 21 | 迷惑をかける | 5 | 1 | 725 | 11.21 |
| 22 | 問題がある | 5 | 1 | 2904 | 6.42 |
| 23 | 影響を与える | 5 | 0 | 2275 | 10.75 |
| 24 | 面倒を見る | 5 | 0 | 859 | 8.97 |
| 25 | レポートを書く | 4 | 21 | 39 | 8.11 |
| 26 | 事故にあう | 4 | 7 | 240 | 14.13 |
| 27 | 影響が出る | 4 | 1 | 312 | 8.26 |
| 28 | 機会がある | 4 | 1 | 683 | 6.97 |
| 29 | 力を借りる | 4 | 1 | 248 | 8.47 |
| 30 | 意見を言う | 4 | 0 | 217 | 4.03 |
| 31 | 嫁に行く | 4 | 0 | 118 | 8.59 |

(続き)

| 番号 | コロケーション | YNU使用頻度 | | NLB | |
|---|---|---|---|---|---|
| | | CJL | JNS | 頻度 | MI-score |
| 32 | 手紙を書く | 4 | 0 | 628 | 9.47 |
| 33 | 中学校に入る | 4 | 0 | 13 | 7.25 |
| 34 | 年をとる | 4 | 0 | 669 | 10.5 |
| 35 | 罰を与える | 4 | 0 | 46 | 10.5 |
| 36 | 歴史を持つ | 4 | 0 | 249 | 7.33 |
| 37 | 意見が出る | 3 | 13 | 162 | 7.12 |
| 38 | 意見を聞く | 3 | 2 | 1150 | 8.76 |
| 39 | 仕事を忘れる | 3 | 1 | 16 | 3.53 |
| 40 | バランスがとれる | 3 | 0 | 225 | 12.53 |
| 41 | ふたを閉める | 3 | 0 | 41 | 11.51 |
| 42 | メールを書く | 3 | 0 | 47 | 5.74 |
| 43 | 影響を及ぼす | 3 | 0 | 1278 | 12.8 |
| 44 | 影響を受ける | 3 | 0 | 1551 | 9.27 |
| 45 | 火を消す | 3 | 0 | 129 | 10.19 |
| 46 | 気を失う | 3 | 0 | 294 | 8.65 |
| 47 | 傾向がある | 3 | 0 | 1061 | 6.63 |
| 48 | 試験を受ける | 3 | 0 | 307 | 9.81 |
| 49 | 卒論を書く | 3 | 0 | 9 | 10.53 |
| 50 | 日々を送る | 3 | 0 | 184 | 11 |
| 51 | 未来が見える | 3 | 0 | 21 | 8.59 |
| 52 | 相談に乗る | 2 | 5 | 383 | 12.08 |
| 53 | 興味を持つ | 2 | 4 | 1264 | 9.29 |
| 54 | 橋をかける | 2 | 3 | 97 | 15.6 |
| 55 | 味をつける | 2 | 3 | 99 | 7.82 |
| 56 | 意見を出す | 2 | 2 | 65 | 5.38 |
| 57 | 傾向にある | 2 | 2 | 1753 | 7.59 |
| 58 | 余裕がある | 2 | 2 | 599 | 7.03 |
| 59 | ご飯に合う | 2 | 1 | 22 | 9.1 |
| 60 | 火をつける | 2 | 1 | 948 | 13.81 |
| 61 | 気持ちが分かる | 2 | 1 | 297 | 6.87 |
| 62 | 結果が出る | 2 | 1 | 552 | 8.67 |
| 63 | 時間を使う | 2 | 1 | 166 | 5.49 |
| 64 | 時間をとる | 2 | 1 | 251 | 6.62 |

巻末資料

(続き)

| 番号 | コロケーション | YNU使用頻度 | | NLB | |
| --- | --- | --- | --- | --- | --- |
| | | CJL | JNS | 頻度 | MI-score |
| 65 | 時間を割く | 2 | 1 | 108 | 11.12 |
| 66 | 酒を勧める | 2 | 1 | 25 | 7.9 |
| 67 | 川を作る | 2 | 1 | 5 | 3.8 |
| 68 | 力を入れる | 2 | 1 | 1172 | 16.6 |
| 69 | アドバイスをもらう | 2 | 0 | 26 | 8.46 |
| 70 | チャンスがある | 2 | 0 | 245 | 6.68 |
| 71 | 意見をまとめる | 2 | 0 | 32 | 6.9 |
| 72 | 意見をもらう | 2 | 0 | 28 | 6.26 |
| 73 | 影響をもたらす | 2 | 0 | 96 | 7.95 |
| 74 | 会社に入る | 2 | 0 | 97 | 6.28 |
| 75 | 傾向を示す | 2 | 0 | 414 | 10.32 |
| 76 | 差がある | 2 | 0 | 793 | 6.57 |
| 77 | 仕事がある | 2 | 0 | 430 | 5.14 |
| 78 | 指示を出す | 2 | 0 | 186 | 9.14 |
| 79 | 資料を読む | 2 | 0 | 47 | 7.18 |
| 80 | 手紙を出す | 2 | 0 | 217 | 8.08 |
| 81 | 授業をとる | 2 | 0 | 12 | 5.9 |
| 82 | 習慣がある | 2 | 0 | 195 | 6.48 |
| 83 | 水を絞る | 2 | 0 | 53 | 8.3 |
| 84 | 成績をとる | 2 | 0 | 42 | 7.65 |
| 85 | 設備が整う | 2 | 0 | 31 | 12.84 |
| 86 | 対策をとる | 2 | 0 | 140 | 7.24 |
| 87 | 大学に入る | 2 | 0 | 236 | 8.13 |
| 88 | 底を打つ | 2 | 0 | 39 | 9.18 |
| 89 | 締切りが迫る | 2 | 0 | 11 | 12.65 |
| 90 | 答えを書く | 2 | 0 | 47 | 6.71 |
| 91 | 道を歩む | 2 | 0 | 357 | 12.28 |
| 92 | 内定をもらう | 2 | 0 | 26 | 11.99 |
| 93 | 悩みがある | 2 | 0 | 92 | 6.78 |
| 94 | 不安がある | 2 | 0 | 113 | 5.71 |
| 95 | 風邪を引く | 2 | 0 | 565 | 14.02 |
| 96 | 命令を下す | 2 | 0 | 113 | 12.18 |
| 97 | 目標を持つ | 2 | 0 | 129 | 6.62 |

(続き)

| 番号 | コロケーション | YNU使用頻度 | | NLB | |
|---|---|---|---|---|---|
| | | CJL | JNS | 頻度 | MI-score |
| 98 | 涙を流す | 2 | 0 | 526 | 12.67 |
| 99 | 歴史を感じる | 2 | 0 | 46 | 6.49 |
| 100 | 英語に親しむ | 1 | 6 | 5 | 11.01 |
| 101 | 要望がある | 1 | 4 | 145 | 6.61 |
| 102 | 関心を持つ | 1 | 2 | 918 | 8.73 |
| 103 | 売り上げがのびる | 1 | 2 | 44 | 12.04 |
| 104 | 不安を抱える | 1 | 2 | 24 | 9.62 |
| 105 | お手数をかける | 1 | 1 | 14 | 10.47 |
| 106 | 意識が戻る | 1 | 1 | 56 | 7.82 |
| 107 | 意欲がある | 1 | 1 | 50 | 5.08 |
| 108 | 気が合う | 1 | 1 | 164 | 7.2 |
| 109 | 口に合う | 1 | 1 | 86 | 7.85 |
| 110 | 思いを持つ | 1 | 1 | 88 | 4.93 |
| 111 | 資格をとる | 1 | 1 | 176 | 8.97 |
| 112 | 時間を作る | 1 | 1 | 150 | 5.42 |
| 113 | 治療を受ける | 1 | 1 | 407 | 9.44 |
| 114 | 質問がある | 1 | 1 | 453 | 6.36 |
| 115 | 状況に陥る | 1 | 1 | 118 | 10.3 |
| 116 | 生活に困る | 1 | 1 | 60 | 8.04 |
| 117 | 中学に入る | 1 | 1 | 65 | 9.19 |
| 118 | 町を作る | 1 | 1 | 18 | 5.6 |
| 119 | 特徴がある | 1 | 1 | 492 | 7.11 |
| 120 | 力を合わせる | 1 | 1 | 286 | 7.22 |
| 121 | 力を持つ | 1 | 1 | 1527 | 7.19 |
| 122 | 歴史がある | 1 | 1 | 226 | 6.37 |
| 123 | アドバイスがある | 1 | 0 | 91 | 7 |
| 124 | いきさつを聞く | 1 | 0 | 21 | 6.14 |
| 125 | お腹が空く | 1 | 0 | 446 | 14.78 |
| 126 | ギョーザを焼く | 1 | 0 | 5 | 9.82 |
| 127 | コースを作る | 1 | 0 | 14 | 5.27 |
| 128 | コピーをとる | 1 | 0 | 46 | 8.27 |
| 129 | ごま油をかける | 1 | 0 | 5 | 7.11 |
| 130 | ショックを受ける | 1 | 0 | 523 | 10.74 |
| 131 | スープがつく | 1 | 0 | 9 | 8.68 |

(続き)

| 番号 | コロケーション | YNU使用頻度 CJL | YNU使用頻度 JNS | NLB 頻度 | NLB MI-score |
|---|---|---|---|---|---|
| 132 | たれにつける | 1 | 0 | 8 | 13.61 |
| 133 | チャンスを作る | 1 | 0 | 64 | 7.22 |
| 134 | データを見る | 1 | 0 | 90 | 4.48 |
| 135 | ドラマを見る | 1 | 0 | 131 | 7.84 |
| 136 | ニュースが出る | 1 | 0 | 17 | 5.91 |
| 137 | ニュースを読む | 1 | 0 | 24 | 7.38 |
| 138 | ピークを迎える | 1 | 0 | 62 | 12.22 |
| 139 | ポイントがある | 1 | 0 | 110 | 5.85 |
| 140 | メールが来る | 1 | 0 | 430 | 9.07 |
| 141 | メールを見る | 1 | 0 | 105 | 4.91 |
| 142 | メールを入れる | 1 | 0 | 28 | 13.69 |
| 143 | メリットがある | 1 | 0 | 355 | 7.43 |
| 144 | やる気が出る | 1 | 0 | 94 | 8.64 |
| 145 | ラジオを聞く | 1 | 0 | 86 | 9.24 |
| 146 | ルールを守る | 1 | 0 | 146 | 16.72 |
| 147 | ルールを破る | 1 | 0 | 16 | 9.93 |
| 148 | 悪影響が出る | 1 | 0 | 35 | 8.79 |
| 149 | 悪影響を与える | 1 | 0 | 118 | 10.66 |
| 150 | 意見を求める | 1 | 0 | 175 | 7.61 |
| 151 | 意見を持つ | 1 | 0 | 95 | 4.69 |
| 152 | 意志に従う | 1 | 0 | 15 | 11.19 |
| 153 | 意欲を持つ | 1 | 0 | 92 | 7.48 |
| 154 | 異常を感じる | 1 | 0 | 24 | 8.28 |
| 155 | 印象に残る | 1 | 0 | 465 | 11.91 |
| 156 | 塩味がつく | 1 | 0 | 6 | 8.7 |
| 157 | 価値がある | 1 | 0 | 637 | 6.81 |
| 158 | 夏が来る | 1 | 0 | 54 | 14.19 |
| 159 | 会議がある | 1 | 0 | 55 | 4.22 |
| 160 | 会議を開く | 1 | 0 | 306 | 11.09 |
| 161 | 回復に向かう | 1 | 0 | 51 | 10.43 |
| 162 | 回復を祈る | 1 | 0 | 9 | 9.74 |
| 163 | 学校を休む | 1 | 0 | 86 | 11.22 |
| 164 | 学費を払う | 1 | 0 | 9 | 11.19 |
| 165 | 感覚を感じる | 1 | 0 | 13 | 5.8 |

(続き)

| 番号 | コロケーション | YNU使用頻度 | | NLB | |
|---|---|---|---|---|---|
| | | CJL | JNS | 頻度 | MI-score |
| 166 | 感覚を持つ | 1 | 0 | 111 | 7.3 |
| 167 | 関係がある | 1 | 0 | 1551 | 6.4 |
| 168 | 丸みを帯びる | 1 | 0 | 87 | 15.25 |
| 169 | 危機を迎える | 1 | 0 | 37 | 9.87 |
| 170 | 奇跡がある | 1 | 0 | 6 | 3.91 |
| 171 | 奇跡が起こる | 1 | 0 | 27 | 11.45 |
| 172 | 希望がある | 1 | 0 | 125 | 6.12 |
| 173 | 希望に合わせる | 1 | 0 | 10 | 7.82 |
| 174 | 機会を与える | 1 | 0 | 312 | 9.66 |
| 175 | 気持ちが残る | 1 | 0 | 18 | 5.27 |
| 176 | 気持ちを考える | 1 | 0 | 97 | 4.88 |
| 177 | 記憶に残る | 1 | 0 | 248 | 11.12 |
| 178 | 記事を書く | 1 | 0 | 341 | 8.98 |
| 179 | 技術がある | 1 | 0 | 69 | 3.91 |
| 180 | 義務がある | 1 | 0 | 487 | 7.11 |
| 181 | 休みをとる | 1 | 0 | 103 | 10.42 |
| 182 | 休暇を使う | 1 | 0 | 9 | 5.15 |
| 183 | 恐れがある | 1 | 0 | 1793 | 7.73 |
| 184 | 教育を受ける | 1 | 0 | 698 | 9.67 |
| 185 | 区別がある | 1 | 0 | 63 | 5 |
| 186 | 傾向を見せる | 1 | 0 | 26 | 7.28 |
| 187 | 形を整える | 1 | 0 | 215 | 11.07 |
| 188 | 結論をまとめる | 1 | 0 | 12 | 7.72 |
| 189 | 健康を祈る | 1 | 0 | 7 | 8.7 |
| 190 | 健康を考える | 1 | 0 | 37 | 5.82 |
| 191 | 効果がある | 1 | 0 | 1706 | 6.7 |
| 192 | 好みに合わせる | 1 | 0 | 70 | 10.95 |
| 193 | 考えがある | 1 | 0 | 315 | 5.91 |
| 194 | 考えを持つ | 1 | 0 | 302 | 7.42 |
| 195 | 考えを抱く | 1 | 0 | 40 | 7.99 |
| 196 | 講座を開く | 1 | 0 | 51 | 9.05 |
| 197 | 香りが出る | 1 | 0 | 70 | 6.36 |
| 198 | 香りが漂う | 1 | 0 | 141 | 12.41 |
| 199 | 困難がある | 1 | 0 | 60 | 5.94 |

(続き)

| 番号 | コロケーション | YNU使用頻度 | | NLB | |
|---|---|---|---|---|---|
| | | CJL | JNS | 頻度 | MI-score |
| 200 | 困難にぶつかる | 1 | 0 | 12 | 9.68 |
| 201 | 罪を認める | 1 | 0 | 35 | 7.54 |
| 202 | 四季を感じる | 1 | 0 | 5 | 8.67 |
| 203 | 支援がある | 1 | 0 | 19 | 4.73 |
| 204 | 施設を持つ | 1 | 0 | 15 | 3.76 |
| 205 | 資格を持つ | 1 | 0 | 252 | 7.94 |
| 206 | 時間をつぶす | 1 | 0 | 150 | 10.47 |
| 207 | 時間を惜しむ | 1 | 0 | 18 | 8.54 |
| 208 | 時間を与える | 1 | 0 | 85 | 5.97 |
| 209 | 時期が迫る | 1 | 0 | 10 | 8.36 |
| 210 | 自分を鍛える | 1 | 0 | 14 | 7.53 |
| 211 | 手紙を読む | 1 | 0 | 161 | 8.38 |
| 212 | 授業に出る | 1 | 0 | 45 | 7.51 |
| 213 | 秋に入る | 1 | 0 | 14 | 4.83 |
| 214 | 春を迎える | 1 | 0 | 34 | 10.53 |
| 215 | 助けを求める | 1 | 0 | 316 | 11.33 |
| 216 | 焦りを感じる | 1 | 0 | 28 | 10.45 |
| 217 | 上にかける | 1 | 0 | 117 | 5.49 |
| 218 | 情報が流れる | 1 | 0 | 60 | 8.3 |
| 219 | 色にこだわる | 1 | 0 | 5 | 8.39 |
| 220 | 色をつける | 1 | 0 | 115 | 8.23 |
| 221 | 心配がある | 1 | 0 | 172 | 7.08 |
| 222 | 新聞を読む | 1 | 0 | 235 | 10.29 |
| 223 | 診察を受ける | 1 | 0 | 178 | 10.66 |
| 224 | 人に聞く | 1 | 0 | 418 | 6.1 |
| 225 | 水があがる | 1 | 0 | 16 | 6.25 |
| 226 | 水が出る | 1 | 0 | 127 | 6.24 |
| 227 | 水をかける | 1 | 0 | 227 | 7.25 |
| 228 | 水準を見る | 1 | 0 | 14 | 3.53 |
| 229 | 制度を作る | 1 | 0 | 114 | 6.3 |
| 230 | 成果をあげる | 1 | 0 | 419 | 10.27 |
| 231 | 成人を迎える | 1 | 0 | 18 | 12.49 |
| 232 | 成績が下がる | 1 | 0 | 19 | 11.04 |
| 233 | 成績をあげる | 1 | 0 | 101 | 9.83 |

(続き)

| 番号 | コロケーション | YNU使用頻度 | | NLB | |
|---|---|---|---|---|---|
| | | CJL | JNS | 頻度 | MI-score |
| 234 | 成績を示す | 1 | 0 | 7 | 5.81 |
| 235 | 成長を遂げる | 1 | 0 | 171 | 13.4 |
| 236 | 生活に戻る | 1 | 0 | 98 | 7.8 |
| 237 | 声を届ける | 1 | 0 | 15 | 6.5 |
| 238 | 税を払う | 1 | 0 | 76 | 9.82 |
| 239 | 責任を持つ | 1 | 0 | 727 | 7.81 |
| 240 | 赤字が出る | 1 | 0 | 21 | 7.09 |
| 241 | 先を見る | 1 | 0 | 56 | 5.2 |
| 242 | 先入観がある | 1 | 0 | 19 | 6.91 |
| 243 | 祖国を離れる | 1 | 0 | 6 | 9.6 |
| 244 | 相手による | 1 | 0 | 18 | 5.9 |
| 245 | 多岐に渡る | 1 | 0 | 195 | 13.66 |
| 246 | 体調を崩す | 1 | 0 | 256 | 15.45 |
| 247 | 大半を占める | 1 | 0 | 174 | 11.98 |
| 248 | 段階に入る | 1 | 0 | 163 | 7.7 |
| 249 | 知らせがある | 1 | 0 | 34 | 5.46 |
| 250 | 地域を見る | 1 | 0 | 21 | 3.72 |
| 251 | 調査を受ける | 1 | 0 | 31 | 4.59 |
| 252 | 長期に渡る | 1 | 0 | 72 | 12.63 |
| 253 | 提案がある | 1 | 0 | 67 | 5.91 |
| 254 | 店をやめる | 1 | 0 | 36 | 8.55 |
| 255 | 点数をとる | 1 | 0 | 10 | 8.39 |
| 256 | 伝統がある | 1 | 0 | 82 | 6.49 |
| 257 | 都合がある | 1 | 0 | 37 | 6.16 |
| 258 | 頭を振る | 1 | 0 | 263 | 9.58 |
| 259 | 頭を使う | 1 | 0 | 135 | 5.33 |
| 260 | 動きがある | 1 | 0 | 285 | 4.95 |
| 261 | 道に進む | 1 | 0 | 53 | 8.3 |
| 262 | 特色がある | 1 | 0 | 126 | 7.16 |
| 263 | 馴染みがある | 1 | 0 | 30 | 7.45 |
| 264 | 熱を加える | 1 | 0 | 54 | 9.22 |
| 265 | 年を迎える | 1 | 0 | 52 | 9.1 |
| 266 | 罰を下す | 1 | 0 | 9 | 11.22 |
| 267 | 判断を下す | 1 | 0 | 167 | 12.27 |

(続き)

| 番号 | コロケーション | YNU使用頻度 CJL | YNU使用頻度 JNS | NLB 頻度 | NLB MI-score |
|---|---|---|---|---|---|
| 268 | 番組を見る | 1 | 0 | 191 | 7.21 |
| 269 | 秘訣がある | 1 | 0 | 16 | 7.58 |
| 270 | 美貌を持つ | 1 | 0 | 5 | 6.78 |
| 271 | 筆を置く | 1 | 0 | 38 | 8.67 |
| 272 | 不安に陥る | 1 | 0 | 12 | 8.19 |
| 273 | 不安を覚える | 1 | 0 | 28 | 8.7 |
| 274 | 不満が出る | 1 | 0 | 33 | 6.49 |
| 275 | 腹を抱える | 1 | 0 | 55 | 9.3 |
| 276 | 物事が進む | 1 | 0 | 20 | 9.96 |
| 277 | 味にこだわる | 1 | 0 | 9 | 9.76 |
| 278 | 魅力を持つ | 1 | 0 | 55 | 5.96 |
| 279 | 無理が出る | 1 | 0 | 13 | 5.31 |
| 280 | 娘を持つ | 1 | 0 | 28 | 4.94 |
| 281 | 名前を持つ | 1 | 0 | 52 | 3.94 |
| 282 | 命を落とす | 1 | 0 | 251 | 10.3 |
| 283 | 面接を受ける | 1 | 0 | 73 | 9.64 |
| 284 | 目を奪う | 1 | 0 | 147 | 8.3 |
| 285 | 問題をもたらす | 1 | 0 | 20 | 5.72 |
| 286 | 勇気を出す | 1 | 0 | 169 | 9.43 |
| 287 | 要求がある | 1 | 0 | 89 | 5.79 |
| 288 | 要求を出す | 1 | 0 | 31 | 6.68 |
| 289 | 要求を聞く | 1 | 0 | 6 | 3.6 |
| 290 | 利益を考える | 1 | 0 | 19 | 3.19 |
| 291 | 理由がある | 1 | 0 | 1380 | 7.18 |
| 292 | 理由を聞く | 1 | 0 | 163 | 7.13 |
| 293 | 流れを見る | 1 | 0 | 67 | 5.06 |
| 294 | 両親を失う | 1 | 0 | 25 | 10.04 |
| 295 | 力がある | 1 | 0 | 1021 | 5.38 |
| 296 | 力がつく | 1 | 0 | 139 | 6.07 |
| 297 | 力を信じる | 1 | 0 | 49 | 5.29 |
| 298 | 力を磨く | 1 | 0 | 31 | 7.13 |
| 299 | 歴史を誇る | 1 | 0 | 37 | 10.3 |
| 300 | 話を進める | 1 | 0 | 205 | 6.87 |
| 301 | ほこりを被る | 0 | 8 | 38 | 13.25 |

(続き)

| 番号 | コロケーション | YNU使用頻度 | | NLB | |
|---|---|---|---|---|---|
| | | CJL | JNS | 頻度 | MI-score |
| 302 | だしをとる | 0 | 4 | 30 | 10.14 |
| 303 | 音を立てる | 0 | 4 | 1365 | 12.91 |
| 304 | 遅れをとる | 0 | 4 | 190 | 10.64 |
| 305 | 英語を話す | 0 | 3 | 99 | 9.94 |
| 306 | 時間をかける | 0 | 3 | 920 | 9.01 |
| 307 | 醤油をつける | 0 | 3 | 30 | 8.46 |
| 308 | 毎日を送る | 0 | 3 | 25 | 11.35 |
| 309 | 要望があがる | 0 | 3 | 5 | 7.31 |
| 310 | センスがある | 0 | 2 | 33 | 5.93 |
| 311 | はねを広げる | 0 | 2 | 64 | 11.82 |
| 312 | 意識がある | 0 | 2 | 241 | 5.15 |
| 313 | 意識を持つ | 0 | 2 | 438 | 8.09 |
| 314 | 英語を使う | 0 | 2 | 55 | 6.86 |
| 315 | 塩を振る | 0 | 2 | 145 | 11.68 |
| 316 | 火をとめる | 0 | 2 | 266 | 13.62 |
| 317 | 気にとめる | 0 | 2 | 133 | 9.17 |
| 318 | 橋を渡す | 0 | 2 | 6 | 7.28 |
| 319 | 検診を受ける | 0 | 2 | 114 | 10.22 |
| 320 | 時間を削る | 0 | 2 | 23 | 7.71 |
| 321 | 祝い事がある | 0 | 2 | 5 | 6.83 |
| 322 | 親しみがある | 0 | 2 | 11 | 5.33 |
| 323 | 精を出す | 0 | 2 | 150 | 10.84 |
| 324 | 声を聞く | 0 | 2 | 775 | 7.13 |
| 325 | 川を挟む | 0 | 2 | 23 | 10 |
| 326 | 総会を開く | 0 | 2 | 51 | 10.91 |
| 327 | 日本語を話す | 0 | 2 | 51 | 9.45 |
| 328 | 売り上げをのばす | 0 | 2 | 67 | 12.41 |
| 329 | 毎日を過ごす | 0 | 2 | 15 | 11.64 |
| 330 | 野菜が入る | 0 | 2 | 21 | 7.18 |
| 331 | 油を引く | 0 | 2 | 55 | 10.87 |
| 332 | 要望が出る | 0 | 2 | 37 | 7.33 |
| 333 | 理解につながる | 0 | 2 | 7 | 8.71 |
| 334 | 話を聞く | 0 | 2 | 3454 | 8.76 |
| 335 | あおりを受ける | 0 | 1 | 38 | 10.76 |

(続き)

| 番号 | コロケーション | YNU使用頻度 | | NLB | |
|---|---|---|---|---|---|
| | | CJL | JNS | 頻度 | MI-score |
| 336 | アクをとる | 0 | 1 | 49 | 10.92 |
| 337 | アレンジを加える | 0 | 1 | 18 | 10.9 |
| 338 | アンケートに答える | 0 | 1 | 37 | 11.66 |
| 339 | イメージがある | 0 | 1 | 345 | 5.98 |
| 340 | えさをやる | 0 | 1 | 100 | 7.47 |
| 341 | お金がかかる | 0 | 1 | 350 | 10.79 |
| 342 | お金をかける | 0 | 1 | 239 | 8.02 |
| 343 | グラフを見る | 0 | 1 | 47 | 6.69 |
| 344 | コツがある | 0 | 1 | 64 | 6.84 |
| 345 | ごまを振る | 0 | 1 | 9 | 11.85 |
| 346 | コミュニケーションをとる | 0 | 1 | 119 | 9.57 |
| 347 | コミュニケーションをはかる | 0 | 1 | 44 | 10.85 |
| 348 | スイッチを入れる | 0 | 1 | 325 | 18.91 |
| 349 | スープに入る | 0 | 1 | 7 | 6.03 |
| 350 | スープをかける | 0 | 1 | 8 | 6.54 |
| 351 | ソースをかける | 0 | 1 | 130 | 10.18 |
| 352 | チェックがつく | 0 | 1 | 19 | 8.89 |
| 353 | デートを楽しむ | 0 | 1 | 15 | 9.9 |
| 354 | とろみが出る | 0 | 1 | 11 | 7.41 |
| 355 | ライフを送る | 0 | 1 | 6 | 8.73 |
| 356 | リストラにあう | 0 | 1 | 7 | 13.23 |
| 357 | 案がある | 0 | 1 | 32 | 5.24 |
| 358 | 意識が生まれる | 0 | 1 | 14 | 6.16 |
| 359 | 胃が荒れる | 0 | 1 | 14 | 12.16 |
| 360 | 育成につながる | 0 | 1 | 7 | 8.51 |
| 361 | 一途を辿る | 0 | 1 | 252 | 14.93 |
| 362 | 引っ越しを考える | 0 | 1 | 13 | 6.34 |
| 363 | 影響がある | 0 | 1 | 365 | 5.8 |
| 364 | 恩恵にあずかる | 0 | 1 | 27 | 15.87 |
| 365 | 音に慣れる | 0 | 1 | 6 | 7.37 |
| 366 | 家庭を持つ | 0 | 1 | 102 | 7.57 |
| 367 | 火が通る | 0 | 1 | 163 | 11.36 |
| 368 | 火にかける | 0 | 1 | 296 | 10.99 |
| 369 | 火を通す | 0 | 1 | 187 | 10.65 |

(続き)

| 番号 | コロケーション | YNU使用頻度 | | NLB | |
|---|---|---|---|---|---|
| | | CJL | JNS | 頻度 | MI-score |
| 370 | 海岸に出る | 0 | 1 | 12 | 5.51 |
| 371 | 学生が出る | 0 | 1 | 11 | 4.74 |
| 372 | 活気がある | 0 | 1 | 56 | 6.43 |
| 373 | 感想を持つ | 0 | 1 | 66 | 6.63 |
| 374 | 汗を掻く | 0 | 1 | 547 | 13.27 |
| 375 | 環境を作る | 0 | 1 | 186 | 7.41 |
| 376 | 関心を集める | 0 | 1 | 95 | 9.11 |
| 377 | 顔を見る | 0 | 1 | 2001 | 6.35 |
| 378 | 顔を合わせる | 0 | 1 | 519 | 7.69 |
| 379 | 願いを込める | 0 | 1 | 36 | 11.99 |
| 380 | 危機にある | 0 | 1 | 36 | 3.42 |
| 381 | 机に向かう | 0 | 1 | 150 | 11.1 |
| 382 | 機会を作る | 0 | 1 | 115 | 6.86 |
| 383 | 気が変わる | 0 | 1 | 120 | 5.1 |
| 384 | 気に病む | 0 | 1 | 57 | 9.08 |
| 385 | 季節を感じる | 0 | 1 | 28 | 9.07 |
| 386 | 季節を味わう | 0 | 1 | 5 | 10.02 |
| 387 | 記憶が残る | 0 | 1 | 31 | 7.63 |
| 388 | 魚を見る | 0 | 1 | 27 | 4.11 |
| 389 | 協議を進める | 0 | 1 | 31 | 8.78 |
| 390 | 教育を進める | 0 | 1 | 28 | 6.66 |
| 391 | 興味がわく | 0 | 1 | 88 | 11.67 |
| 392 | 業績をあげる | 0 | 1 | 101 | 10.54 |
| 393 | 経験を生かす | 0 | 1 | 145 | 10.65 |
| 394 | 計画がある | 0 | 1 | 149 | 4.83 |
| 395 | 決まりがある | 0 | 1 | 75 | 7.52 |
| 396 | 結果を出す | 0 | 1 | 165 | 7.17 |
| 397 | 結論に至る | 0 | 1 | 42 | 10.35 |
| 398 | 検索をかける | 0 | 1 | 41 | 9.46 |
| 399 | 言語を使う | 0 | 1 | 26 | 6.81 |
| 400 | 言葉を使う | 0 | 1 | 664 | 7.03 |
| 401 | 言葉を聞く | 0 | 1 | 631 | 6.9 |
| 402 | 言葉を話す | 0 | 1 | 58 | 5.74 |
| 403 | 幸福を祈る | 0 | 1 | 11 | 10.85 |

(続き)

| 番号 | コロケーション | YNU使用頻度 | | NLB | |
|---|---|---|---|---|---|
| | | CJL | JNS | 頻度 | MI-score |
| 404 | 考慮に入れる | 0 | 1 | 295 | 19.91 |
| 405 | 行動に移す | 0 | 1 | 88 | 11.41 |
| 406 | 講義に出る | 0 | 1 | 21 | 8.2 |
| 407 | 香りが抜ける | 0 | 1 | 6 | 6.77 |
| 408 | 香りを放つ | 0 | 1 | 24 | 10.37 |
| 409 | 合間を縫う | 0 | 1 | 66 | 15.65 |
| 410 | 国を見る | 0 | 1 | 21 | 3.35 |
| 411 | 今を考える | 0 | 1 | 5 | 4.51 |
| 412 | 祭りがある | 0 | 1 | 45 | 5.43 |
| 413 | 仕組みがある | 0 | 1 | 48 | 4.84 |
| 414 | 子が出る | 0 | 1 | 35 | 4.23 |
| 415 | 支障が出る | 0 | 1 | 116 | 8.7 |
| 416 | 歯止めがかかる | 0 | 1 | 50 | 11.49 |
| 417 | 事情がある | 0 | 1 | 823 | 7.05 |
| 418 | 事態が生じる | 0 | 1 | 117 | 10.36 |
| 419 | 事態を避ける | 0 | 1 | 31 | 9.2 |
| 420 | 寺を見る | 0 | 1 | 5 | 3.31 |
| 421 | 時間が過ぎる | 0 | 1 | 277 | 13.11 |
| 422 | 時間に当てる | 0 | 1 | 13 | 7.96 |
| 423 | 時間を教える | 0 | 1 | 30 | 3.79 |
| 424 | 時間を当てる | 0 | 1 | 21 | 6.03 |
| 425 | 時代を作る | 0 | 1 | 21 | 4.62 |
| 426 | 質問に答える | 0 | 1 | 549 | 11.59 |
| 427 | 実感がわく | 0 | 1 | 40 | 13.96 |
| 428 | 車を持つ | 0 | 1 | 95 | 4.75 |
| 429 | 手がまわる | 0 | 1 | 87 | 8.91 |
| 430 | 手にかかる | 0 | 1 | 96 | 5.42 |
| 431 | 手につく | 0 | 1 | 153 | 4.92 |
| 432 | 手数をかける | 0 | 1 | 8 | 10.89 |
| 433 | 酒がまわる | 0 | 1 | 19 | 9.34 |
| 434 | 授業がある | 0 | 1 | 63 | 5.32 |
| 435 | 重点を置く | 0 | 1 | 440 | 11.72 |
| 436 | 出産を迎える | 0 | 1 | 12 | 9.81 |
| 437 | 出前をとる | 0 | 1 | 11 | 10.13 |

(続き)

| 番号 | コロケーション | YNU使用頻度 | | NLB | |
|---|---|---|---|---|---|
| | | CJL | JNS | 頻度 | MI-score |
| 438 | 春を感じる | 0 | 1 | 30 | 8.47 |
| 439 | 笑顔が溢れる | 0 | 1 | 8 | 15.34 |
| 440 | 障害を持つ | 0 | 1 | 385 | 8.41 |
| 441 | 場を借りる | 0 | 1 | 77 | 9.94 |
| 442 | 条件を満たす | 0 | 1 | 439 | 12.33 |
| 443 | 状況がある | 0 | 1 | 212 | 4.56 |
| 444 | 状況を聞く | 0 | 1 | 57 | 4.56 |
| 445 | 食卓に出す | 0 | 1 | 27 | 8.09 |
| 446 | 新年を迎える | 0 | 1 | 80 | 13.31 |
| 447 | 親しみを持つ | 0 | 1 | 41 | 7.95 |
| 448 | 親元を離れる | 0 | 1 | 49 | 13.33 |
| 449 | 進化を遂げる | 0 | 1 | 40 | 13.95 |
| 450 | 人が出る | 0 | 1 | 340 | 4.51 |
| 451 | 人生を生きる | 0 | 1 | 148 | 8.49 |
| 452 | 推移を見る | 0 | 1 | 511 | 8.66 |
| 453 | 水をやる | 0 | 1 | 129 | 5.25 |
| 454 | 水を引く | 0 | 1 | 52 | 6.61 |
| 455 | 制度がある | 0 | 1 | 421 | 5.55 |
| 456 | 勢いがつく | 0 | 1 | 33 | 8.49 |
| 457 | 勢いに乗る | 0 | 1 | 77 | 11.31 |
| 458 | 生活につながる | 0 | 1 | 7 | 5.33 |
| 459 | 声をあげる | 0 | 1 | 1628 | 9.7 |
| 460 | 雪を見る | 0 | 1 | 35 | 5.35 |
| 461 | 相談がある | 0 | 1 | 112 | 6.51 |
| 462 | 増減がある | 0 | 1 | 14 | 6.78 |
| 463 | 多数を占める | 0 | 1 | 162 | 12.6 |
| 464 | 大台に乗る | 0 | 1 | 15 | 12.08 |
| 465 | 知識を持つ | 0 | 1 | 296 | 7.75 |
| 466 | 地域を支える | 0 | 1 | 14 | 7.99 |
| 467 | 注目を浴びる | 0 | 1 | 210 | 13.17 |
| 468 | 兆しが見える | 0 | 1 | 59 | 9.93 |
| 469 | 町に残る | 0 | 1 | 11 | 6.23 |
| 470 | 町を離れる | 0 | 1 | 18 | 8.03 |
| 471 | 抵抗がある | 0 | 1 | 271 | 7.33 |

(続き)

| 番号 | コロケーション | YNU使用頻度 | | NLB | |
|---|---|---|---|---|---|
| | | CJL | JNS | 頻度 | MI-score |
| 472 | 伝統を守る | 0 | 1 | 55 | 15.9 |
| 473 | 都合が合う | 0 | 1 | 8 | 9.99 |
| 474 | 豆腐が入る | 0 | 1 | 6 | 7.62 |
| 475 | 頭に入る | 0 | 1 | 125 | 5.98 |
| 476 | 特徴をあげる | 0 | 1 | 32 | 7.73 |
| 477 | 特徴を生かす | 0 | 1 | 75 | 10.67 |
| 478 | 内容を考える | 0 | 1 | 38 | 3.5 |
| 479 | 内容を踏まえる | 0 | 1 | 6 | 6.97 |
| 480 | 日を教える | 0 | 1 | 7 | 3.69 |
| 481 | 日記を書く | 0 | 1 | 84 | 9.16 |
| 482 | 年を重ねる | 0 | 1 | 78 | 10.46 |
| 483 | 肺炎にかかる | 0 | 1 | 18 | 13.89 |
| 484 | 売り上げを誇る | 0 | 1 | 10 | 11.06 |
| 485 | 迫力がある | 0 | 1 | 111 | 7.32 |
| 486 | 悲しみに暮れる | 0 | 1 | 11 | 11.53 |
| 487 | 疲れがたまる | 0 | 1 | 66 | 12.46 |
| 488 | 評価を受ける | 0 | 1 | 187 | 7.47 |
| 489 | 病院に入る | 0 | 1 | 49 | 4.78 |
| 490 | 病院を作る | 0 | 1 | 12 | 5.08 |
| 491 | 病気にかかる | 0 | 1 | 221 | 13.53 |
| 492 | 不安を抱く | 0 | 1 | 57 | 10.36 |
| 493 | 普及が進む | 0 | 1 | 38 | 10.89 |
| 494 | 風潮がある | 0 | 1 | 74 | 6.37 |
| 495 | 雰囲気を味わう | 0 | 1 | 22 | 9.61 |
| 496 | 文化に触れる | 0 | 1 | 44 | 18.29 |
| 497 | 文化を感じる | 0 | 1 | 10 | 4.79 |
| 498 | 文献を読む | 0 | 1 | 31 | 9.73 |
| 499 | 文章を読む | 0 | 1 | 158 | 9.24 |
| 500 | 変化を示す | 0 | 1 | 92 | 7.42 |
| 501 | 歩みをとめる | 0 | 1 | 46 | 14.24 |
| 502 | 暮らしを支える | 0 | 1 | 24 | 9.16 |
| 503 | 方法を使う | 0 | 1 | 78 | 4.66 |
| 504 | 味が広がる | 0 | 1 | 19 | 7.9 |
| 505 | 未来に向ける | 0 | 1 | 20 | 9.72 |

(続き)

| 番号 | コロケーション | YNU使用頻度 | | NLB | |
|---|---|---|---|---|---|
| | | CJL | JNS | 頻度 | MI-score |
| 506 | 未来を考える | 0 | 1 | 27 | 5.62 |
| 507 | 無理を言う | 0 | 1 | 54 | 4.87 |
| 508 | 名残りがある | 0 | 1 | 17 | 5.92 |
| 509 | 目標に向かう | 0 | 1 | 27 | 7.91 |
| 510 | 役割を果たす | 0 | 1 | 2268 | 12.74 |
| 511 | 油がまわる | 0 | 1 | 30 | 10.87 |
| 512 | 勇気をもらう | 0 | 1 | 10 | 7.45 |
| 513 | 友達に聞く | 0 | 1 | 70 | 6.33 |
| 514 | 夕食に出す | 0 | 1 | 8 | 6.88 |
| 515 | 予約を入れる | 0 | 1 | 71 | 17.37 |
| 516 | 要望を受ける | 0 | 1 | 20 | 7.3 |
| 517 | 翼を広げる | 0 | 1 | 68 | 12.55 |
| 518 | 卵につける | 0 | 1 | 7 | 7.1 |
| 519 | 卵をつける | 0 | 1 | 12 | 4.84 |
| 520 | 旅に出る | 0 | 1 | 449 | 9.65 |
| 521 | 力をつける | 0 | 1 | 423 | 6.7 |
| 522 | 力を注ぐ | 0 | 1 | 316 | 18.47 |
| 523 | 輪を作る | 0 | 1 | 91 | 8.27 |
| 524 | 涙が出る | 0 | 1 | 417 | 8.4 |
| 525 | 連絡がある | 0 | 1 | 476 | 6.2 |
| 526 | 連絡に当たる | 0 | 1 | 7 | 10.16 |
| 527 | 話し合いを進める | 0 | 1 | 32 | 9.19 |

# 稿末資料3：頻度と共起強度の有意差検定結果（Tukey法）

表1　産出調査対象項目C-JとJ-only各グループの多重比較の結果（頻度）

| グループ I | グループ J | 平均値の差 (I-J) | 標準誤差 | p | 95% 信頼区間 下限 | 95% 信頼区間 上限 | d |
|---|---|---|---|---|---|---|---|
| 高頻度・C-J・高MI | 高頻度・C-J・低MI | .085 | .276 | 1.000 | -0.784 | 0.954 | .216 |
| | 高頻度・J-only・高MI | -.036 | .276 | 1.000 | -0.905 | 0.832 | -.058 |
| | 高頻度・J-only・低MI | -.020 | .276 | 1.000 | -0.889 | 0.849 | -.046 |
| | 低頻度・C-J・高MI | 2.394* | .276 | .000 | 1.525 | 3.262 | 3.955 |
| | 低頻度・C-J・低MI | 2.520* | .276 | .000 | 1.651 | 3.389 | 5.295 |
| | 低頻度・J-only・高MI | 2.450* | .276 | .000 | 1.581 | 3.319 | 4.474 |
| | 低頻度・J-only・低MI | 2.606* | .276 | .000 | 1.738 | 3.475 | 4.952 |
| 高頻度・C-J・低MI | 高頻度・C-J・高MI | -.085 | .276 | 1.000 | -0.954 | 0.784 | -.216 |
| | 高頻度・J-only・高MI | -.121 | .276 | 1.000 | -0.990 | 0.747 | -.243 |
| | 高頻度・J-only・低MI | -.105 | .276 | 1.000 | -0.974 | 0.764 | -.265 |
| | 低頻度・C-J・高MI | 2.309* | .276 | .000 | 1.440 | 3.177 | 3.933 |
| | 低頻度・C-J・低MI | 2.435* | .276 | .000 | 1.566 | 3.304 | 5.392 |
| | 低頻度・J-only・高MI | 2.365* | .276 | .000 | 1.496 | 3.234 | 4.487 |
| | 低頻度・J-only・低MI | 2.521* | .276 | .000 | 1.653 | 3.390 | 4.996 |
| 高頻度・J-only・高MI | 高頻度・C-J・高MI | .036 | .276 | 1.000 | -0.832 | 0.905 | .058 |
| | 高頻度・C-J・低MI | .121 | .276 | 1.000 | -0.747 | 0.990 | .243 |
| | 高頻度・J-only・低MI | .016 | .276 | 1.000 | -0.852 | 0.885 | .020 |
| | 低頻度・C-J・高MI | 2.430* | .276 | .000 | 1.561 | 3.299 | 3.667 |
| | 低頻度・C-J・低MI | 2.556* | .276 | .000 | 1.688 | 3.425 | 4.676 |
| | 低頻度・J-only・高MI | 2.486* | .276 | .000 | 1.618 | 3.355 | 4.073 |
| | 低頻度・J-only・低MI | 2.643* | .276 | .000 | 1.774 | 3.511 | 4.471 |
| 高頻度・J-only・低MI | 高頻度・C-J・高MI | .020 | .276 | 1.000 | -0.849 | 0.889 | .046 |
| | 高頻度・C-J・低MI | .105 | .276 | 1.000 | -0.764 | 0.974 | .265 |
| | 高頻度・J-only・高MI | -.016 | .276 | 1.000 | -0.885 | 0.852 | -.020 |
| | 低頻度・C-J・高MI | 2.414* | .276 | .000 | 1.545 | 3.282 | 3.995 |
| | 低頻度・C-J・低MI | 2.540* | .276 | .000 | 1.671 | 3.409 | 5.353 |
| | 低頻度・J-only・高MI | 2.470* | .276 | .000 | 1.601 | 3.339 | 4.520 |
| | 低頻度・J-only・低MI | 2.626* | .276 | .000 | 1.758 | 3.495 | 5.002 |

(続き)

| グループ | | 平均値の差 (I-J) | 標準誤差 | $p$ | 95% 信頼区間 | | $d$ |
|---|---|---|---|---|---|---|---|
| I | J | | | | 下限 | 上限 | |
| 低頻度・C-J・高 MI | 高頻度・C-J・高 MI | -2.394* | .276 | .000 | -3.262 | -1.525 | -3.955 |
| | 高頻度・C-J・低 MI | -2.309* | .276 | .000 | -3.177 | -1.440 | -3.933 |
| | 高頻度・J-only・高 MI | -2.430* | .276 | .000 | -3.299 | -1.561 | -3.667 |
| | 高頻度・J-only・低 MI | -2.414* | .276 | .000 | -3.282 | -1.545 | -3.995 |
| | 低頻度・C-J・低 MI | .126 | .276 | 1.000 | -0.742 | 0.995 | .191 |
| | 低頻度・J-only・高 MI | .056 | .276 | 1.000 | -0.812 | 0.925 | .073 |
| | 低頻度・J-only・低 MI | .213 | .276 | .994 | -0.656 | 1.081 | .314 |
| 低頻度・C-J・低 MI | 高頻度・C-J・高 MI | -2.520* | .276 | .000 | -3.389 | -1.651 | -5.295 |
| | 高頻度・C-J・低 MI | -2.435* | .276 | .000 | -3.304 | -1.566 | -5.392 |
| | 高頻度・J-only・高 MI | -2.556* | .276 | .000 | -3.425 | -1.688 | -4.676 |
| | 高頻度・J-only・低 MI | -2.540* | .276 | .000 | -3.409 | -1.671 | -5.353 |
| | 低頻度・C-J・高 MI | -.1263 | .276 | 1.000 | -0.995 | 0.742 | -.191 |
| | 低頻度・J-only・高 MI | -.070 | .276 | 1.000 | -0.939 | 0.799 | -.123 |
| | 低頻度・J-only・低 MI | .0863 | .276 | 1.000 | -0.782 | 0.955 | .163 |
| 低頻度・J-only・高 MI | 高頻度・C-J・高 MI | -2.450* | .276 | .000 | -3.319 | -1.581 | -4.474 |
| | 高頻度・C-J・低 MI | -2.365* | .276 | .000 | -3.234 | -1.496 | -4.487 |
| | 高頻度・J-only・高 MI | -2.486* | .276 | .000 | -3.355 | -1.618 | -4.073 |
| | 高頻度・J-only・低 MI | -2.470* | .276 | .000 | -3.339 | -1.601 | -4.520 |
| | 低頻度・C-J・高 MI | -.056 | .276 | 1.000 | -0.925 | 0.812 | -.073 |
| | 低頻度・C-J・低 MI | .070 | .276 | 1.000 | -0.799 | 0.939 | .123 |
| | 低頻度・J-only・低 MI | .156 | .276 | .999 | -0.712 | 1.025 | .260 |
| 低頻度・J-only・低 MI | 高頻度・C-J・高 MI | -2.606* | .276 | .000 | -3.475 | -1.738 | -4.952 |
| | 高頻度・C-J・低 MI | -2.521* | .276 | .000 | -3.390 | -1.653 | -4.996 |
| | 高頻度・J-only・高 MI | -2.643* | .276 | .000 | -3.511 | -1.774 | -4.471 |
| | 高頻度・J-only・低 MI | -2.626* | .276 | .000 | -3.495 | -1.758 | -5.002 |
| | 低頻度・C-J・高 MI | -.213 | .276 | .994 | -1.081 | 0.656 | -.314 |
| | 低頻度・C-J・低 MI | -.086 | .276 | 1.000 | -0.955 | 0.782 | -.163 |
| | 低頻度・J-only・高 MI | -.156 | .276 | .999 | -1.025 | 0.712 | -.260 |

*. 平均値の差は5%水準で有意である。頻度は自然対数変換後の数値を用いた。

表2　産出調査対象項目C-JとJ-only各グループの多重比較の結果（MI-score）

| グループ | | 平均値の差 (I-J) | 標準誤差 | p | 95%信頼区間 | | d |
| --- | --- | --- | --- | --- | --- | --- | --- |
| I | J | | | | 下限 | 上限 | |
| 高MI・C-J・高頻度 | 高MI・C-J・低頻度 | -.738 | .629 | .937 | -2.719 | 1.244 | -.579 |
| | 高MI・J-only・高頻度 | .454 | .629 | .996 | -1.527 | 2.435 | .393 |
| | 高MI・J-only・低頻度 | -.073 | .629 | 1.000 | -2.054 | 1.909 | -.040 |
| | 低MI・C-J・高頻度 | 3.388* | .629 | .000 | 1.407 | 5.369 | 4.098 |
| | 低MI・C-J・低頻度 | 3.848* | .629 | .000 | 1.867 | 5.829 | 3.791 |
| | 低MI・J-only・高頻度 | 3.411* | .629 | .000 | 1.430 | 5.392 | 3.779 |
| | 低MI・J-only・低頻度 | 3.415* | .629 | .000 | 1.434 | 5.396 | 3.595 |
| 高MI・C-J・低頻度 | 高MI・C-J・高頻度 | .738 | .629 | .937 | -1.244 | 2.719 | .579 |
| | 高MI・J-only・高頻度 | 1.191 | .629 | .561 | -0.790 | 3.172 | .869 |
| | 高MI・J-only・低頻度 | .665 | .629 | .963 | -1.316 | 2.646 | .344 |
| | 低MI・C-J・高頻度 | 4.125* | .629 | .000 | 2.144 | 6.106 | 3.776 |
| | 低MI・C-J・低頻度 | 4.585* | .629 | .000 | 2.604 | 6.566 | 3.694 |
| | 低MI・J-only・高頻度 | 4.149* | .629 | .000 | 2.168 | 6.130 | 3.606 |
| | 低MI・J-only・低頻度 | 4.153* | .629 | .000 | 2.172 | 6.134 | 3.493 |
| 高MI・J-only・高頻度 | 高MI・C-J・高頻度 | -.454 | .629 | .996 | -2.435 | 1.527 | -.393 |
| | 高MI・C-J・低頻度 | -1.191 | .629 | .561 | -3.172 | 0.790 | -.869 |
| | 高MI・J-only・低頻度 | -.526 | .629 | .990 | -2.507 | 1.455 | -.285 |
| | 低MI・C-J・高頻度 | 2.934* | .629 | .000 | 0.953 | 4.915 | 2.971 |
| | 低MI・C-J・低頻度 | 3.394* | .629 | .000 | 1.413 | 5.375 | 2.951 |
| | 低MI・J-only・高頻度 | 2.958* | .629 | .000 | 0.977 | 4.939 | 2.813 |
| | 低MI・J-only・低頻度 | 2.961* | .629 | .000 | 0.980 | 4.942 | 2.709 |
| 高MI・J-only・低頻度 | 高MI・C-J・高頻度 | .073 | .629 | 1.000 | -1.909 | 2.054 | .040 |
| | 高MI・C-J・低頻度 | -.665 | .629 | .963 | -2.646 | 1.316 | -.344 |
| | 高MI・J-only・高頻度 | .526 | .629 | .990 | -1.455 | 2.507 | .285 |
| | 低MI・C-J・高頻度 | 3.460* | .629 | .000 | 1.479 | 5.441 | 2.074 |
| | 低MI・C-J・低頻度 | 3.920* | .629 | .000 | 1.939 | 5.901 | 2.216 |
| | 低MI・J-only・高頻度 | 3.484* | .629 | .000 | 1.503 | 5.465 | 2.043 |
| | 低MI・J-only・低頻度 | 3.488* | .629 | .000 | 1.507 | 5.469 | 2.014 |

(続き)

| グループ | | 平均値の差 (I-J) | 標準誤差 | p | 95%信頼区間 | | d |
|---|---|---|---|---|---|---|---|
| I | J | | | | 下限 | 上限 | |
| 低MI・C-J・高頻度 | 高MI・C-J・高頻度 | -3.388* | .629 | .000 | -5.369 | -1.407 | -4.098 |
| | 高MI・C-J・低頻度 | -4.125* | .629 | .000 | -6.106 | -2.144 | -3.776 |
| | 高MI・J-only・高頻度 | -2.934* | .629 | .000 | -4.915 | -0.953 | -2.971 |
| | 高MI・J-only・低頻度 | -3.460* | .629 | .000 | -5.441 | -1.479 | -2.074 |
| | 低MI・C-J・低頻度 | .460 | .629 | .996 | -1.521 | 2.441 | .578 |
| | 低MI・J-only・高頻度 | .024 | .629 | 1.000 | -1.957 | 2.005 | .047 |
| | 低MI・J-only・低頻度 | .028 | .629 | 1.000 | -1.954 | 2.009 | .043 |
| 低MI・C-J・低頻度 | 高MI・C-J・高頻度 | -3.848* | .629 | .000 | -5.829 | -1.867 | -3.791 |
| | 高MI・C-J・低頻度 | -4.585* | .629 | .000 | -6.566 | -2.604 | -3.694 |
| | 高MI・J-only・高頻度 | -3.394* | .629 | .000 | -5.375 | -1.413 | -2.951 |
| | 高MI・J-only・低頻度 | -3.920* | .629 | .000 | -5.901 | -1.939 | -2.216 |
| | 低MI・C-J・高頻度 | -.460 | .629 | .996 | -2.441 | 1.521 | -.578 |
| | 低MI・J-only・高頻度 | -.436 | .629 | .997 | -2.417 | 1.545 | -.491 |
| | 低MI・J-only・低頻度 | -.433 | .629 | .997 | -2.414 | 1.549 | -.465 |
| 低MI・J-only・高頻度 | 高MI・C-J・高頻度 | -3.411* | .629 | .000 | -5.392 | -1.430 | -3.779 |
| | 高MI・C-J・低頻度 | -4.149* | .629 | .000 | -6.130 | -2.168 | -3.606 |
| | 高MI・J-only・高頻度 | -2.958* | .629 | .000 | -4.939 | -0.977 | -2.813 |
| | 高MI・J-only・低頻度 | -3.484* | .629 | .000 | -5.465 | -1.503 | -2.043 |
| | 低MI・C-J・高頻度 | -.024 | .629 | 1.000 | -2.005 | 1.957 | -.047 |
| | 低MI・C-J・低頻度 | .436 | .629 | .997 | -1.545 | 2.417 | .491 |
| | 低MI・J-only・低頻度 | .004 | .629 | 1.000 | -1.977 | 1.985 | .000 |
| 低MI・J-only・低頻度 | 高MI・C-J・高頻度 | -3.415* | .629 | .000 | -5.396 | -1.434 | -3.595 |
| | 高MI・C-J・低頻度 | -4.153* | .629 | .000 | -6.134 | -2.172 | -3.493 |
| | 高MI・J-only・高頻度 | -2.961* | .629 | .000 | -4.942 | -0.980 | -2.709 |
| | 高MI・J-only・低頻度 | -3.488* | .629 | .000 | -5.469 | -1.507 | -2.014 |
| | 低MI・C-J・高頻度 | -.028 | .629 | 1.000 | -2.009 | 1.954 | -.043 |
| | 低MI・C-J・低頻度 | .433 | .629 | .997 | -1.549 | 2.414 | .465 |
| | 低MI・J-only・高頻度 | -.004 | .629 | 1.000 | -1.985 | 1.977 | .000 |

*. 平均値の差は5%水準で有意である。

稿末資料

表3　受容調査対象項目C-JとJ-only各グループの多重比較の結果（頻度）

| グループ I | グループ J | 平均値の差 (I-J) | 標準誤差 | $p$ | 95%信頼区間 下限 | 95%信頼区間 上限 | $d$ |
|---|---|---|---|---|---|---|---|
| 高頻度・C-J・高MI | 高頻度・C-J・低MI | .215 | .361 | .999 | -0.982 | 1.412 | .679 |
| | 高頻度・J-only・高MI | .185 | .361 | .999 | -1.012 | 1.382 | .345 |
| | 高頻度・J-only・低MI | .370 | .361 | .966 | -0.827 | 1.567 | .847 |
| | 低頻度・C-J・高MI | 2.900* | .361 | .000 | 1.703 | 4.097 | 4.069 |
| | 低頻度・C-J・低MI | 2.368* | .361 | .000 | 1.170 | 3.565 | 7.280 |
| | 低頻度・J-only・高MI | 2.443* | .361 | .000 | 1.245 | 3.640 | 8.503 |
| | 低頻度・J-only・低MI | 2.498* | .361 | .000 | 1.300 | 3.695 | 7.287 |
| 高頻度・C-J・低MI | 高頻度・C-J・高MI | -.215 | .361 | .999 | -1.412 | 0.982 | -.679 |
| | 高頻度・J-only・高MI | -.030 | .361 | 1.000 | -1.227 | 1.167 | .057 |
| | 高頻度・J-only・低MI | .155 | .361 | 1.000 | -1.042 | 1.352 | .361 |
| | 低頻度・C-J・高MI | 2.685* | .361 | .000 | 1.488 | 3.882 | 3.829 |
| | 低頻度・C-J・低MI | 2.153* | .361 | .000 | 0.955 | 3.350 | 7.252 |
| | 低頻度・J-only・高MI | 2.228* | .361 | .000 | 1.030 | 3.425 | 8.752 |
| | 低頻度・J-only・低MI | 2.283* | .361 | .000 | 1.085 | 3.480 | 7.224 |
| 高頻度・J-only・高MI | 高頻度・C-J・高MI | -.185 | .361 | .999 | -1.382 | 1.012 | -.345 |
| | 高頻度・C-J・低MI | .030 | .361 | 1.000 | -1.167 | 1.227 | .057 |
| | 高頻度・J-only・低MI | .185 | .361 | .999 | -1.012 | 1.382 | .296 |
| | 低頻度・C-J・高MI | 2.715* | .361 | .000 | 1.518 | 3.912 | 3.266 |
| | 低頻度・C-J・低MI | 2.183* | .361 | .000 | 0.985 | 3.380 | 4.073 |
| | 低頻度・J-only・高MI | 2.258* | .361 | .000 | 1.060 | 3.455 | 4.402 |
| | 低頻度・J-only・低MI | 2.313* | .361 | .000 | 1.115 | 3.510 | 4.230 |
| 高頻度・J-only・低MI | 高頻度・C-J・高MI | -.370 | .361 | .966 | -1.567 | 0.827 | -.847 |
| | 高頻度・C-J・低MI | -.155 | .361 | 1.000 | -1.352 | 1.042 | -.361 |
| | 高頻度・J-only・高MI | -.185 | .361 | .999 | -1.382 | 1.012 | -.296 |
| | 低頻度・C-J・高MI | 2.530* | .361 | .000 | 1.333 | 3.727 | 3.334 |
| | 低頻度・C-J・低MI | 1.998* | .361 | .000 | 0.800 | 3.195 | 4.796 |
| | 低頻度・J-only・高MI | 2.073* | .361 | .000 | 0.875 | 3.270 | 5.354 |
| | 低頻度・J-only・低MI | 2.128* | .361 | .000 | 0.930 | 3.325 | 4.944 |

(続き)

| グループ | | 平均値の差 (I-J) | 標準誤差 | p | 95%信頼区間 | | d |
|---|---|---|---|---|---|---|---|
| I | J | | | | 下限 | 上限 | |
| 低頻度・C-J・高MI | 高頻度・C-J・高MI | -2.900* | .361 | .000 | -4.097 | -1.703 | -4.069 |
| | 高頻度・C-J・低MI | -2.685* | .361 | .000 | -3.882 | -1.488 | -3.829 |
| | 高頻度・J-only・高MI | -2.715* | .361 | .000 | -3.912 | -1.518 | -3.266 |
| | 高頻度・J-only・低MI | -2.530* | .361 | .000 | -3.727 | -1.333 | -3.334 |
| | 低頻度・C-J・低MI | -.533 | .361 | .814 | -1.730 | 0.665 | -.757 |
| | 低頻度・J-only・高MI | -.458 | .361 | .903 | -1.655 | 0.740 | -.658 |
| | 低頻度・J-only・低MI | -.403 | .361 | .947 | -1.600 | 0.795 | -.565 |
| 低頻度・C-J・低MI | 高頻度・C-J・高MI | -2.368* | .361 | .000 | -3.565 | -1.170 | -7.280 |
| | 高頻度・C-J・低MI | -2.153* | .361 | .000 | -3.350 | -0.955 | -7.252 |
| | 高頻度・J-only・高MI | -2.183* | .361 | .000 | -3.380 | -0.985 | -4.073 |
| | 高頻度・J-only・低MI | -1.998* | .361 | .000 | -3.195 | -0.800 | -4.796 |
| | 低頻度・C-J・高MI | .533 | .361 | .814 | -0.665 | 1.730 | .757 |
| | 低頻度・J-only・高MI | .075 | .361 | 1.000 | -1.122 | 1.272 | .312 |
| | 低頻度・J-only・低MI | .130 | .361 | 1.000 | -1.067 | 1.327 | .411 |
| 低頻度・J-only・高MI | 高頻度・C-J・高MI | -2.443* | .361 | .000 | -3.640 | -1.245 | -8.503 |
| | 高頻度・C-J・低MI | -2.228* | .361 | .000 | -3.425 | -1.030 | -8.752 |
| | 高頻度・J-only・高MI | -2.258* | .361 | .000 | -3.455 | -1.060 | -4.402 |
| | 高頻度・J-only・低MI | -2.073* | .361 | .000 | -3.270 | -0.875 | -5.354 |
| | 低頻度・C-J・高MI | .458 | .361 | .903 | -0.740 | 1.655 | .658 |
| | 低頻度・C-J・低MI | -.075 | .361 | 1.000 | -1.272 | 1.122 | -.312 |
| | 低頻度・J-only・低MI | .055 | .361 | 1.000 | -1.142 | 1.252 | .180 |
| 低頻度・J-only・低MI | 高頻度・C-J・高MI | -2.498* | .361 | .000 | -3.695 | -1.300 | 7.287 |
| | 高頻度・C-J・低MI | -2.283* | .361 | .000 | -3.480 | -1.085 | -7.224 |
| | 高頻度・J-only・高MI | -2.313* | .361 | .000 | -3.510 | -1.115 | -4.230 |
| | 高頻度・J-only・低MI | -2.128* | .361 | .000 | -3.325 | -0.930 | -4.944 |
| | 低頻度・C-J・高MI | .403 | .361 | .947 | -0.795 | 1.600 | .565 |
| | 低頻度・C-J・低MI | -.130 | .361 | 1.000 | -1.327 | 1.067 | -.411 |
| | 低頻度・J-only・高MI | -.055 | .361 | 1.000 | -1.252 | 1.142 | -.180 |

*. 平均値の差は5%水準で有意である。頻度は自然対数変換後の数値を用いた。

## 巻末資料

**表4 受容調査対象項目C-JとJ-only各グループの多重比較の結果（MI-score）**

| グループ | | 平均値の差 (I-J) | 標準誤差 | p | 95%信頼区間 | | d |
|---|---|---|---|---|---|---|---|
| I | J | | | | 下限 | 上限 | |
| 高MI・C-J・高頻度 | 高MI・C-J・低頻度 | -1.365 | .788 | .668 | -3.975 | 1.245 | -.983 |
| | 高MI・J-only・高頻度 | 0.265 | .788 | 1.000 | -2.345 | 2.875 | .226 |
| | 高MI・J-only・低頻度 | -0.728 | .788 | .981 | -3.338 | 1.883 | -.492 |
| | 低MI・C-J・高頻度 | 3.168* | .788 | .010 | 0.557 | 5.778 | 4.342 |
| | 低MI・C-J・低頻度 | 3.250* | .788 | .008 | 0.640 | 5.860 | 4.441 |
| | 低MI・J-only・高頻度 | 2.928* | .788 | .020 | 0.317 | 5.538 | 3.960 |
| | 低MI・J-only・低頻度 | 2.720* | .788 | .037 | 0.110 | 5.330 | 3.895 |
| 高MI・C-J・低頻度 | 高MI・C-J・高頻度 | 1.365 | .788 | .668 | -1.245 | 3.975 | .983 |
| | 高MI・J-only・高頻度 | 1.630 | .788 | .461 | -0.980 | 4.240 | 1.052 |
| | 高MI・J-only・低頻度 | 0.638 | .788 | .991 | -1.973 | 3.248 | .354 |
| | 低MI・C-J・高頻度 | 4.533* | .788 | .000 | 1.922 | 7.143 | 3.575 |
| | 低MI・C-J・低頻度 | 4.615* | .788 | .000 | 2.005 | 7.225 | 3.640 |
| | 低MI・J-only・高頻度 | 4.293* | .788 | .000 | 1.682 | 6.903 | 3.371 |
| | 低MI・J-only・低頻度 | 4.085* | .788 | .001 | 1.475 | 6.695 | 3.271 |
| 高MI・J-only・高頻度 | 高MI・C-J・高頻度 | -0.265 | .788 | 1.000 | -2.875 | 2.345 | -.226 |
| | 高MI・C-J・低頻度 | -1.630 | .788 | .461 | -4.240 | 0.980 | -1.052 |
| | 高MI・J-only・低頻度 | -0.993 | .788 | .905 | -3.603 | 1.618 | -.607 |
| | 低MI・C-J・高頻度 | 2.903* | .788 | .022 | 0.292 | 5.513 | -2.918 |
| | 低MI・C-J・低頻度 | 2.985* | .788 | .017 | 0.375 | 5.595 | 3.000 |
| | 低MI・J-only・高頻度 | 2.663* | .788 | .043 | 0.052 | 5.273 | 2.658 |
| | 低MI・J-only・低頻度 | 2.455 | .788 | .076 | -0.155 | 5.065 | 2.530 |
| 高MI・J-only・低頻度 | 高MI・C-J・高頻度 | 0.728 | .788 | .981 | -1.883 | 3.338 | .492 |
| | 高MI・C-J・低頻度 | -0.638 | .788 | .991 | -3.248 | 1.973 | -.354 |
| | 高MI・J-only・高頻度 | 0.993 | .788 | .905 | -1.618 | 3.603 | -.067 |
| | 低MI・C-J・高頻度 | 3.895* | .788 | .001 | 1.285 | 6.505 | 2.894 |
| | 低MI・C-J・低頻度 | 3.978* | .788 | .001 | 1.367 | 6.588 | 2.911 |
| | 低MI・J-only・高頻度 | 3.655* | .788 | .002 | 1.045 | 6.265 | 2.664 |
| | 低MI・J-only・低頻度 | 3.448* | .788 | .004 | 0.837 | 6.058 | 2.556 |

(続き)

| グループ | | 平均値の差 (I-J) | 標準誤差 | p | 95%信頼区間 | | d |
|---|---|---|---|---|---|---|---|
| I | J | | | | 下限 | 上限 | |
| 低MI・C-J・高頻度 | 高MI・C-J・高頻度 | -3.168* | .788 | .010 | -5.778 | -0.557 | -4.342 |
| | 高MI・C-J・低頻度 | -4.533* | .788 | .000 | -7.143 | -1.922 | -3.575 |
| | 高MI・J-only・高頻度 | -2.903* | .788 | .022 | -5.513 | -0.292 | -2.918 |
| | 高MI・J-only・低頻度 | -3.895* | .788 | .001 | -6.505 | -1.285 | -2.849 |
| | 低MI・C-J・低頻度 | 0.083 | .788 | 1.000 | -2.528 | 2.693 | .203 |
| | 低MI・J-only・高頻度 | -0.240 | .788 | 1.000 | -2.850 | 2.370 | .531 |
| | 低MI・J-only・低頻度 | -0.448 | .788 | .999 | -3.058 | 2.163 | -1.141 |
| 低MI・C-J・低頻度 | 高MI・C-J・高頻度 | -3.250* | .788 | .008 | -5.860 | -0.640 | -4.441 |
| | 高MI・C-J・低頻度 | -4.615* | .788 | .000 | -7.225 | -2.005 | -3.640 |
| | 高MI・J-only・高頻度 | -2.985* | .788 | .017 | -5.595 | -0.375 | -3.000 |
| | 高MI・J-only・低頻度 | -3.978* | .788 | .001 | -6.588 | -1.367 | -2.911 |
| | 低MI・C-J・高頻度 | -0.083 | .788 | 1.000 | -2.693 | 2.528 | -.203 |
| | 低MI・J-only・高頻度 | -0.323 | .788 | 1.000 | -2.933 | 2.288 | -.719 |
| | 低MI・J-only・低頻度 | -0.530 | .788 | .997 | -3.140 | 2.080 | -1.348 |
| 低MI・J-only・高頻度 | 高MI・C-J・高頻度 | -2.928* | .788 | .020 | -5.538 | -0.317 | -3.960 |
| | 高MI・C-J・低頻度 | -4.293* | .788 | .000 | -6.903 | -1.682 | -3.371 |
| | 高MI・J-only・高頻度 | -2.663* | .788 | .043 | -5.273 | -0.052 | -2.658 |
| | 高MI・J-only・低頻度 | -3.655* | .788 | .002 | -6.265 | -1.045 | -2.664 |
| | 低MI・C-J・高頻度 | 0.240 | .788 | 1.000 | -2.370 | 2.850 | .531 |
| | 低MI・C-J・低頻度 | 0.323 | .788 | 1.000 | -2.288 | 2.933 | .719 |
| | 低MI・J-only・低頻度 | -0.208 | .788 | 1.000 | -2.818 | 2.403 | -.496 |
| 低MI・J-only・低頻度 | 高MI・C-J・高頻度 | -2.720* | .788 | .037 | -5.330 | -0.110 | -3.895 |
| | 高MI・C-J・低頻度 | -4.085* | .788 | .001 | -6.695 | -1.475 | -3.271 |
| | 高MI・J-only・高頻度 | -2.455 | .788 | .076 | -5.065 | 0.155 | -2.530 |
| | 高MI・J-only・低頻度 | -3.448* | .788 | .004 | -6.058 | -0.837 | -2.556 |
| | 低MI・C-J・高頻度 | 0.448 | .788 | .999 | -2.163 | 3.058 | 1.141 |
| | 低MI・C-J・低頻度 | 0.530 | .788 | .997 | -2.080 | 3.140 | 1.348 |
| | 低MI・J-only・高頻度 | 0.208 | .788 | 1.000 | -2.403 | 2.818 | .496 |

*. 平均値の差は5%水準で有意である。

# 稿末資料4：産出調査票

氏名：_____　学籍番号：_____　年齢：___歳　性別：___　所属：___年___班

**説明文（日本語）**
------------------------------------------------------------
　　中国語の意味に合うように、最もよいと思う和語動詞の終止形（辞書形ともいう）を平仮名の形で（　）に入れてください。1つの（　）に仮名を1つ入れてください。

**説明文（中国語）**
------------------------------------------------------------
　　以平假名的形式在（　）内填写上适当的和语动词，使中日文句子意思相同。动词填写终止形（也叫字典形）即可，不需要变形。每个（　）内只能填写一个假名。

例：前几天为了打发空闲时间买了几本书。
　　先日、ちょっと暇な時間を（つ）（ぶ）（す）ために、本を何冊か買いました。

**1.** 在国外，放烟花常被作为重大活动的项目之一。
　　海外ではイベントのプログラムのひとつとして花火を（　）（　）（　）というシーンが多いようです。

**2.** 打分的话能打多少分？
　　点数を（　）（　）（　）としたら何点ぐらいですか？

**3.** 保持沉默就等于认罪。
　　黙っているのは罪を（　）（　）（　）（　）ことだ。

**4.** 大扫除也结束了，终于做好了迎接新年的准备。
　　大掃除も終わりやっと新年を（　）（　）（　）（　）準備ができました。

**5.** 一按右边的按钮，5秒后门就会自动打开。
　　右側のボタンを（　）（　）と、5秒後にドアが自動的に開きます。

6. 鱼会被吓跑的，别发出声响。

　　魚に逃げられるから音を（　）（　）（　）な。

7. 只有满足下列前提条件才行。

　　次のような前提条件を（　）（　）（　）ことではじめて可能になります。

8. 打乱扑克牌的顺序称作"洗牌"。

　　トランプの順番をばらばらにして混ぜることを「トランプを（　）（　）」と言います。

9. 泡澡可以通过出汗达到美容的效果。

　　入浴は汗を（　）（　）ことで美肌効果が期待できる。

10. 不能再加速了。

　　これ以上スピードを（　）（　）のは無理だ。

11. 在银行的ATM机上取钱，收手续费是从几点开始？

　　銀行のATMでお金を（　）（　）（　）のに、手数料がかかるのは何時からですか？

12. 吹笛子可以自然而然地提高心肺功能。

　　笛を（　）（　）ことは心肺機能を自然と高めることにつながります。

13. 也就是说我们不需要负任何责任。

　　つまり、われわれは一切責任を（　）（　）ことがないのです。

14. 最重要的是为了给留学生提供学习日本的机会。

　　留学生たちに日本について学ぶ機会を（　）（　）（　）（　）というのが第一の理由だった。

15. 就算被人嫌弃，也没必要丧失自信。

　　人に嫌われたからといって、自信を（　）（　）（　）（　）必要はない。

16. 只要找到原因并处理掉就不会再做噩梦了。

　　原因を見つけて対処すれば、怖い夢を（　）（　）こともなくなると思います。

17. 接受足够的教育对未来生活至关重要。

　　十分な教育を（　）（　）（　）ことは将来の生活にとって不可欠である。

18. 给台风起名字的是谁，出于什么目的呢？

　　台風に名前を（　）（　）（　）のは誰で何の目的でしょうか。

**19.** 感觉通过叫喊打破沉默很可怕。

　　叫び声をあげて沈黙を（　）（　）（　）のは恐ろしいことに思えた。

**20.** 放风筝很早开始就是春节的固定游戏之一。

　　凧を（　）（　）（　）ことは昔からお正月の定番遊びの1つです。

**21.** 他是一个若无其事地撒谎的人。

　　彼は平気で嘘を（　）（　）人です。

**22.** 请不要问一些令人反感的问题。

　　人の反感を（　）（　）ような質問をやめてください。

**23.** 希望通过加深夫妻之间的理解来实现圆满的家庭生活。

　　夫婦間の理解を（　）（　）（　）（　）ことにより円満な家庭生活を実現していくことが望ましい。

**24.** 首先请用扫帚或者球拍模仿一下弹吉他。

　　まずはホウキやラケットを使って、ギターを（　）（　）真似をしてください。

**25.** 将平底锅充分加热倒入油并将油均匀摊开。

　　フライパンを充分に温め、薄く油を（　）（　）。

**26.** 她说她只是想和喜欢的人在一起，并没有想破坏对方的家庭。

　　彼女は好きな人と一緒にいたかっただけで相手の家庭を（　）（　）（　）つもりはなかったと言った。

**27.** 有人在有孕妇呀孩子、老人的地方若无其事地吸烟。

　　妊婦や子ども、お年寄りがいるところで平気でタバコを（　）（　）人がいます。

**28.** 从早上开始天就朦朦胧胧的，既称不上小雨也不用打伞。

　　朝から小雨でも傘を（　）（　）ほどでもない様子だった。

**29.** 参加这个大学入学考试的人在增加。

　　この大学の入学試験を（　）（　）（　）人は増えています。

**30.** 我熨衬衫的工序分为12步。

　　僕がシャツにアイロンを（　）（　）（　）工程は全部で十二に分かれている。

**31.** 关于该事实，可以举出很多例子。

　　この事実について、多数の例を（　）（　）（　）ことができる。

**32.** 有没有什么好的办法可以让人打起精神？

元気を（　）（　）ために何かいい方法ありませんか。

**33.** 忘记和失去记忆不是同义词。

忘れることと、記憶を（　）（　）（　）（　）ことは同義語ではない。

**34.** 音乐给予人的不可思议的力量和亲子间的爱催人泪下。

音楽が人に与えてくれる不思議な力と親子愛が、感動の涙を（　）（　）（　）。

**35.** 为了达到大框架的目的，需要制定更加具体的目标。

大枠の目的に到達するためには、より具体的な目標を（さ）（　）（　）（　）必要があります。

**36.** 建议穿透气性好的服装并戴上帽子。

通気性の良い服を着て、帽子を（　）（　）（　）ことをお勧めします。

**37.** 拜他所赐，险些丧命。

あいつのおかげで、危うく命を（　）（　）（　）ところだった。

**38.** "滴滴出行"是一个通过输入现在位置和目的地来叫出租车的软件。

「滴滴出行」は現在地と目的地を入力してタクシーを（　）（　）システムです。

**39.** 慎重地为自己选择正确的道路很重要。

慎重に、自分のために正しい道を（　）（　）（　）ことが大切です。

**40.** 白血球的减少有时也会引起肺炎。

白血球の減少ということで、肺炎に（　）（　）（　）場合がある。

**41.** 依依惜别的年轻恋人们在海边相拥。

別れを（　）（　）（　）若い恋人たちが海辺で抱擁している。

**42.** 在机场，人们为了取行李围在旋转输送机的周围。

空港で、人々は荷物を（　）（　）ために回転式コンベヤーの周りを囲んでいる。

**43.** 这是从道德上也会遭受谴责的极端案例。

これは道徳的にも非難を（あ）（　）（　）ような極端なケースである。

**44.** 拐弯时需要减速。

角を曲がるときには速度を（　）（　）（　）必要がある。

45. 我应该更加注意看天气预报和暴风雨预警。

　　ぼくは天気予報と暴風雨警報にもっと注意を（は）（　）（　）べきだと思う。

46. 一吃这个药就犯困。

　　この薬を（　）（　）と眠くなります。

47. 中国人是从什么时候开始喝粥的呢？

　　中国人は、いったいいつ頃から粥を（　）（　）（　）ようになったのだろう。

48. 据说雷声一响梅雨期就结束，是真的吗？

　　雷が鳴ると梅雨が（あ）（　）（　）と言われていますが、本当でしょうか。

49. 据说韩国人挂断电话时的口头禅是"再打给你噢"。

　　韓国人は電話を（　）（　）ときに「また電話するねー」が口癖だそうです。

50. 我没有对对方做出任何挑衅行为。

　　相手にけんかを（　）（　）ような行為は一切していません。

51. 给区役所打电话时确认一下电话号码。

　　区役所に電話を（　）（　）（　）場合は電話番号を確認してください。

52. 认为应该照顾孩子直到其结婚为止的人只有6.7%，非常少。

　　結婚するまで、子どもの面倒を（　）（　）べきだと答える人は6.7%と非常に少ない。

53. 是人都有可能犯罪。

　　人は誰でも罪を（　）（　）（　）可能性がある。

54. 他宣誓要在这次的大会上打破世界最高记录。

　　彼は今度の大会で世界最高記録を（や）（　）（　）と宣言した。

55. 据说在泰国打车时要招手。

　　タイでは、タクシーを（ひ）（　）（　）時、手を振るそうです。

56. 电影院不仅仅是看电影的地方。

　　映画館は映画を（　）（　）だけの場所ではない。

57. 穿过国界长长的隧道，便是雪国。

　　国境の長いトンネルを（　）（　）（　）と雪国であった。

58. 身体放松肩膀就会自然下垂。

　　体の力を（　）（　）と、肩が自然に下がります。

59. 泡茶需要热水，所以请准备好电水壶等物品。

　　お茶を（　）（　）（　）ためのお湯が必要なので、電気ポットなども用意してください。

60. 美国的礼仪是边介绍自己的名字边用力握手。

　　アメリカでは名乗りながらしっかりと手を（　）（　）（　）のがマナーです。

61. 不得做出以下困扰他人，给人添麻烦的行为。

　　次のような他人を困らせ、迷惑を（　）（　）（　）行為をしてはならない。

62. 有什么事我随时都可以帮你参谋，学习、工作都要加油噢。

　　何かあったらいつでも相談に（　）（　）から、勉強も仕事も頑張れよ。

63. 每周需要定期开会。

　　毎週、定期的に会議を（　）（　）（　）必要がある。

64. 大量的文件只是过目一下也需要半天时间。

　　膨大な量の書類に目を（　）（　）（　）だけでも半日はかかってしまう。

65. 事到如今，不可以发牢骚。

　　今さら、文句を（　）（　）わけにはいかない。

66. 削铅笔的工具不同，拿铅笔的角度以及姿势等也会发生变化。

　　鉛筆を（　）（　）（　）道具によって、鉛筆を持つ角度や持ち方が変わる。

67. 只是听听音乐也很开心。

　　音楽を（　）（　）だけでも、楽しい。

68. 无论是谁都应该遵守交通规则。

　　だれでも交通規則を（　）（　）（　）べきだ。

69. 出现这样的结果简直难以置信。

　　こんな結果が（　）（　）なんて本当に信じられない。

70. 找到了一双合脚又时尚的鞋，有了想出门的心情。

　　足に（　）（　）おしゃれな靴が見つかって、外に出ようという気持にもなりま

した。

**71.** 我非常不擅长用英语写信。

私は英語で手紙を（　）（　）のがとても苦手です。

**72.** 不应该跟丈夫刚去世的花子开这样的玩笑。

夫を亡くした花子に向かって、こんな冗談を（　）（　）べきではなかった。

**73.** 尽量充分花时间陪孩子玩儿。

子どもと遊ぶことにたっぷりと時間を（か）（　）（　）ようにしています。

**74.** 他无论什么事都不愿意落在别人后面。

あの人は何ごとも人に遅れを（　）（　）ことがきらいだ。

**75.** 打扫天花板时请将怕落灰的东西罩起来。

天井を掃除するときは、ほこりを（　）（　）（　）と困るものにカバーをしてください。

　　　♡ご協力ありがとうございました♡

## 稿末資料5：受容調査票

氏名：＿＿＿＿　学籍番号：＿＿＿＿　年齢：＿＿＿歳　性別：＿＿＿　所属：＿＿＿年＿＿＿班

### 説明文（日本語）

　　下線部はその文において適切な表現であるかを速やかに判断してください。適切だと思う場合は中国語の意味を、不適切だと思う場合は適切な表現を後の（　）に書いてください。訂正する際に、漢語動詞（例：運動する）と複合動詞（例：降り出す）を使用しないでください。動詞「する」、「なる」も使用しないでください。

### 説明文（中国語）

　　用最快的速度凭直觉判断句子中带有下画线的"名词＋动词"词组是否恰当，恰当时请在后面括号内填写中文意思，不恰当时请将你认为最恰当的表达方式填写在后面的括号内。改正时动词请勿使用汉语动词（例如：「運動する」等）和复合动词（例如：「降り出す」等），也请勿使用动词「する」、「なる」。

例：先日、ちょっと暇な<u>時間をつぶす</u>ために、本を何冊か買いました。
　　　☑適切　　　　　　□不適切　　　　　　　（　　打发时间　　）
　　　母親は<u>生計を設ける</u>ために、実家のプラスチック工場へ働きに出ていました。
　　　□適切　　　　　　☑不適切　　　　　　　（　生計を立てる　）

1. 何かあったらいつでも<u>相談に合う</u>から、勉強も仕事も頑張れよ。
　　　□適切　　　　□不適切　　　　　　　　　（　　　　　　　）

2. 国境の長い<u>トンネルを抜ける</u>と雪国であった。
　　　□適切　　　　□不適切　　　　　　　　　（　　　　　　　）

3. この大学の<u>入学試験を受ける</u>人は増えています。
　　　□適切　　　　□不適切　　　　　　　　　（　　　　　　　）

## 巻末資料

4. 人に嫌われたからといって、<u>自信を失う</u>必要はない。
　　□適切　　　　□不適切　　　　　　　　（　　　　　　　）

5. 膨大な量の書類に<u>目を過ごす</u>だけでも半日はかかってしまう。
　　□適切　　　　□不適切　　　　　　　　（　　　　　　　）

6. 留学生たちに日本について学ぶ<u>機会を与える</u>というのが第一の理由だった。
　　□適切　　　　□不適切　　　　　　　　（　　　　　　　）

7. 「滴滴出行」は現在地と目的地を入力して<u>タクシーを呼ぶ</u>システムです。
　　□適切　　　　□不適切　　　　　　　　（　　　　　　　）

8. 夫を亡くした花子に向かって、こんな<u>冗談を開く</u>べきではなかった。
　　□適切　　　　□不適切　　　　　　　　（　　　　　　　）

9. 毎週、定期的に<u>会議を挙げる</u>必要がある。
　　□適切　　　　□不適切　　　　　　　　（　　　　　　　）

10. 区役所などに<u>電話を打つ</u>場合は電話番号を確認してください。
　　□適切　　　　□不適切　　　　　　　　（　　　　　　　）

11. 彼は今度の大会で世界最高<u>記録を壊す</u>と宣言した。
　　□適切　　　　□不適切　　　　　　　　（　　　　　　　）

12. まずはホウキやラケットを使って、<u>ギターを押す</u>真似をしてください。
　　□適切　　　　□不適切　　　　　　　　（　　　　　　　）

13. 私は英語で<u>手紙を書く</u>のがとても苦手です。
　　□適切　　　　□不適切　　　　　　　　（　　　　　　　）

14. 原因を見つけて対処すれば、<u>怖い夢を作る</u>こともなくなると思います。
　　□適切　　　　□不適切　　　　　　　　（　　　　　　　）

15. <u>別れを惜しむ</u>若い恋人たちが海辺で抱擁している。
　　□適切　　　　□不適切　　　　　　　　（　　　　　　　）

16. 台風に<u>名前を起こす</u>のは誰で何の目的でしょうか。
　　□適切　　　　□不適切　　　　　　　　（　　　　　　　）

17. 彼は平気で<u>嘘を作る</u>人です。
　　□適切　　　　□不適切　　　　　　　　（　　　　　　　）

18. 鉛筆を削る道具によって、鉛筆を持つ角度や持ち方が変わる。
　　□適切　　　　□不適切　　　　　　　　　（　　　　　）

19. この薬を食べると眠くなります。
　　□適切　　　　□不適切　　　　　　　　　（　　　　　）

20. 音楽が人に与えてくれる不思議な力と親子愛が、感動の涙を誘う。
　　□適切　　　　□不適切　　　　　　　　　（　　　　　）

21. 角を曲がるときには速度を減らす必要がある。
　　□適切　　　　□不適切　　　　　　　　　（　　　　　）

22. 結婚するまで、子どもの面倒を見るべきだと答える人は6.7%と非常に少ない。
　　□適切　　　　□不適切　　　　　　　　　（　　　　　）

23. 入浴は汗をかくことで美肌効果が期待できる。
　　□適切　　　　□不適切　　　　　　　　　（　　　　　）

24. これ以上スピードを立てるのは無理だ。
　　□適切　　　　□不適切　　　　　　　　　（　　　　　）

25. アメリカでは名乗りながらしっかりと手を握るのがマナーです。
　　□適切　　　　□不適切　　　　　　　　　（　　　　　）

26. 足に合うおしゃれな靴が見つかって、外に出ようという気持にもなりました。
　　□適切　　　　□不適切　　　　　　　　　（　　　　　）

27. 今さら、文句を語るわけにはいかない。
　　□適切　　　　□不適切　　　　　　　　　（　　　　　）

28. 音楽を聞くだけでも、楽しい。
　　□適切　　　　□不適切　　　　　　　　　（　　　　　）

29. トランプの順番をばらばらにして混ぜることを「トランプを洗う」と言います。
　　□適切　　　　□不適切　　　　　　　　　（　　　　　）

30. 相手にけんかを売るような行為は一切していません。
　　□適切　　　　□不適切　　　　　　　　　（　　　　　）

31. 十分な教育を取ることは将来の生活にとって不可欠である。
　　□適切　　　　□不適切　　　　　　　　　（　　　　　）

32. 黙っているのは罪を認めることだ。
　　□適切　　　　□不適切　　　　　　　　　　（　　　　　　　　）

33. お茶を入れるためのお湯が必要なので、電気ポットなども用意してください。
　　□適切　　　　□不適切　　　　　　　　　　（　　　　　　　　）

34. 忘れることと、記憶を失うことは同義語ではない。
　　□適切　　　　□不適切　　　　　　　　　　（　　　　　　　　）

35. タイでは、タクシーを打つ時、手を振るそうです。
　　□適切　　　　□不適切　　　　　　　　　　（　　　　　　　　）

36. フライパンを充分に温め、薄く油を引く。
　　□適切　　　　□不適切　　　　　　　　　　（　　　　　　　　）

37. 凧を放すことは昔からお正月の定番遊びの1つです。　　凧：风筝
　　□適切　　　　□不適切　　　　　　　　　　（　　　　　　　　）

38. 人の反感を買うような質問をやめてください。
　　□適切　　　　□不適切　　　　　　　　　　（　　　　　　　　）

39. 僕がシャツにアイロンを押す工程は全部で十二に分かれている。
　　□適切　　　　□不適切　　　　　　　　　　（　　　　　　　　）

40. 妊婦や子ども、お年寄りがいるところで平気でタバコを食べる人がいます。
　　□適切　　　　□不適切　　　　　　　　　　（　　　　　　　　）

41. 雷が鳴ると梅雨が明けると言われていますが、本当でしょうか。
　　□適切　　　　□不適切　　　　　　　　　　（　　　　　　　　）

42. 点数を打つとしたら何点ぐらいですか？
　　□適切　　　　□不適切　　　　　　　　　　（　　　　　　　　）

43. 人は誰でも罪を犯す可能性がある。
　　□適切　　　　□不適切　　　　　　　　　　（　　　　　　　　）

44. 慎重に、自分のために正しい道を選ぶことが大切です。
　　□適切　　　　□不適切　　　　　　　　　　（　　　　　　　　）

45. 白血球の減少ということで、肺炎に落ちる場合がある。
　　□適切　　　　□不適切　　　　　　　　　　（　　　　　　　　）

46. 通気性の良い服を着て、帽子をつけることをお勧めします。
　　□適切　　　　□不適切　　　　　　　　　（　　　　　　　）

47. つまり、われわれは一切責任を負うことがないのです。
　　□適切　　　　□不適切　　　　　　　　　（　　　　　　　）

48. あいつのおかげで、危うく命を落とすところだった。
　　□適切　　　　□不適切　　　　　　　　　（　　　　　　　）

49. 魚に逃げられるから音を立てるな。
　　□適切　　　　□不適切　　　　　　　　　（　　　　　　　）

50. 夫婦間の理解を深めることにより円満な家庭生活を実現していくことが望ましい。
　　□適切　　　　□不適切　　　　　　　　　（　　　　　　　）

51. この事実について、多数の例を挙げることができる。
　　□適切　　　　□不適切　　　　　　　　　（　　　　　　　）

52. 空港で、人々は荷物を取るために回転式コンベヤーの周りを囲んでいる。
　　□適切　　　　□不適切　　　　　　　　　（　　　　　　　）

53. これは道徳的にも非難を浴びるような極端なケースである。
　　□適切　　　　□不適切　　　　　　　　　（　　　　　　　）

54. 海外ではイベントのプログラムのひとつとして花火を放すというシーンが多いようです。
　　□適切　　　　□不適切　　　　　　　　　（　　　　　　　）

55. 右側のボタンを押すと、5秒後にドアが自動的に開きます。
　　□適切　　　　□不適切　　　　　　　　　（　　　　　　　）

56. 元気を出すために何かいい方法ありませんか。
　　□適切　　　　□不適切　　　　　　　　　（　　　　　　　）

57. 体の力を抜くと、肩が自然に下がります。
　　□適切　　　　□不適切　　　　　　　　　（　　　　　　　）

58. 叫び声をあげて沈黙をつぶすのは恐ろしいことに思えた。
　　□適切　　　　□不適切　　　　　　　　　（　　　　　　　）

59. 韓国人は電話を切るときに「また電話するねー」が口癖だそうです。
　　□適切　　　　□不適切　　　　　　　　　（　　　　　　　　）
60. こんな結果が出るなんて本当に信じられない。
　　□適切　　　　□不適切　　　　　　　　　（　　　　　　　　）
61. 彼女は好きな人と一緒にいたかっただけで相手の家庭を砕くつもりはなかったと言った。
　　□適切　　　　□不適切　　　　　　　　　（　　　　　　　　）
62. 銀行のATMでお金を取るのに、手数料がかかるのは何時からですか？
　　□適切　　　　□不適切　　　　　　　　　（　　　　　　　　）
63. 笛を弾くことは心肺機能を自然と高めることにつながります。
　　□適切　　　　□不適切　　　　　　　　　（　　　　　　　　）
64. 映画館は映画を読むだけの場所ではない。
　　□適切　　　　□不適切　　　　　　　　　（　　　　　　　　）
65. ぼくは天気予報と暴風雨警報にもっと注意を払うべきだと思う。
　　□適切　　　　□不適切　　　　　　　　　（　　　　　　　　）
66. 次のような前提条件を満たすことではじめて可能になります。
　　□適切　　　　□不適切　　　　　　　　　（　　　　　　　　）
67. 朝から小雨でも傘を打つほどでもない様子だった。
　　□適切　　　　□不適切　　　　　　　　　（　　　　　　　　）
68. 大掃除も終わりやっと新年を迎える準備ができました。
　　□適切　　　　□不適切　　　　　　　　　（　　　　　　　　）
69. 大枠の目的に到達するためには、より具体的な目標を定める必要があります。
　　□適切　　　　□不適切　　　　　　　　　（　　　　　　　　）
70. だれでも交通規則を守るべきだ。
　　□適切　　　　□不適切　　　　　　　　　（　　　　　　　　）
71. 中国人は、いったいいつ頃から粥を飲むようになったのだろう。
　　□適切　　　　□不適切　　　　　　　　　（　　　　　　　　）

72. 次のような他人を困らせ、迷惑を添える行為をしてはならない。
　　□適切　　　　　□不適切　　　　　　　　　　　（　　　　　　）

73. 子どもと遊ぶことにたっぷりと時間をかけるようにしています。
　　□適切　　　　　□不適切　　　　　　　　　　　（　　　　　　）

74. あの人は何ごとも人に遅れを取ることがきらいだ。
　　□適切　　　　　□不適切　　　　　　　　　　　（　　　　　　）

75. 天井を掃除するときは、ほこりを被ると困るものにカバーをしてください。
　　□適切　　　　　□不適切　　　　　　　　　　　（　　　　　　）

　　　　♡ご協力ありがとうございました♡

# 稿末資料6：日本語学習歴に関するアンケート調査

氏名：＿＿＿＿＿＿　　学籍番号：＿＿＿＿＿＿　　所属：＿＿＿＿＿＿

以下の質問にお答えください。

1. 年齢：（　　）歳

2. 性別：男・女

3. 学年：（　　）年

4. 今まで何年間日本語を学習してきましたか。（　　）年間

5. （1）これまで日本に滞在したことがありますか。はい・いいえ

　　（2）上記の（1）で「はい」と答えた人：

どのくらいの期間滞在しましたか。（　　）年（　　）ヶ月

6. あなたの日本語能力について評価してください（1～5）。点数は整数でなくて構いません。

| 非常にできない | あまりできない | できる | よくできる | 優れている |
|---|---|---|---|---|
| 1 | 2 | 3 | 4 | 5 |

聞く：＿＿＿＿　　話す：＿＿＿＿　　読む：＿＿＿＿　　書く：＿＿＿＿

7. 日本語能力試験N1いつ受けましたか？西暦（　　）年（　　）月　　点数：（　　）点

♡ご協力ありがとうございました♡

## 稿末資料7：産出調査項目ごとの正答率と回答例・回答数

### 表1　JNS産出予備調査（2回目）の結果

（番号は表7-4と同じである。回答1は想定動詞である。×は未回答である。番号の列に※マークが付いている項目は2回目の予備調査で正答率が70%未満の項目で、頭文字を提示したうえで再度予備調査をした結果である。）

| 番号 | コロケーション | 想定動詞 | 回答1 | | 回答2 | | 回答3 | | 回答4 | | 回答5 | | 回答6 | | 備考 |
|---|---|---|---|---|---|---|---|---|---|---|---|---|---|---|---|
| 1 | 例をあげる | 100% | あげる | 20 | | | | | | | | | | | |
| 2 | 理解をふかめる | 75% | ふかめる | 15 | すすめる | 1 | やすなう | 1 | たかめる | 1 | × | 2 | | | |
| 3 | 責任をおう | 75% | おう | 15 | もつ | 3 | とる | 2 | | | | | | | |
| 4 | ボタンをおす | 95% | おす | 19 | おく | 1 | | | | | | | | | |
| 5 | 会議をひらく | 100% | ひらく | 20 | | | | | | | | | | | |
| 6 | 条件をみたす | 50% | みたす | 10 | たてる | 4 | つける | 2 | します | 1 | きめる | 1 | × | 2 | 中国語提示 |
| ※ | 条件を（み）たす | 90% | みたす | 9 | × | 1 | | | | | | | | | |
| 7 | タバコをすう | 100% | すう | 20 | | | | | | | | | | | |
| 8 | 罪をおかす | 95% | おかす | 19 | × | 1 | | | | | | | | | |
| 9 | 結果がでる | 100% | でる | 20 | | | | | | | | | | | |
| 10 | 手をにぎる | 40% | にぎる | 8 | あげる | 9 | つなぐ | 1 | × | 2 | | | | | 中国語提示 |
| ※ | 手を（に）ぎる | 100% | にぎる | 10 | | | | | | | | | | | |
| 11 | 音楽をきく | 100% | きく | 20 | | | | | | | | | | | |
| 12 | 手紙をかく | 100% | かく | 20 | | | | | | | | | | | |
| 13 | 教育をうける | 100% | うける | 20 | | | | | | | | | | | |
| 14 | 映画をみる | 100% | みる | 20 | | | | | | | | | | | |
| 15 | 道をえらぶ | 85% | えらぶ | 17 | あゆむ | 1 | すすむ | 1 | × | 1 | | | | | |
| 16 | 機会をあたえる | 80% | あたえる | 16 | もうける | 3 | もたらす | 1 | | | | | | | |
| 17 | 家庭をこわす | 100% | こわす | 20 | | | | | | | | | | | |
| 18 | ギターをひく | 100% | ひく | 20 | | | | | | | | | | | |
| 19 | 笛をふく | 100% | ふく | 20 | | | | | | | | | | | |

巻末資料

（続き）

| 番号 | コロケーション | 想定動詞 | 回答1 | | 回答2 | | 回答3 | | 回答4 | | 回答5 | | 回答6 | | 備考 |
|---|---|---|---|---|---|---|---|---|---|---|---|---|---|---|---|
| 20 | 沈黙をやぶる | 90% | やぶる | 18 | こわす | 1 | × | 1 | | | | | | | |
| 21 | 鉛筆をけずる | 85% | けずる | 17 | にぎる | 2 | つかう | 1 | | | | | | | |
| 22 | 新年をむかえる | 100% | むかえる | 20 | | | | | | | | | | | |
| 23 | 別れをおしむ | 95% | おしむ | 19 | つげる | 1 | | | | | | | | | |
| 24 | 規則をまもる | 100% | まもる | 20 | | | | | | | | | | | |
| 25 | 記録をやぶる | 15% | やぶる | 3 | こえる | 7 | たべる | 3 | のこす | 2 | ねらう | 1 | × | 3 | 記録をや |
| ※ | 記録を（や）ぶる | 90% | やぶる | 9 | × | 1 | | | | | | | | | |
| 26 | 荷物をとる | 85% | とる | 17 | おく | 2 | つむ | 1 | | | | | | | |
| 27 | 記憶をうしなう | 70% | うしなう | 14 | ちがえる | | なくした | 1 | とどめる | 1 | とりけす | 1 | × | 2 | |
| 28 | 目標をさだめる | 35% | さだめる | 7 | かかげる | 8 | もうける | 4 | × | 1 | | | | | 目標をさ |
| ※ | 目標を（さ）だめる | 70% | さだめる | 7 | さんする | 1 | × | 2 | | | | | | | |
| 29 | 足にあう | 85% | あう | 17 | はく | 2 | × | 1 | | | | | | | |
| 30 | 罪をみとめる | 75% | みとめる | 15 | みすごす | 3 | つぐなう | 1 | × | 1 | | | | | |
| 31 | タクシーをよぶ | 80% | よぶ | 16 | まつ | 2 | だす | 1 | | | | | | | |
| 32 | 自信をうしなう | 95% | うしなう | 19 | × | 1 | | | | | | | | | |
| 33 | 油をひく | 95% | ひく | 19 | しく | 1 | | | | | | | | | |
| 34 | トンネルをぬける | 90% | ぬける | 18 | こえる | 1 | くぐる | 1 | | | | | | | |
| 35 | 非難をあびる | 45% | あびる | 9 | うける | 10 | まねく | 1 | | | | | | | 非難をあ |
| ※ | 非難を（あ）びる | 90% | あびる | 9 | あげる | 1 | | | | | | | | | |
| 36 | 梅雨があける | 40% | あける | 8 | おわる | 8 | ちかい | 2 | つづく | 1 | × | 1 | | | 梅雨があ |
| ※ | 梅雨が（あ）ける | 100% | あける | 10 | | | | | | | | | | | |
| 37 | 肺炎にかかる | 95% | かかる | 19 | うつる | 1 | | | | | | | | | |
| 38 | アイロンをかける | 100% | かける | 20 | | | | | | | | | | | |
| 39 | 凧をあげる | 100% | あげる | 20 | | | | | | | | | | | |

(続き)

| 番号 | コロケーション | 想定動詞 | 回答1 | | 回答2 | | 回答3 | | 回答4 | | 回答5 | 回答6 | 備考 |
|---|---|---|---|---|---|---|---|---|---|---|---|---|---|
| 40 | お茶をいれる | 65% | いれる | 13 | わかす | 5 | そそぐ | 1 | たてる | 1 | | | 中国語提示 |
| ※ | お茶を(い)れる | 100% | いれる | 10 | | | | | | | | | |
| 41 | 命をおとす | 100% | おとす | 20 | | | | | | | | | |
| 42 | 音をたてる | 100% | たてる | 20 | | | | | | | | | |
| 43 | 注意をはらう | 65% | はらう | 13 | むける | 5 | そそぐ | 1 | こらす | 1 | | | 注意をは |
| ※ | 注意を(は)らう | 80% | はらう | 8 | はかる | 1 | × | 1 | | | | | |
| 44 | 汗をかく | 95% | かく | 19 | だす | 1 | | | | | | | |
| 45 | 相談にのる | 95% | のる | 19 | いく | 1 | | | | | | | |
| 46 | 帽子をかぶる | 100% | かぶる | 20 | | | | | | | | | |
| 47 | 嘘をつく | 100% | つく | 20 | | | | | | | | | |
| 48 | 迷惑をかける | 100% | かける | 20 | | | | | | | | | |
| 49 | 夢をみる | 100% | みる | 20 | | | | | | | | | |
| 50 | 名前をつける | 100% | つける | 20 | | | | | | | | | |
| 51 | 目をとおす | 100% | とおす | 20 | | | | | | | | | |
| 52 | 試験をうける | 100% | うける | 20 | | | | | | | | | |
| 53 | 力をぬく | 100% | ぬく | 20 | | | | | | | | | |
| 54 | 電話をきる | 95% | きる | 19 | × | 1 | | | | | | | |
| 55 | 面倒をみる | 100% | みる | 20 | | | | | | | | | |
| 56 | 文句をいう | 100% | いう | 20 | | | | | | | | | |
| 57 | お金をおろす | 95% | おろす | 19 | いれる | 1 | | | | | | | |
| 58 | 花火をあげる | 75% | あげる | 15 | さがす | 1 | × | 4 | | | | | |
| 59 | 点数をつける | 80% | つける | 16 | あげる | 3 | とれる | 1 | | | | | |
| 60 | けんかをうる | 95% | うる | 19 | ふる | 1 | | | | | | | |
| 61 | 元気をだす | 90% | だす | 18 | える | 2 | | | | | | | |
| 62 | 反感をかう | 100% | かう | 20 | | | | | | | | | |

(続き)

| 番号 | コロケーション | 想定動詞 | 回答1 | 回答2 | 回答3 | 回答4 | 回答5 | 回答6 | 備考 |
|---|---|---|---|---|---|---|---|---|---|
| 63 | 涙をさそう | 70% | さそう 14 | そそる 2 | ながす 1 | よんだ 1 | × 2 | | |
| 64 | スピードをだす | 80% | だす 16 | ます 1 | × 3 | | | | |
| 65 | 電話をかける | 100% | かける 20 | | | | | | |
| 66 | 薬をのむ | 100% | のむ 20 | | | | | | |
| 67 | 速度をおとす | 85% | おとす 17 | さげる 3 | | | | | |
| 68 | 傘をさす | 100% | さす 20 | | | | | | |
| 69 | タクシーをひろう | 30% | ひろう 6 | とめる 14 | | | | | タクシーをひ |
| ※ | タクシーを（ひ）ろう | 100% | ひろう 10 | | | | | | |
| 70 | トランプをきる | 95% | きる 19 | × 1 | | | | | |
| 71 | 粥をたべる | 85% | たべる 17 | このむ 2 | すする 1 | | | | |
| 72 | 冗談をいう | 100% | いう 20 | | | | | | |
| 73 | 時間をかける | 65% | かける 13 | つかう 4 | つくる 2 | × 1 | | | 時間をか |
| ※ | 時間を（か）ける | 100% | かける 10 | | | | | | |
| 74 | 遅れをとる | 100% | とる 20 | | | | | | |
| 75 | ほこりをかぶる | 85% | かぶる 17 | おとす 2 | たまる 1 | | | | |

## 表2 上級CJLの調査結果

（番号は表7-4と同じである。網掛けをしている部分は正答として数えた回答である。×は未回答である。）

| 番号 | コロケーション | 正答率 | 回答1 | 回答2 | 回答3 | 回答4 | 回答5 | 回答6 | 回答7 | 回答8 | 回答9 | 回答10 | 回答11 | 回答12 | 回答13 | 回答14 | 回答15 | 回答16 |
|---|---|---|---|---|---|---|---|---|---|---|---|---|---|---|---|---|---|---|
| 1 | 例をあげる | 97.83% | あげる 45 | あげく 1 | | | | | | | | | | | | | | |
| 2 | 理解をふかめる | 67.39% | ふかめる 31 | ふかまる 4 | ふくめる 2 | うながす 1 | つうじる 1 | でうか 1 | ふかえる 1 | ふかか 1 | ふかす 1 | ふかべる 1 | × 2 | | | | | |
| 3 | 責任をおう | 54.35% | おう 25 | とる 19 | かう 1 | する 1 | | | | | | | | | | | | |
| 4 | ボタンをおす | 95.65% | おす 44 | する 1 | × 1 | | | | | | | | | | | | | |
| 5 | 会議をひらく | 78.26% | ひらく 36 | あける 4 | おこす 2 | おとす 2 | かける 2 | × 2 | | | | | | | | | | |
| 6 | 条件をみたす | 41.30% | みたす 19 | みちる 9 | たりる 3 | いたる 1 | かける 1 | そろう 1 | にあう 1 | はたす 1 | みだす 1 | みたる 1 | みだす 1 | みつる 1 | 満足 1 | × 4 | | |
| 7 | タバコをすう | 100.00% | すう 46 | | | | | | | | | | | | | | | |
| 8 | 罪をおかす | 63.04% | おかす 29 | おこす 8 | かす 2 | つくる 1 | つける 1 | はかす 1 | やぶる 1 | やれる 1 | × 3 | | | | | | | |
| 9 | 結果がでる | 84.78% | でる 38 | でた 1 | だす 3 | × 1 | ある 1 | くる 1 | でて 1 | | | | | | | | | |

274

（続き）

| 番号 | コロケーション | 正答率 | 回答1 | 回答2 | 回答3 | 回答4 | 回答5 | 回答6 | 回答7 | 回答8 | 回答9 | 回答10 | 回答11 | 回答12 | 回答13 | 回答14 | 回答15 | 回答16 |
|---|---|---|---|---|---|---|---|---|---|---|---|---|---|---|---|---|---|---|
| 10 | 手をにぎる | 73.91% | にぎる 34 | かわす 2 | あげる 1 | かかる 1 | かける 1 | つかむ 1 | にがく 1 | ふえる 1 | ふれる 1 | × 3 | | | | | | |
| 11 | 音楽をきく | 100.00% | きく 46 | | | | | | | | | | | | | | | |
| 12 | 手紙をかく | 100.00% | かく 46 | | | | | | | | | | | | | | | |
| 13 | 教育をうける | 100.00% | うける 46 | | | | | | | | | | | | | | | |
| 14 | 映画をみる | 100.00% | みる 46 | | | | | | | | | | | | | | | |
| 15 | 道をえらぶ | 97.83% | えらぶ 45 | × 1 | | | | | | | | | | | | | | |
| 16 | 機会をあたえる | 36.96% | あたえる 17 | そなえる 5 | ささげる 3 | ていきょう 2 | あげれ 1 | くださる 1 | さずだ 1 | そびえ 1 | とじめ 1 | となえ 1 | とりだ 1 | ひきだ 1 | 提供する 1 | × 10 | | |
| 17 | 家庭をきずく | 52.17% | きずく 24 | つぶす 10 | やぶる 7 | かぶる 3 | こわる 2 | つわる 1 | つぶる 1 | はかい 1 | × 1 | | | | | | | |
| 18 | ギターをひく | 86.96% | ひく 40 | する 3 | きく 1 | × 2 | | | | | | | | | | | | |

(続き)

| 番号 | コロケーション | 正答率 | 回答1 | 回答2 | 回答3 | 回答4 | 回答5 | 回答6 | 回答7 | 回答8 | 回答9 | 回答10 | 回答11 | 回答12 | 回答13 | 回答14 | 回答15 | 回答16 |
|---|---|---|---|---|---|---|---|---|---|---|---|---|---|---|---|---|---|---|
| 19 | 笛をふく | 86.96% | ふく 40 | ひく 3 | ふる 2 | × 1 | | | | | | | | | | | | |
| 20 | 沈黙をやぶる | 65.22% | やぶる 29 | つぶす 10 | つぶる 2 | おぶる 1 | かぶる 1 | こわす 1 | これする 1 | 打ける 1 | | | | | | | | |
| 21 | 鉛筆をけずる | 32.61% | けずる 15 | むける 3 | けずす 2 | けずす 1 | す 1 | そ 1 | そげる 1 | にぶす 1 | はげる 1 | はつる 1 | × 19 | | | | | |
| 22 | 新年をむかえる | 100.00% | むかえる 46 | | | | | | | | | | | | | | | |
| 23 | 別れをおしむ | 30.43% | おしむ 14 | つげる 4 | する 2 | おしる 1 | おしる 1 | つける 1 | つげる 1 | なめる 1 | とげる 1 | つける 1 | のぞむ 1 | られる 1 | まわる 1 | × 18 | | |
| 24 | 規則をまもる | 91.30% | まもる 42 | × 4 | | | | | | | | | | | | | | |
| 25 | 記録をやぶる | 91.30% | やぶる 42 | やぶす 1 | 3 | × 1 | | | | | | | | | | | | |
| 26 | 荷物をとる | 97.83% | とる 45 | × 1 | | | | | | | | | | | | | | |

(続き)

| 番号 | コロケーション | 正答率 | 回答1 | 回答2 | 回答3 | 回答4 | 回答5 | 回答6 | 回答7 | 回答8 | 回答9 | 回答10 | 回答11 | 回答12 | 回答13 | 回答14 | 回答15 | 回答16 |
|---|---|---|---|---|---|---|---|---|---|---|---|---|---|---|---|---|---|---|
| 27 | 記憶をうしなう | 100.00% | うしなう 46 | | | | | | | | | | | | | | | |
| 28 | 目標をさだめる | 45.65% | さだめる 21 | ささげる 5 | さたてる 3 | ささえる 2 | さいて 1 | さくせい 1 | さく 1 | さしつ 1 | さだま × 11 | | | | | | | |
| 29 | 足にあう | 95.65% | あう 44 | うう 1 | 1 | | | | | | | | | | | | | |
| 番号 | コロケーション | 正答率 | 回答1 | 回答2 | 回答3 | 回答4 | 回答5 | 回答6 | 回答7 | 回答8 | 回答9 | 回答10 | 回答11 | 回答12 | 回答13 | 回答14 | 回答15 | |
| 30 | 罪をみとめる | 91.30% | みとめる 42 | あつかう 1 | いこう 1 | 認証する 1 | × 1 | | | | | | | | | | | |
| 31 | タクシーをよぶ | 95.65% | よぶ 44 | ひく 2 | | | | | | | | | | | | | | |
| 32 | 自信をうしなう | 97.83% | うしなう 45 | うしろ 1 | | | | | | | | | | | | | | |
| 33 | 袖をひく | 15.22% | ひく 7 | する 3 | ぬる 2 | ふく 2 | あく 1 | いる 1 | おす 1 | もる 1 | つぐ 1 | ぬく 1 | まく 1 | × 22 | | | | |

（続き）

| 番号 | コロケーション | 正答率 | 回答1 | 回答2 | 回答3 | 回答4 | 回答5 | 回答6 | 回答7 | 回答8 | 回答9 | 回答10 | 回答11 | 回答12 | 回答13 | 回答14 | 回答15 | 回答16 |
|---|---|---|---|---|---|---|---|---|---|---|---|---|---|---|---|---|---|---|
| 34 | トンネルをぬける | 8.70% | ぬける 4 | とおる 20 | とおす 8 | あける 1 | かよう 1 | すぎる 1 | とうす 1 | とうる 1 | はしる 1 | わたす 1 | わたる 1 | × 5 | | | | |
| 35 | 非難をあびる | 30.43% | あびる 14 | あげる 7 | あてる 3 | あえる 2 | あたる 2 | あぶる 2 | あう 1 | あうく 1 | あそぐ 1 | あびく 1 | × 11 | | | | | |
| 36 | 梅雨があける | 10.87% | あける 5 | あがる 23 | あえる 2 | あたる 2 | あげる 1 | | あなむ 1 | あなせ 1 | あびく 1 | あおる 8 | × 1 | | | | | |
| 37 | 肺炎にかかる | 19.57% | かかる 9 | いたる 10 | おこす 6 | かわる 2 | かかる 2 | | いたす 1 | おおる 1 | おおぶ 1 | ひかる 1 | なれる 1 | ひとす 1 | ふかす 1 | × 9 | | |
| 38 | アイロンをかける | 54.35% | かける 25 | つかう 3 | つける 2 | いじる 1 | かける 1 | | すべき 1 | ひく 1 | うける 1 | ふせる 1 | わける 1 | | | | | |
| 39 | 扇をあげる | 39.13% | あげる 18 | はなす 8 | とばす 4 | かける 2 | | | けなす 1 | たてる 1 | ひらく 1 | × 10 | | | | | | |
| 40 | お茶をいれる | 34.78% | いれる 16 | たてる 6 | つくる 5 | かける 2 | あげる 1 | | あおる 1 | あてる 1 | のめる 1 | つける 1 | × 1 | | | | | |
| 41 | 命をおとす | 15.22% | おとす 7 | なくす 16 | かける 4 | あげる 1 | ころす 1 | | | × 15 | | | | | | | | |
| 42 | 音をたてる | 43.48% | たてる 20 | つくる 5 | おこす 4 | かける 2 | おこる 1 | だす 1 | だする 1 | だせる 1 | だてる 1 | つくす 1 | つける 1 | はなせ 1 | ひびく 1 | 黙して 1 | × 5 | |

278

稿末資料

（続き）

| 番号 | コロケーション | 正答率 | 回答1 | 回答2 | 回答3 | 回答4 | 回答5 | 回答6 | 回答7 | 回答8 | 回答9 | 回答10 | 回答11 | 回答12 | 回答13 | 回答14 | 回答15 | 回答16 |
|---|---|---|---|---|---|---|---|---|---|---|---|---|---|---|---|---|---|---|
| 43 | 注意をはらう | 43.48% | はらう<br>20 | はかる<br>5 | はずする<br>2 | はあく<br>1 | はだす<br>1 | はてる<br>1 | はぶく<br>1 | はやす<br>1 | ×<br>14 | | | | | | | |
| 44 | 汗をかく | 30.43% | かく<br>14 | だす<br>25 | でる<br>5 | する<br>1 | ひく<br>1 | | | | | | | | | | | |
| 45 | 相談にのる | 50.00% | のる<br>23 | する<br>8 | あう<br>2 | くる<br>2 | なる<br>2 | いく<br>1 | ある<br>1 | いる<br>1 | でる<br>1 | ×<br>5 | | | | | | |
| 46 | 帽子をかぶる | 71.74% | かぶる<br>33 | かける<br>6 | かぶす<br>1 | つける<br>1 | ほける<br>4 | ×<br> | | | | | | | | | | |
| 47 | 嘘をつく | 93.48% | つく<br>43 | いう<br>2 | つけ<br>1 | | | | | | | | | | | | | |
| 48 | 迷惑をかける | 97.83% | かける<br>45 | おこす<br>1 | | | | | | | | | | | | | | |
| 49 | 夢をみる | 73.91% | みる<br>34 | する<br>10 | あう<br>1 | ひく<br>1 | | | | | | | | | | | | |
| 50 | 名前をつける | 84.78% | つける<br>35 | つけた<br>4 | ×<br>2 | なのる<br>2 | あげる<br>1 | つくる<br>1 | ふける<br>1 | | | | | | | | | |
| 51 | 目をとおす | 47.83% | とおす<br>22 | かける<br>7 | かかる<br>6 | とおる<br>3 | つける<br>2 | つくる<br>1 | とうす<br>1 | とばす<br>1 | みせる<br>1 | ×<br>3 | | | | | | |

279

(続き)

| 番号 | コロケーション | 正答率 | 回答1 | 回答2 | 回答3 | 回答4 | 回答5 | 回答6 | 回答7 | 回答8 | 回答9 | 回答10 | 回答11 | 回答12 | 回答13 | 回答14 | 回答15 | 回答16 |
|---|---|---|---|---|---|---|---|---|---|---|---|---|---|---|---|---|---|---|
| 52 | 試験をうける | 82.61% | うける 38 | さんか 2 | はいる 2 | いれる 1 | ふえる × | | | | | | | | | | | | |
| 53 | 力をぬく | 26.09% | ぬく 12 | だす 4 | けす 3 | おす 2 | ひく 2 | × | ほす | | | | | | | | | | |
| 54 | 電話をきる | 73.91% | きる 34 | する 2 | うく 1 | かけ 1 | けす 1 | つく 1 | でる × | とりだす | 4 | | | | | | | | |
| 55 | 面倒をみる | 60.87% | みる 28 | する 13 | おう 1 | かく 1 | かか 1 | かけ 1 | つく 1 | 1 | | | | | | | | | |
| 56 | 文句をいう | 86.96% | いう 40 | する 4 | か 1 | ひく | | | | | | | | | | | | | |
| 57 | お金をおろす | 28.26% | おろす 13 | もらう 8 | とれる 4 | ひろす 2 | とおす 1 | とける 1 | とった 1 | とりだす 1 | とる 1 | とる 1 | × | 13 | | | | | |
| 58 | 花火をあげる | 45.65% | あげる 21 | もやす 5 | はなす 4 | もえる 4 | うちる 1 | うてる 1 | つける 1 | はなっ 8 | × | 1 | | | | | | | |
| 59 | 点数をつける | 60.87% | つける 28 | あげる 7 | かける 4 | さいた 1 | × | 6 | 4 | × | 4 | | | | | | | | |
| 60 | けんかをうる | 15.22% | うる 7 | する 14 | かう 12 | ひく 3 | だす 2 | さす 1 | した 1 | よぶ 1 | × | つくる 1 | 5 | 1 | | | | | |

巻末資料

（続き）

| 番号 | コロケーション | 正答率 | 回答1 | 回答2 | 回答3 | 回答4 | 回答5 | 回答6 | 回答7 | 回答8 | 回答9 | 回答10 | 回答11 | 回答12 | 回答13 | 回答14 | 回答15 | 回答16 |
|---|---|---|---|---|---|---|---|---|---|---|---|---|---|---|---|---|---|---|
| 61 | 元気をだす | 86.96% | だす 40 | する 1 | なる 1 | ひく 1 | × 3 | | | | | ふう 1 | | | | | | |
| 62 | 反感をかう | 15.22% | かう 7 | ひく 23 | だす 4 | する 2 | よぶ 2 | かく 1 | させる 1 | たつ 1 | とう 1 | | | | | | | |
| 63 | 涙をさそう | 2.17% | さそう 1 | ながす 15 | こぼす 3 | だせる 3 | おとす 2 | おろす 2 | こぼる 2 | だした 1 | | | ながる 1 | ひねく 1 | もよぐ 1 | もらす 1 | | | × 10 |
| 64 | スピードをだす | 28.26% | だす 13 | ます 9 | あげ 9 | アプ 1 | かす 1 | かす 1 | こす 1 | する 1 | つく 1 | | 加う 1 | × 15 | | もやす 1 | | | |
| 65 | 電話をかける | 91.30% | かける 42 | する 1 | つける 1 | まわす 1 | × 1 | | | | | よぶ 1 | | | | | | |
| 66 | 薬をのむ | 95.65% | のむ 44 | くう 1 | よむ 1 | | | | | | | ひやく 1 | | 1 | | | | |
| 67 | 速度をおとす | 10.87% | へらす 20 | さげる 1 | おとす 1 | くだす 1 | さがる 1 | ひめる 1 | さげる 1 | 下げる 1 | × 4 | ひく 1 | | | | | | |
| 68 | 傘をさす | 54.35% | さす 25 | もつ 12 | ひく 5 | かく 1 | だす 1 | あく 1 | する 1 | たつ 1 | はる 1 | | × 3 | | | | | |
| 69 | タクシーをひろう | 15.22% | ひろう 7 | ひける 4 | ひらく 3 | ひかけ 1 | ひきる 1 | ひく 1 | ひねく 1 | ひふる 1 | ひびく 1 | ひよぶ 1 | ひぶ 1 | ひよぶ 1 | | 1 | 1 | まねく 1 | × |

(続き)

| 番号 | コロケーション | 正答率 | 回答1 | 回答2 | 回答3 | 回答4 | 回答5 | 回答6 | 回答7 | 回答8 | 回答9 | 回答10 | 回答11 | 回答12 | 回答13 | 回答14 | 回答15 | 回答16 |
|---|---|---|---|---|---|---|---|---|---|---|---|---|---|---|---|---|---|---|
| | | | きる | する | やる | あう | あう | こす | だす | たつ | ちる | そめる | ふる | まう | まく | わる | 洗う | × |
| 70 | トランプをきる | 10.87% | 5 | 4 | 3 | 1 | 1 | 1 | 1 | 1 | 1 | | 1 | 1 | 1 | 1 | 1 | 22 |
| 71 | 粥をたべる | 95.65% | たべる 44 | だべる 1 | × 1 | | | | | | | | | | | | | |
| 72 | 冗談をいう | 69.57% | いう 32 | する 12 | つく 2 | | | | | | | そめる 1 | | | | | | |
| 73 | 時間をかける | 56.52% | かける 26 | かかる 20 | | | | | | | | | | | | | | |
| 74 | 遅れをとる | 10.87% | とる 5 | する 19 | つく 3 | おく 2 | おす 1 | さす 1 | だす 1 | × 14 | | | | | | | | |
| 75 | ほこりをかぶる | 10.87% | かぶる 5 | おとす 11 | つける 6 | おちる 2 | あびる 1 | いれる 1 | うめる 1 | おろす 1 | かける 1 | | たてる 1 | つむ 1 | ねぎる 1 | ふせる 1 | × 12 | |